rororo

Lieber Richard Gere,
in der Unterwäscheschublade meiner Mom fand ich einen Brief von Ihnen. Wie Sie sich bestimmt erinnern, ging es in dem Brief um die Olympischen Spiele in Beijing, China. Mom war Ihr größter Fan, und ich hatte sie noch nie so glücklich gesehen wie an dem Tag, als Ihr Brief ankam. Wie Sie sich wohl schon gedacht haben, war Mom in den letzten paar Jahren ihres Lebens nicht mehr richtig im Kopf. In ihren guten Momenten dachte sie sogar, dass ich Sie wäre. Ich stellte mich auf Mom ein und spielte meine Rolle – ich hoffe, Sie sind mir deswegen nicht böse. Es war eine Kleinigkeit, die Mom große Freude bereitet hat. Und nachdem Chemo und Gehirnoperation erfolglos geblieben waren und sie sich hundeelend fühlte, war es schwer, sie dazu zu bringen, mal zu lächeln oder sich über irgendwas zu freuen, und deshalb ließ ich mich auf das Spiel ein, in dem Sie und ich zu einem Wir wurden …

Matthew Quick wurde 1973 in Oaklyn, New Jersey, geboren. Er studierte Anglistik, arbeitete als Englischlehrer, schmiss seinen Job und reiste anschließend lange durch Südamerika und Afrika. Die Verfilmung seines Debüts «Silver Linings» wurde mit dem Golden Globe sowie dem Oscar für die beste weibliche Hauptdarstellerin ausgezeichnet. Matthew Quick lebt mit seiner Frau in Holden, Massachusetts.

«Lässt den Leser die Zeit vergessen wie ein guter Film.»
Hamburger Morgenpost

«Diese bewegende Familiengeschichte lehrt, das große Glück in den kleinen Dingen zu entdecken.» *Petra*

Matthew
QUICK

Die Sache mit dem GLÜCK

Roman

Aus dem Englischen
von Ulrike Wasel
und Klaus Timmermann

ROWOHLT TASCHENBUCH VERLAG

Die Originalausgabe erschien 2014 unter dem Titel
«The good luck of right now» bei HarperCollins, New York.

Veröffentlicht im Rowohlt Taschenbuch Verlag,
Reinbek bei Hamburg, März 2016

Umschlaggestaltung any.way, Barbara Hanke/Cordula Schmidt
Umschlagillustration Jutta Bücker
Gesamtherstellung CPI books GmbH, Leck, Germany
ISBN 978 3 499 23217 6

MIX
Papier aus verantwortungsvollen Quellen
FSC® C083411
FSC
www.fsc.org

Das für dieses Buch verwendete Papier ist FSC®-zertifiziert.

Für meine Familie – Dad, Mom,
Megan & Micah

Wenn Sie wollen, dass andere glücklich sind,
dann zeigen Sie Mitgefühl; und auch, wenn Sie selbst
glücklich sein wollen, zeigen Sie Mitgefühl.

— DER DALAI LAMA

Es hat sicher bessere Schauspieler als mich gegeben,
die nicht so erfolgreich waren. Warum? Keine Ahnung.

— RICHARD GERE

1

DER VORGEBLICHE SIE-ICH-RICHARD-GERE

Lieber Mr. Richard Gere,

in der Unterwäscheschublade meiner Mom – als ich aus ihren «persönlichen» Sachen die «wenig getragenen» aussortierte, um sie zur Altkleidersammlung zu bringen – fand ich einen Brief von Ihnen.

Wie Sie sich bestimmt erinnern, ging es in dem Brief um die Olympischen Spiele 2008 in Beijing, China. Sie riefen wegen der Verbrechen und Grausamkeiten, die von der chinesischen Regierung an Tibet verübt wurden, zum Boykott der Spiele auf.

Keine Sorge.

Ich bin keiner von diesen «verrückten Typen».

Mir war sofort klar, dass es sich um einen Serienbrief handelte, den Sie über Ihre Hilfsorganisation an Millionen von Menschen geschickt hatten, aber Mom konnte sich so gut was vormachen, dass sie glaubte, Sie hätten den Brief eigenhändig unterschrieben und an sie persönlich geschickt, was höchstwahrscheinlich der Grund dafür ist, dass sie ihn aufbewahrt hat; bestimmt hat sie geglaubt, Ihre Hände hätten das Papier berührt, Ihre Zunge hätte die Gummierung angeleckt, und sich vorgestellt, das Papier wäre eine greifbare Verbindung zu Ihnen ... dass vielleicht ein paar von Ihren Zellen, mikroskopisch kleine Fitzelchen Ihrer DNA, bei ihr waren, wenn sie Brief und Umschlag in Händen hielt.

Mom war Ihr größter Fan und sehr erfahren darin, sich was vorzumachen.

Ich weiß noch, wie sie zu mir sagte: «Da steht sein Name in Schreibschrift», und mit dem Zeigefinger auf das Blatt tippte. «Von Richard Gere! Filmstar *RICHARD GERE*!»

Mom zelebrierte gern die kleinen Dinge. Zum Beispiel wenn sie einen längst vergessenen Dollarschein in einer Manteltasche voller Fusseln fand oder auf dem Postamt keine Warteschlange war und der Briefmarkenverkäufer in Lächel- und Plauderlaune war oder wenn es in einem heißen Sommer kühl genug war, um draußen hinterm Haus zu sitzen – wenn die Temperatur abends rapide fällt, obwohl der Wetterbericht unerträgliche Schwüle vorhergesagt hat, und der Abend deshalb ein unverhofftes Geschenk wird.

«Komm und genieß die ungewöhnlich kühle Luft, Bartholomew», sagte Mom dann, und wir saßen draußen und lächelten einander an, als hätten wir im Lotto gewonnen.

Mom konnte kleine Dinge wie ein Wunder wirken lassen. Das war ihr Talent.

Richard Gere, vielleicht haben Sie Mom ja schon als verschroben, leicht verrückt abgestempelt – das haben die meisten getan.

Bevor sie krank wurde, hatte sie eigentlich immer das

gleiche Gewicht. Sie kaufte sich niemals neue Anziehsachen und steckte daher modemäßig stets in den achtziger Jahren fest. Sie roch nach den Mottenkugeln, die sie in ihren Schubladen und Schränken verteilt hatte, und ihr Haar war auf der Kopfseite, mit der sie auf dem Kissen lag (fast immer die linke), platt gedrückt.

Mom wusste nicht, dass Computerdrucker mühelos Unterschriften vervielfältigen können, weil sie zu alt war, je moderne Technologie zu benutzen. Als es mit ihr zu Ende ging, sagte sie, das Buch der Offenbarung würde Computer verdammen, aber Father McNamee erklärte mir, dass das nicht stimmt, wir Mom jedoch ruhig in dem Glauben lassen sollten.

Ich hatte sie noch nie so glücklich gesehen wie an dem Tag, als Ihr Brief ankam.

Wie Sie sich wohl schon gedacht haben, war Mom in den letzten paar Jahren ihres Lebens nicht mehr richtig im Kopf, und gegen Ende litt sie an extremer Demenz, was dazu führte, dass das, was tatsächlich geschah und das, was sie sich nur einbildete, kaum noch zu unterscheiden war.

Mit der Zeit verschwamm alles miteinander.

In ihren guten Momenten – ob Sie's glauben oder nicht – dachte sie sogar (gab sie vor?), dass ich Sie wäre, dass Richard Gere mit ihr unter einem Dach lebte, sich um sie kümmerte, was eine wohltuende Alternative zu der Tatsache gewesen sein muss, dass ihr durchschnittlicher, talentloser Sohn sie pflegte.

«Was gibt es heute Abend zu essen, Richard?», solche

Sachen sagte sie zum Beispiel. «Ich bin ja so froh, dass wir endlich mal Zeit miteinander verbringen können, Richard.»

Es war wie damals, als ich klein war und wir so taten, als ob wir zusammen mit einem berühmten Gast zu Abend essen würden – Ronald Reagan, der heilige Franziskus, Micky Maus, Ed McMahon, Mary Lou Retton –, der auf einem der zwei Küchenstühle saß, die immer leer blieben, außer Father McNamee war zu Besuch.

Wie schon gesagt, war Mom ein großer Fan von Ihnen. Sie waren damals wahrscheinlich auch mal Gast in unserer Küche, aber um ehrlich zu sein, kann ich mich nicht an einen speziellen Richard-Gere-Besuch in meiner Kindheit erinnern. Dennoch, ich stellte mich auf Mom ein und spielte meine Rolle. Sie wurden also durch mich verkörpert, obwohl ich nicht so gut aussehe und daher einen dürftigen Ersatz abgab. Ich hoffe, Sie sind mir nicht böse, dass ich ohne Ihre Erlaubnis in Ihre Rolle geschlüpft bin. Es war eine Kleinigkeit, die Mom große Freude bereitet hat. Jedes Mal, wenn Sie zu Besuch kamen, leuchtete ihr Gesicht auf wie der riesige Weihnachtsbaum im Kaufhaus Wanamaker. Und nachdem Chemo und Gehirnoperation erfolglos geblieben waren und sie sich in der Folgezeit hundeelend fühlte und ständig brechen musste, war es schwer, sie dazu zu bringen, mal zu lächeln oder sich über irgendwas zu freuen, und deshalb ließ ich mich auf das Spiel ein, in dem Sie und ich zu einem Wir wurden.

Es fing eines Abends an, nachdem wir wieder mal unsere abgenudelte Videokassette von *Pretty Woman*, einen von Moms Lieblingsfilmen, geguckt hatten.

Während der Nachspann lief, tätschelte sie meinen Arm und sagte: «Ich geh jetzt ins Bett, Richard.»

Ich schaute sie an, und sie lächelte fast kokett – wie ich das bei den sexy flotten Mädchen mit ihren glänzend bemalten Lippen gesehen hatte, damals, als ich auf der Highschool war. Von dem aufreizenden Lächeln wurde mir irgendwie übel, weil ich wusste, dass es Ärger bedeutete. Es war auch ganz untypisch für Mom. Das war der Beginn des Lebens mit einem Fremden.

Ich sagte: «Wieso hast du mich *Richard* genannt?»

Sie legte mir sacht eine Hand auf den Oberschenkel, klimperte mit den Wimpern und sagte dann mit einer sehr flirtigen mädchenhaften Stimme: «Weil das dein Name ist, du Dummerchen.»

In den achtunddreißig Jahren, die wir uns kannten, hatte Mom mich noch nie «Dummerchen» genannt.

Der kleine wütende Mann in meinem Bauch trommelte mit den Fäusten auf meine Leber ein.

Ich wusste, wir hatten ein Problem.

«Mom, ich bin's – Bartholomew. Dein einziger Sohn.»

Als ich ihr in die Augen schaute, schien sie mich nicht zu sehen. Es war, als hätte sie eine Vision – als sähe sie etwas, das ich nicht sehen konnte.

Und ich fragte mich, ob Mom vielleicht eine Art von weiblicher Zauberei angewandt und mich irgendwie in Sie verwandelt hatte.

Dass wir – Sie und ich – in ihrem Kopf eins geworden waren.

Richard Gere.

Bartholomew Neil.

Wir.

Mom nahm die Hand von meinem Oberschenkel und sagte: «Du bist ein gut aussehender Mann, Richard, sogar die Liebe meines Lebens, aber ich werde denselben Fehler nicht zweimal machen. Du hast deine Wahl getroffen, also musst du auf der Couch schlafen. Wir sehen uns morgen früh.» Dann schwebte sie die Treppe hinauf, bewegte sich so schnell wie schon seit Monaten nicht mehr.

Sie wirkte verzückt.

Wie die strahlenbekränzten Heiligen in den Buntglasscheiben von St. Gabriel schien Mom von einer Gottheit geleitet zu werden. Ihre Verrücktheit wirkte heilig. Sie war von Licht umflutet.

So unangenehm die Episode auch war, es gefiel mir, Mom so strahlend zu sehen. Glücklich. Und es ist mir schon immer leichtgefallen, so zu tun, als ob. Ich habe mein ganzes Leben lang nur so getan, als ob. Und außerdem war da ja noch das Spiel aus meiner Kindheit, ich hatte also reichlich Übung.

Irgendwie – denn wer kann schon genau sagen, wie sich so was entwickelt – verfielen Mom und ich im Lauf vieler Tage und Wochen in eine Routine.

Wir begannen beide, so zu tun, als ob.

Sie tat so, als ob ich Sie wäre, Richard Gere.

Ich tat so, als ob Mom nicht dabei wäre, den Verstand zu verlieren.

Ich tat so, als ob sie nicht bald sterben würde.

Ich tat so, als ob ich nicht lernen müsste, ohne sie zu leben.

Die Dinge eskalierten, wie man so sagt.

Als sie schließlich nur noch auf dem Ausziehsofa im Wohnzimmer lag, im Arm die Kanüle einer Morphiumpumpe, spielte ich Sie, Mr. Gere, bereits rund um die Uhr, sogar wenn Mom bewusstlos war, weil es mir half, wenn ich treu und brav auf den Knopf drückte, sobald sich ihr Gesicht vor Schmerz verzerrte.

Für sie war ich nicht länger Bartholomew, sondern Richard.

Also beschloss ich, tatsächlich Richard zu sein und Bartholomew eine wohlverdiente Auszeit zu gönnen, falls das für Sie irgendeinen Sinn ergibt, Mr. Gere. Bartholomew hatte fast vier Jahrzehnte lang Überstunden als der Sohn seiner Mutter gemacht. Bartholomew war emotional bei lebendigem Leibe gehäutet, enthauptet und mit dem Kopf nach unten gekreuzigt worden – wie sein Namenspatron der Legende nach –, nur eben metaphorisch und im Hier und Jetzt.

Richard Gere zu sein war, als würde ich mir selbst per Schmerzpumpe Morphin verabreichen.

Ich war ein besserer Mensch, wenn ich Sie war – souveräner, beherrschter, selbstsicherer als je zuvor.

Die Pflegerinnen spielten mit. Ich schärfte ihnen ein, mich Richard zu nennen, wenn wir bei Mom im Zimmer waren. Sie sahen mich an, als wäre ich verrückt, aber sie machten es, weil sie bezahlt wurden.

Die Pflegerinnen kümmerten sich nur um Mom, weil sie dafür Geld bekamen. Ich bildete mir nicht ein, dass diese Leute sich für uns interessierten. Sie schielten fünfzigmal die Stunde auf ihre Handyuhren und wirkten immer total erleichtert, wenn sie bei Schichtende ihre Mäntel anzogen – als wäre der Abschied von uns vergleichbar mit dem Beginn einer tollen Party, als spazierten sie aus einem Leichenschauhaus direkt zur Oscarverleihung.

Wenn Mom schlief, nannten die Pflegerinnen mich manchmal Mr. Neil, doch sobald sie erwachte, war ich Sie, Richard. Sie schlugen sogar einen sehr förmlichen, ehrfürchtigen Ton an, wenn sie uns anredeten. «Können wir irgendwas tun, damit Ihre Mutter sich besser fühlt, Richard?», sagten sie, wenn sie wach war, aber sie nannten mich kein einziges Mal ‹Mr. Gere›, was mir nur recht war, da Mom Sie ja von Anfang an mit Vornamen angeredet hatte.

Sie müssen wissen, dass Mom für ihr Leben gern die Olympischen Spiele guckte. Sie verpasste sie nie – sie hatte sie auch schon mit ihrer Mutter gesehen –, und es bereitete ihr vielleicht deshalb so große Freude, weil sie in ihren einundsiebzig Jahren auf Erden kein einziges Mal aus Philadelphia rausgekommen war. Sie sagte immer, die Olympiade gucken wäre wie alle vier Jahre Urlaub im Ausland machen, selbst nachdem die Winter- und Sommerspiele auf verschiedene Jahre gelegt worden waren und die Olympiade dadurch eigentlich alle zwei Jahre stattfand, was Sie ja sicherlich wissen.

(Tut mir leid, wenn ich Überflüssiges von mir gebe, aber ich schreibe Ihnen als Bartholomew Neil – der in jeder erdenklichen Hinsicht anders ist als Sie. Ich hoffe, Sie sind nachsichtig mit mir und verzeihen mir meine Gewöhnlichkeit. Bartholomew Neil ist kein Filmstar; Bartholomew Neil hatte nie Sex mit einem Supermodel; Bartholomew Neil hat nie die Stadt hinter sich gelassen, in der Sie und ich geboren wurden, Richard Gere, die «Stadt der brüderlichen Liebe»; Bartholomew Neil ist sich dieser Fakten nur allzu bewusst. Und Bartholomew Neil kann auch nicht besonders gut schreiben, wie Sie bestimmt schon gemerkt haben.)

Mom fand Geräteturnen toll, vor allem die Männer mit ihren dreieckigen Oberkörpern, die «sich wie Kriegerengel bewegten». Sie klatschte, bis ihre Handflächen rosa waren, wann immer einer an den Ringen den Kreuzhang machte. Das war ihre Lieblingsfigur. Und sie guckte sich sogar die Eröffnungs- und Abschlussfeiern an – bis zur letzten Sekunde.

Aber als sie Ihren Brief erhielt – den ich anfangs erwähnte, in dem es um die von der chinesischen Regierung an Tibet verübten Gräueltaten ging –, da beschloss sie, die in China ausgetragenen Olympischen Spiele nicht zu gucken, was für sie ein großes Opfer war.

«Richard Gere hat recht! Wir sollten gegen die Volksrepublik China ein Zeichen setzen! Abscheulich! Was machen die mit dem tibetischen Volk? Wieso interessiert sich keiner für grundlegende Menschenrechte?», sagte Mom.

Ich muss gestehen, dass ich mich – da ich weitaus pessimistischer, resignierter und apathischer bin, als Mom je war – vergeblich *dafür* aussprach, die Olympiade zu gucken. (Bitte verzeihen Sie mir, Mr. Gere. Ich war damals kleingläubig.) Ich sagte, keiner würde merken, ob wir uns die Spiele anschauen oder nicht, und irgendwelche Auswirkungen auf die auswärtigen Beziehungen hätte es schon gar nicht. «China wird nicht mal mitkriegen, dass wir nicht gucken! Unser Boykott wäre sinnlos!», wandte ich ein, aber Mom glaubte an Sie und Ihre Sache, Mr. Gere. Sie tat, worum Sie baten, weil sie Sie liebte und den Glauben eines Kindes hatte.

Das bedeutete, dass auch ich mir die Olympischen Spiele nicht ansehen konnte, und ich war zunächst bestürzt, weil das eine Mutter-Sohn-Tradition im Hause Neil war, aber darüber bin ich längst hinweg. Jetzt frage ich mich, ob Moms Boykott, ihr Tod und meine Entdeckung Ihres Briefes – ob all das vielleicht bedeutet, dass Sie und ich auf irgendeine kosmische Weise miteinander verbunden sind.

Vielleicht ist es Ihre Bestimmung, mir zu helfen, Richard Gere, jetzt, wo Mom nicht mehr da ist.

Vielleicht sind Sie, Richard Gere, Moms Vermächtnis an mich!

Vielleicht sind Sie und ich wahrhaftig dazu bestimmt, ein Wir zu werden.

Als weiteren Beweis für die Synchronizität von alldem

(haben Sie C.G. Jung gelesen? Ich schon. Sind Sie überrascht?) hat Mom die Chinesen bei den Winterspielen 2010 in Vancouver gnadenlos ausgebuht – selbst die Sprünge und Pirouetten chinesischer Eiskunstläuferinnen, die unglaublich anmutig waren. Das war kurz bevor ich die ersten Anzeichen der Demenz bemerkte, wenn ich mich recht erinnere.

Es kam nicht mit einem Schlag, sondern fing mit Kleinigkeiten an: Mal vergaß sie die Namen von Leuten, die wir bei unseren täglichen Besorgungen trafen, mal ließ sie den Backofen über Nacht an, mal vergaß sie, was für ein Wochentag war, mal verirrte sie sich in dem Viertel, in dem sie schon ihr ganzes Leben wohnte, und immer wieder suchte sie ihre Brille, die sie oftmals oben auf dem Kopf hatte – kleine, alltägliche Aussetzer.

(*Sie* vergaß sie allerdings nie, Richard Gere. Sie sprach täglich mit Ihnen-mir. Noch so ein Zeichen. Nicht ein einziges Mal vergaß sie den Namen Richard.)

Ehrlich gesagt, ich bin eigentlich nicht sicher, wann ihr geistiger Verfall genau begann, denn ich tat lange Zeit so, als ob ich nichts bemerken würde. Ich konnte noch nie gut mit Veränderungen umgehen, bin ein klassischer Spätzünder.

Die Ärzte sagten, es wäre nicht unsere Schuld. Selbst wenn wir Mom früher zu ihnen gebracht hätten, wäre es höchstwahrscheinlich genauso ausgegangen. Das sagten sie, als wir uns im Krankenhaus aufregten, weil sie uns nach Moms Operation nicht zu ihr lassen wollten und wir anfingen zu schreien. Ein Sozialarbeiter sprach mit uns in einem separaten Raum, während wir auf die Erlaubnis warteten, unsere Mutter zu sehen. Und als wir dann zu ihr durften, sah sie mit dem Kopfverband aus wie eine Mumie, und ihre Haut war krankgelb, und es war einfach alles ganz furchtbar.

Uns zuliebe fragte der Sozialarbeiter die Ärzte, ob wir vielleicht mehr hätten tun können, um den Krebs am Wachsen zu hindern. Waren wir fahrlässig gewesen? Das verneinten die Ärzte – obwohl wir die Symptome monatelang ignoriert und so getan hatten, als gäbe es in unserem Leben gar keine Probleme.

Dennoch.

Es war nicht unsere Schuld.

Ich hoffe, Sie glauben mir, Richard Gere.

Es war nicht meine Schuld, auch nicht Ihre.

Sie haben nur einen Brief geschickt, aber Sie waren bis zum Schluss bei Mom – in ihrer Unterwäscheschublade und an ihrer Seite durch mich, Ihr Medium, Ihre Inkarnation.

Wir haben alles getan, was wir tun konnten, das So-tun-als-ob eingeschlossen, aber manche Kräfte sind für bloße Menschen zu mächtig, was der Sozialarbeiter im Krankenhaus mit einem zögerlichen und traurigen Nicken bestätigte.

«Nicht mal ein berühmter Schauspieler wie Richard Gere hätte sich besser um seine Mutter kümmern können», antwortete der Sozialarbeiter, als ich Sie zur Sprache brachte – und als ich von meiner Befürchtung erzählte, ein

Versager im Leben zu sein, nicht mal imstande, mich um meine Mutter zu kümmern, was meine einzige Aufgabe auf dieser Welt war, der einzige Lebensinhalt, den ich je hatte.

Elender Versager!, schrie der kleine Mann in meinem Bauch mich an. *Schwachkopf! Volltrottel!*

Der Hirnkrebskrake hat das Leben unserer Mutter erst vor ein paar Wochen oder so beendet, eine kurze lange verschwommene Zeit (die sich in meiner Erinnerung streckt und zusammenzieht), nachdem Operation und Chemo sie nicht heilen konnten.

Die Ärzte stellten die Behandlung ein.

Sie sagten zu uns: «Das ist das Ende. Es tut uns leid. Sorgen Sie dafür, dass sie möglichst wenig Beschwerden hat. Nutzen Sie die gemeinsame Zeit. Nehmen Sie Abschied.»

«Richard?», flüsterte Mom mir in der Nacht zu, in der sie starb.

Mehr nicht.

Ein.

Einziges.

Wort.

Richard?

Das Fragezeichen war hörbar.

Das Fragezeichen verfolgt mich.

Das Fragezeichen brachte mich auf den Gedanken, dass ihr ganzes Leben mit Interpunktion zusammengefasst werden könnte.

Ich war nicht traurig darüber, dass Mom ihr letztes Wort

zu dem vorgeblichen Sie-ich-Richard-Gere sagte, denn das schloss mich – ihren leiblichen Sohn – ja mit ein.

In dem Moment war ich Richard.

In ihrem Kopf und in meinem.

So tun, als ob, kann in so vielerlei Hinsicht helfen.

Wenn wir jetzt morgens allein in der Küche sitzen und Kaffee trinken, hören wir Vögel zwitschern, obwohl Winter ist. (Entweder das sind zähe, abgehärtete Stadtvögel, die keine Angst vor niedrigen Temperaturen haben, oder Vögel, die zu faul sind, in wärmere Gefilde zu ziehen.) Mom ließ immer den Fernseher laufen, weil sie gern «Leute reden hörte», daher hatten wir das Vogelgezwitscher vorher nie mitbekommen. Neununddreißig Jahre in diesem Haus und zum ersten Mal überhaupt hörten wir Vögel in der Morgensonne zwitschern, während wir unseren Kaffee in der Küche tranken.

Eine Symphonie von Vögeln.

Oder haben Sie schon mal zwitschernden Vögeln richtig zugehört – richtig ernsthaft zugehört?

Das ist so bezaubernd, dass einem ganz weh ums Herz wird.

Meine Trauerbegleiterin Wendy meint, ich muss daran arbeiten, sozialer zu werden und eine «Selbsthilfegruppe» von Freunden gründen. Sie war einmal hier in der Küche, als die Morgenvögel zwitscherten, und hörte mitten im Satz auf zu reden, drehte ein Ohr zum Fenster, kniff die Augen zusammen und zog die Nase kraus.

Dann sagte sie: «Hören Sie das?»

Ich nickte.

Ein verschmitztes Lächeln leuchtete auf, und dann sagte sie – wie es nur jemand so Junges sagen kann – mit beschwingter Cheerleader-Stimme: «Die sind gern als Schwarm zusammen. Hören Sie, wie glücklich sie sind? Wie fröhlich? Bartholomew, Sie müssen sich jetzt *Ihren* Schwarm suchen. Sozusagen endlich das Nest verlassen. *Fliegen!* Da draußen ist jede Menge Himmel für tapfere Vögel. Wollen Sie fliegen, Bartholomew? Wollen Sie das?»

Sie sagte all diese Worte schnell, sodass sie außer Atem war, als sie mit ihrer munteren Aufmunterung fertig war. Ihr Gesicht war rotkehlchenrot geworden, wie immer, wenn sie meint, etwas besonders Bemerkenswertes von sich zu geben. Sie sah mich mit großen Augen an – «Kaleidoskop-Augen» oder so ähnlich haben die Beatles mal gesungen –, und ich wusste, was die richtige Reaktion auf ihren Aufruf war, wusste, was ich sagen sollte, was sie glücklich machen würde, was ihre Existenz in meiner Küche rechtfertigen und ihr das Gefühl geben würde, dass ihre Bemühungen etwas bewirkten, aber ich konnte es nicht sagen.

Ich konnte es einfach nicht.

Es kostete mich große Anstrengung, still zu bleiben, weil ein Teil von mir – der böse schwarze Kern, wo der kleine wütende Mann wohnt – Wendys vogelartige Schultern packen wollte und ihr sämtliche Sommersprossen aus dem schönen jungen Gesicht schütteln, sie mit solcher Wucht anschreien, dass ihre Haare nach hinten geflogen wären, und dabei brüllen: «Ich bin älter als Sie! *Respektieren Sie mich!*»

«Bartholomew?», sagte sie und spähte unter ihren dünnen orangeroten Augenbrauen hervor, die die Farbe von raschelndem Laub auf dem Bürgersteig haben.

«Ich bin kein Vogel», sagte ich zu ihr in der ruhigsten Stimme, die mir zu dem Zeitpunkt verfügbar war, und starrte stur auf meine braunen Schnürsenkel, um nur ja still zu bleiben.

Ich bin kein Vogel, Richard Gere.

Sie wissen das bereits, ich weiß, weil Sie ein kluger Mann sind.

Kein Vogel.

Kein Vogel.

Kein.

Vogel.

Ihr bewundernder Fan
Bartholomew Neil

2

DER BURSCHE HAT SICH MIT PROSTITUIERTEN RUMGETRIEBEN

Lieber Mr. Richard Gere,

um die Lücken in unserem kollektiven Wissen übereinander zu beheben, ging ich in die Stadtbibliothek und googelte Sie im Internet.

Besucher dürfen an den Computern der Stadtbibliothek alles aufrufen außer Pornographie. Ich weiß das, weil ich mal gesehen habe, wie ein Mann (mit grauen Rastalocken, die seinen Kopf aussehen ließen wie eine tote verstaubte Grünlilie) rausgeworfen wurde, weil er sich im Internet Pornographie angeschaut hat. Er saß neben mir und rieb sich durch seine dreckige, unglaublich weite Jeans den Schritt. Auf seinem Bildschirm waren zwei nackte Frauen auf allen vieren zu sehen, die sich wie Hunde gegenseitig den Anus leckten. Dabei stöhnten sie ständig: «Uhhhhh-jaaa!» und «Mmmmmm-haaaa-JA!». Ich weiß noch, dass ich lachen musste, weil das so albern war. Die Frauen, die sich wie Hunde aufführten, nicht die Tatsache, dass der Mann rausgeschmissen wurde.

(Macht es den Leuten wirklich Spaß, Frauen zuzuschauen, die sich so benehmen? Ich kann das kaum glauben, aber wenn es im Internet ist, gibt es wohl einen Markt dafür. Und auch nicht bloß verrückte Bibliotheksbesucher – sondern Leute mit Computern zu Hause, wo es erlaubt ist, sich so was anzuschauen.)

Eine ältere Bibliothekarin kam herüber und sagte: «Das gehört sich nicht. Sir, Sie können sich hier nicht so benehmen. Das ist inakzeptabel! Es gibt Regeln, Sir. Sir, bitte.»

Der Mann schnauzte die Bibliothekarin an und weigerte sich zu gehen. Er sagte: «Ich bin kein Sir! Ich bin ein Mann! M-A-N-N MANN! M-E-N-S-C-H-L-I-C-H-E-S MENSCHLICHES W-E-S-E-N!», was die Bibliothekarin zusammenschrecken und einen Schritt zurückweichen ließ. Sie mochte es nicht, von ihm anbuchstabiert zu werden.

Inzwischen hatten sich alle in der Bibliothek umgedreht und starrten rüber.

Ich war froh, dass die Jungthekarin nicht da war und das mit ansehen musste.

(Die Jungthekarin hätte mit so einer Situation nicht umgehen können, und das mag ich an ihr. Sie lässt sich herrlich viel Zeit, ehe sie tätig wird. Sie denkt lange und gründlich nach, bevor sie handelt. Einmal habe ich beobachtet, wie sie Bücher durchgesehen hat, die beschädigt worden waren. Ich bin nicht sicher, aber aufgrund meiner Beobachtungen vermutete ich, dass sie entscheiden sollte, welche der Bücher weggeworfen und welche wieder zusammengeklebt werden sollten, um im Bestand zu bleiben. Die meisten Leute hätten nach einem flüchtigen Blick rasch das jeweilige Schicksal eines jeden Buches besiegelt, rechts oder links, behalten oder Altpapier, aber sie nahm die Bücher ganz genau unter die Lupe, drehte jedes einzelne immer wieder um wie kostbare tote Schmetterlinge, die sie vielleicht entfalten und erneut zum Fliegen bringen könnte, wenn sie bloß behutsam genug mit ihnen umging. Ich beobachtete sie volle drei Stunden lang von der anderen Seite der Bibliothek aus, während ich so tat, als würde ich Zeitung lesen. Es war ein wunderbarer Anblick, bis eine von den anderen Bibliothekarinnen herüberkam und die Jungthekarin zurechtwies, weil sie so lange brauchte. Sie sagte: «Die sind nicht vergoldet, Elizabeth!» Die Jungthekarin zuckte zusammen, als die Worte ihre Ohren trafen, und sie versteckte sich hinter ihren langen braunen Haaren, die ihr Gesicht verdecken wie ein Wasserfall den Eingang zu einer geheimnisvollen Höhle. Die ältere Bibliothekarin sah die restlichen Bücher in weniger als fünf Minuten durch, während die Jungthekarin mit hängenden Schultern durch ihre Haare hindurch zuschaute. Ich sah, wie die Hände der Jungthekarin nach einigen Büchern greifen wollten, die auf dem Wegwerf-Haufen gelandet waren, doch sie schaffte es, sich zu bremsen, und ihre Finger lösten sich höchstens zehn Zentimeter von ihren Oberschenkeln in der weißen Cordhose. Man sah ihr an, dass sie am liebsten eingegriffen und sich für viele der Bücher starkgemacht hätte.)

Ist Ihnen schon mal aufgefallen, dass es den besten Menschen auf der Welt viel zu oft an Macht fehlt, Richard Gere?

China hat Macht.

Tibet fehlt es an Macht.

Sind Sie beeindruckt, wie viel Wissen ich mir durch gründliche Recherche über Ihr Lieblingsanliegen angeeignet habe?

Als die Polizei eintraf, schüttelte der Porno-Mann – der sehr wahrscheinlich obdachlos war, denn er roch wie Fischinnereien – mehrere Male den Kopf, als wäre er richtig entsetzt, sogar enttäuscht, und dann schrie er: «Ich habe in meinem Leben Steuern gezahlt! Dutzende Male! Tausende von Dollars. Ich habe den US-Staat finanziert, der euer Arbeitgeber ist! Du! Und du! Und *du!* Ihr seid alle Angestellte des Staates! Staatsdiener! Ihr arbeitet für *uns*! Das Volk! Nicht umgekehrt. Ich bin *euer* Boss. Du! *Du!* *DU!*» Er zeigte mit dem Finger auf alle Bibliotheksangestellten und Polizisten. «Jetzt will ich einen Anwalt! Das hier ist ein freies Land! Wenn ich einen Porno gucken will, darf ich das, weil es mein Grundrecht als amerikanischer Staatsbürger ist. Pornos für alle!» Der Mann ließ sich eine Weile darüber aus, wie sehr amerikanische Präsidenten Sex liebten. Bill Clinton und das befleckte Kleid. Thomas Jefferson, der mit seinen Sklavinnen schlief. JFK und Marilyn Monroe. Ich schrieb das meiste davon gleich in mein Notizbuch, weil es interessant war, authentisch, spontan, auch wenn es bis heute unbestätigt bleibt und höchstwahrscheinlich eine Übertreibung ist.

Aber ich begriff etwas Wichtiges, das die meisten Leute nicht verstehen: Der Obdachlose tat so, als ob er das Recht hätte, öffentlich und frei zu sprechen – und so tun, als ob, kann wichtiger sein, als sich mit dem zu begnügen, was allgemein als wahr gilt, was alle anderen als Tatsache hinstellen. (In diesem Fall war die Tatsache folgende: Menschen ohne Zuhause sollten nicht mit Leuten sprechen, die ein Zuhause haben – schon gar nicht auf eine selbstbewusste Art.) Dadurch, dass der Mann so tat, als ob, hatte er die Kraft, offen zu sagen, was er dachte. Die meisten Leute im öffentlichen Dienst sagen nie offen, was sie denken, und deshalb hatten sie in dieser Situation solche Angst vor dem Obdachlosen. Er brachte mit seinem Porno und seinen interessanten präsidialen Verkündigungen ihr Leben mächtig durcheinander. Wenn doch nur mehr Menschen für einen guten Zweck so täten, als ob! Wenn doch nur die Jungthekarin besser darin wäre – sie würde viele großartige Dinge bewirken, da bin ich mir sicher. Das Problem ist, dass es immer nur die Wahnsinnigen sind, die so tun, als ob, und dadurch etwas verändern. Ist Ihnen das schon aufgefallen?

Interessante, wichtige Dinge schreibe ich immer auf.

Ich schau mir keine Pornographie an, weil ich katholisch bin, und ich versuche, nicht zu masturbieren, bin jedoch mit meinen Bemühungen nicht immer erfolgreich.

Masturbieren Sie gelegentlich, Richard Gere?

Ich wette, Sie mussten schon lange nicht mehr masturbieren – nicht mehr seit Sie berühmt sind. Wer ein Supermodel wie Cindy Crawford heiratet, muss wahrscheinlich nie wieder masturbieren. (Ich weiß, Sie sind nicht mehr mit Cindy Crawford verheiratet, sondern mit Carey Lowell. Wie gesagt, ich habe über Sie recherchiert.) Wieso sollten Sie wohl Pornos brauchen, bei so schönen Frauen im Haus?

Dürfen Buddhisten überhaupt masturbieren?

Ich habe mir früher die Hände an die Bettpfosten gefesselt – das geht ohne Hilfe, wenn man fleißig übt, effektive Handgelenkschlingen zu knoten –, um mich so vom Masturbieren vor dem Einschlafen abzuhalten. Aber Mom, der es anscheinend nie zu viel wurde, mich frühmorgens loszubinden, wenn ich rief, dass ich befreit werden wollte, sagte irgendwann zögerlich, Masturbieren sei besser, als Sex mit fremden Frauen zu haben, die Krankheiten wie AIDS und Herpes hätten. Sie sagte, man kann sich sogar die Grippe einfangen, wenn man Sex mit Fremden hat, und dass viele Leute jedes Jahr an der Grippe sterben, weshalb wir im September immer zur Grippeschutzimpfung gingen.

Aber Mom sagte auch, wenn ich Befriedigung bräuchte, sollte ich das selbst in die Hand nehmen. Sie sagte das, als ich Anfang zwanzig war und verhaftet wurde, weil ich angeblich versucht hatte, die Dienste einer Prostituierten in Anspruch zu nehmen, die sich dann als Undercover-Cop entpuppte.

Father McNamee besorgte mir einen Anwalt und ging mit mir zum Secondhandladen, um einen Anzug zu kaufen. Die Männer, die in dem Laden arbeiteten, waren Homosexuelle und kannten sich deshalb – laut Father McNamee – gut mit Mode aus. Sie waren nett und halfen mir, das perfekte Outfit für den Gerichtssaal zu finden. «Wie sieht er aus?», fragte Father McNamee sie, als ich aus der Umkleide kam. «Unschuldig», sagte einer der Homosexuellen und lächelte dann stolz.

«Katholiken sollten Homosexualität eigentlich nicht billigen, stimmt's?», fragte ich Father McNamee auf dem Heimweg.

«Katholiken sollten eigentlich auch nicht bei dem Versuch verhaftet werden, die Dienste von Prostituierten in Anspruch zu nehmen», sagte er auf so eine knappe, fast fiese Art, obwohl er doch wusste, dass ich unschuldig war (und sogar so aussah).

«Ich mochte die Homosexuellen, die mich bei meinem Anzug beraten haben. Ist das in den Augen der katholischen Kirche falsch?», fragte ich. «Ich will einfach eine eindeutige Antwort.»

«Nur unter uns – ganz im Vertrauen: Es ist nicht falsch», sagte Father McNamee. «Ich mochte sie auch. Harvey kenne ich schon seit dreißig Jahren.»

«Wer ist Harvey?»

«Der Inhaber des Ladens – und mein Freund.»

«Dann haben Sie also homosexuelle Freunde?»

«*Na klar*», sagte er, doch er flüsterte es irgendwie schnell.

Bei einem Abendessen zu Hause sagte Mom mal zu Father McNamee: «Fünfundsiebzig Prozent aller Priester sind schwul. Deshalb erklärt die Kirche Homosexualität zur Sünde. Sonst wäre jedes Pfarrhaus die reinste römische Orgie.»

Sie lachten sich beide darüber schlapp, vielleicht weil sie ein paar Flaschen Wein getrunken hatten.

Als ich vor Gericht stand, sprach der Richter von Anstiftung zu einer Straftat, denn die Polizistin – die eine pinke Perücke trug und einen Minirock aus Leder und einen spitzen Kegel-BH und die höchsten Stöckelschuhe, die man je gesehen hat – hatte mich auf dem Weg von der Stadtbibliothek nach Hause angehalten und sich an meinem Bein gerieben und mich «Big Baby Daddy» genannt (was verwirrend war, weil man ja wohl kaum gleichzeitig ein Baby *und* ein Daddy sein kann, oder?) und mich um Geld gebeten.

Ich fragte, wie viel sie bräuchte, und sie sagte: «Zwanzig für einen Blowjob. Sechzig für alles, was du willst.» (Ich schrieb das später in mein Notizbuch für «Interessante Dinge, die ich gehört habe».) Noch *nie* hatte sich eine so an meinem Bein gerieben – ich hatte das Gefühl, als wäre ich in Zeit und Raum erstarrt, wie ein urzeitlicher Höhlenmensch, der in Eis oder vielleicht Bernstein gefangen ist –, als fände sie mich toll, und deshalb stimmte ich zu, der pinkhaarigen Frau etwas Geld zu geben, mit einem Nicken, hauptsächlich weil ich dachte, es würde sie glücklich machen, und mein Mund war zu trocken zum Sprechen.

Ehrlich gesagt, ich dachte auch, sie würde sich dann weiter an meinem Bein reiben, weil sich das richtig, richtig gut anfühlte – so als wäre ich ein Stapel Pfannkuchen und sie die Butter, die oben auf mir drauf schmolz und langsam runterlief. Und ich tat es auch, weil sie mich hypnotisiert hatte mit ihren Lippen und Augen und ihrem Verstand und Make-up und Geruch und Schweiß. Ich wollte, dass sie sich ewig an meinem Bein rieb.

Pfannkuchen und Butter.

Ich kam mir vor wie ein Glückspilz, als hätte ich einen Preis gewonnen.

Aber sobald ich Geld aus meinem Portemonnaie zog, sprangen all diese Männer hinter Bäumen und Mülltonnen hervor – zielten mit Pistolen auf mich und zückten Ausweise und schrien, ich sollte auf die Knie gehen und die Hände hinter den Kopf legen. Sie hatten ein Megaphon, das mir in den Ohren weh tat und mir das Gefühl gab, als würden wütende Wespen durch mein Gehirn schwirren. Als sie hinter meinem Rücken die Handschellen anlegten, bekam ich solche Angst, dass ich mir in die Hose machte, und die Cops brüllten mich an, weil sie «die Pisse» nicht auf dem Sitz ihres Streifenwagens haben wollten. Einer von ihnen nannte mich «einen verdammten Schwachkopf», das weiß ich noch, weil ich es später auch in mein Notizbuch geschrieben habe – und auch, weil ich es nicht mag, wenn man mich Schwachkopf nennt, es aber vorkommt, was gemein ist und vielleicht sogar grausam.

Er sagte: «Schon wieder so ein verdammter Schwachkopf. Er hat sich vollgepisst. *Seht euch das an!*»

Die Männer lachten, und die Frau mit der pinken Perücke zündete sich eine Zigarette an, während sie die Augen verdrehte und mich kopfschüttelnd ansah.

«Wir sollten dieses erbärmliche Etwas von seinem Elend erlösen», sagte ein kleiner Cop. Er war wie ein Penner gekleidet, hatte aber um den Hals seinen Ausweis hängen, der im Licht der Straßenlampen schimmerte. Er hatte eine kompakte moderne Pistole in der Hand, so eine, wie Cops im Fernsehen sie tragen. Ich hatte Angst, er würde mir wirklich zwischen die Augen schießen, weil er mich ansah, als fände er, mich sollte es gar nicht geben, und er musste bloß abdrücken, um mich für immer verschwinden zu lassen. Er hatte die Macht.

«Tut mir leid», sagte ich und meinte es auch so. Ich wollte nicht die Ursache für so viel Ärger sein. Ich glaubte schon fast, dass der wütende Cop in Bezug auf mich recht hatte. «Ich wollte keine Unannehmlichkeiten verursachen.»

Er schüttelte angewidert den Kopf, dann ging er weg.

Ich hoffe, Sie haben sich inzwischen gedacht, dass ich kein Schwachkopf bin, Richard Gere.

Ich bin «überdurchschnittlich intelligent».

Das hat Mom mir jedenfalls ständig gesagt. Sie meinte, ich hätte bei dem unkonventionellen IQ-Test in der Grundschule erstaunlich gut abgeschnitten, aber dass die Welt Intelligenz nicht immer richtig beurteilen würde.

«Die Welt mag Geld lieber als die Wahrheit», sagte Mom auch immer. «Wir sind also angeschmiert!»

Sie lachte jedes Mal laut, wenn sie das sagte.

«Und du bist nur ein kleines bisschen eigen», sagte Mom. «Eigen auf die denkbar beste Art. Du bist perfekt so, wie du bist. Mein wunderbarer Sohn. Bartholomew Neil. Ich hab dich furchtbar lieb.»

Meine junge Trauerbegleiterin Wendy sagt, ich bin «emotional gestört» und «in meiner Entwicklung zurückgeblieben», weil ich so viele Jahre in einer «koabhängigen Beziehung» zu meiner Mutter gelebt habe.

Ich glaube, Wendy kann Mom nicht besonders leiden.

Einmal hat sie gesagt, Mom hätte sich von mir ernährt,

was sich anhörte, als wäre meine Mutter eine Kannibalin mit einem Knochen durch die Nase gewesen und hätte mich in einem riesigen Kessel auf einem Lagerfeuer gekocht.

Mom war überhaupt nicht so; sie war keine Kannibalin.

Das kam alles in mein Notizbuch.

Einmal fragte ich Wendy, warum ich eigentlich eine Trauerbegleiterin bräuchte, wo ich doch gar nicht mehr richtig traurig darüber war, dass Mom gestorben war. Ich sagte, ich hätte Frieden damit geschlossen und würde nachts nicht weinen oder so. Ich müsste keine Trauer verarbeiten. Sie würde ihre Zeit verschwenden.

«Mom ist friedlich gestorben, weil sie Morphium bekommen hat», sagte ich. «Und ich werde sie im Himmel wiedersehen.»

Wendy die Trauerbegleiterin überging das mit dem Himmel. Sie meinte: «Sie sagen, Sie haben noch nicht einmal geweint. *Noch* nicht. Vermutlich verdrängen Sie viele Emotionen.»

«Können Vögel verdrängen?», sagte ich im Scherz, die Augen auf meine Schnürsenkel gerichtet, und Wendy lachte auf eine gute Art, was mir das Gefühl gab, dass ich sie mit ihrer eigenen Metapher verblüfft hatte und deshalb kein Schwachkopf war.

Jedenfalls, Mom musste zur Polizei und mich da rausholen, und das dauerte lange, und als sie endlich kam, war meine Hose wieder trocken, aber meine Oberschenkel waren ganz wund von der nassen Jeans, weil ich die ganze Zeit in der Arrestzelle auf und ab getigert war.

In meiner Zelle war so ein interessanter puerto-ricanischer Mann, der Make-up trug und mir immer wieder Kusshändchen zuwarf, wenn kein Cop in der Nähe war, und sagte, er würde mich gern «sanft schneiden». Dass er Puerto-Ricaner war, wusste ich, weil er ein T-Shirt mit der Aufschrift PUERTO-RICANER VÖGELN BESSER anhatte. Vielleicht war er aber auch ein Nicht-Puerto-Ricaner, der einfach gern Sex mit Puerto-Ricanern hatte, schätze ich. Wie auch immer, es war jedenfalls interessant und ungewöhnlich, also schrieb ich es in mein Notizbuch.

Am Abend, nachdem sie mich gegen Kaution rausgeholt und nach Hause gebracht hatte, sagte Mom, dass Selbstbefriedigung, obwohl in der katholischen Kirche eigentlich eine Sünde, wahrscheinlich der richtige Weg für mich war. Sie war nicht wirklich böse auf mich, weil ich verhaftet worden war, vor allem nachdem ich ihr erzählt hatte, was passiert war – wie die pinkhaarige Frau geradezu aus einer Gasse herausgesprungen war und sich sofort an meinem Bein gerieben hatte, ehe ich irgendwas sagen oder machen konnte. Mom nickte und sagte, sie wünschte, sie hätte mit mir über Selbstbefriedigung gesprochen, bevor das alles passiert war, aber solche Gespräche seien für gewöhnlich die Aufgabe eines Vaters, und mein Vater war gestorben, lange bevor ich alt genug für Sexgespräche war, deshalb trifft Mom eigentlich keine Schuld.

An dem Abend kam Mom in mein Zimmer, setzte sich auf meine Bettkante, wie früher, als ich ein kleiner Junge war, zeigte auf das Kruzifix an der Wand, das sie mir zur

Firmung geschenkt hatte, und sagte: «Der Bursche hat sich mit Prostituierten rumgetrieben. Er wurde auch verhaftet. Du bist also in guter Gesellschaft, Bartholomew. Mach dir deshalb keine Vorwürfe, hörst du?» Als ich nichts erwiderte, sagte Mom: «Ich wünschte, du wärst einer Vivian Ward in die Arme gelaufen statt einer Undercover-Polizistin.» Sie meinte die Figur, die Julia Roberts in *Pretty Woman* spielt, was ich Ihnen ja wohl nicht erzählen muss. «Ich will mehr. Mein Märchen soll wahr werden», sagte Mom, genau wie Julia Roberts das im Film zu Ihnen gesagt hat. «Auch dein Märchen soll wahr werden, Bartholomew. Wenn meins schon nicht wahr werden konnte, dann wenigstens deins. Also glaub schön weiter an Märchen, hörst du? Glaub weiter, dass sogar manche Prostituierte herzensgute Frauen sind. Glaube. Oder tu so, als ob!» Ich weiß nicht, warum – vielleicht weil Mom immer so große Hoffnungen auf mich setzte und ich es nie schaffte, ihre wilden Vermutungen über ihren einzigen Sohn zu bestätigen –, aber ich musste das Gesicht von ihr abwenden. Ich spürte die Tränen kommen, den Druck, der sich in den Augen aufbaute. Mom strich mir ein paar Augenblicke lang mit den Fingern durchs Haar, wie früher, als ich ein kleiner Junge war, dann schloss ich die Augen. Obwohl ich zu alt dafür war, von meiner Mom zugedeckt zu werden, war ich froh, dass sie es tat. Es ließ den wütenden Mann in meinem Bauch einschlafen. Es war, als wäre sie an dem Abend fähig, ein Wunder zu vollbringen. «Dein Märchen soll wahr werden, mein lieber, lieber argloser Junge», sagte sie noch einmal, bevor sie das Licht ausmachte und mein Zimmer verließ.

Mein Vater wurde sehr wahrscheinlich von katholikenfeindlichen Ku-Klux-Klan-Leuten ermordet, und deshalb habe ich keine Erinnerung an ihn. Die Leute vergessen, dass der KKK Katholiken genauso gehasst hat, wie er Schwarze und Juden gehasst hat, früher mal. Mom meinte, es interessiert heute keinen mehr, ob Katholiken angefeindet werden, wegen der vielen pädophilen Priester, und deshalb vergessen die Leute, dass der KKK wahrscheinlich noch immer Katholiken hasst. (Mom sagte auch, wenn Priester weiterhin kleine Jungs sexuell missbrauchen, hätte der KKK bald eine höhere Zustimmungsquote als die katholische Kirche.) Das ist laut Mom auch der Grund, warum der Mörder meines Vaters nie vor Gericht kam und auch keine einzige Zeitung über die Tat berichtete. Vielleicht konnte ich deshalb in der Stadtbibliothek nichts darüber finden.

«Katholiken hatten es in diesem Land früher sehr schwer», sagte Mom manchmal, als ich ein kleiner Junge war. «Dein Vater, ein guter Katholik, ist eine Packung Zigaretten holen gegangen und ward nie mehr gesehen. Die Polizei sagt, er hat uns wegen einer anderen Familie in Montreal verlassen, wo er herstammte, aber wir wissen es besser.»

Also hat Mom ihr Bestes getan und trägt wirklich keine Schuld an meiner Verhaftung. Ich habe sie mal gefragt, ob mein Vater auch gut so tun konnte, als ob, und sie sagte, ja, das konnte er. Anscheinend war er mir sehr ähnlich.

Wieso konnte mein Vater Moms Märchen nicht wahr werden lassen?

Wieso scheitern die meisten Leute daran, die Märchen anderer wahr werden zu lassen?

Wissen Sie das, Richard Gere?

Haben Ihre Filme Sie das gelehrt?

Ihr bewundernder Fan
Bartholomew Neil

3

ICH BIN LEIDER TELEPATHISCH NICHT BEGABT, GLAUBE ICH

Lieber Mr. Richard Gere,

heute Morgen wurde ich wach, setzte Kaffee auf und versuchte, den abgehärteten (oder faulen) Morgenvögeln zu lauschen, doch der kleine wütende Mann in meinem Bauch tobte, schrie *Idiot! Neandertaler! Blödmann!*

Es war ziemlich beunruhigend, weil ich keine Ahnung hatte, was los war. Normalerweise weiß ich auf Anhieb, was ihn verärgert, weil es mich normalerweise auch ärgert.

Ich zermarterte mir das Hirn, aber mir fiel nichts ein.

Ich goss mir Kaffee ein, und als ich den ersten Schluck trank – kam ich drauf.

Ich hatte völlig vergessen, worauf ich in meinem letzten Brief eigentlich zu sprechen kommen wollte, statt mich endlos über unzusammenhängende Dinge auszulassen. Ich habe Ihnen nicht mal das Allerwichtigste meines gestrigen Besuchs in der Stadtbibliothek erzählt, weshalb ich mich jetzt tatsächlich wie ein Volltrottel fühle.

(Ich lasse mich leicht von interessanten Dingen ablenken, und deshalb finden die Leute es oft schwierig, sich mit mir zu unterhalten, was der Grund dafür ist, warum ich nicht sehr viel mit Fremden rede und viel lieber Briefe schreibe, in denen Platz ist, alles wiederzugeben – anders als in richtigen Gesprächen, wo man ständig darum kämpfen muss, seine Worte unterzubringen, und fast immer verliert.)

In der Bibliothek stieß ich auf einen Artikel in der Onlinezeitung *The Huffington Post*, in dem stand, dass Sie «im Mahabodhi-Tempel in Bodh Gaya den Segen des Dalai Lama empfingen». Der Artikel war vom 18. März 2010. Auf Fotos war zu sehen, wie Sie sich vor dem Dalai Lama verbeugen und er die Hände in Gebetshaltung nach unten streckt und dabei Ihre Stirn berührt. Auf einem anderen Foto beten Sie mit geschlossenen Augen und tragen dabei einen teuer aussehenden Bose-Kopfhörer. Ich fragte mich, was Sie sich da anhörten. Am linken Handgelenk hatten Sie Holzperlen und am rechten ein altes Lederuhrenarmband. Ihren Augen nach zu urteilen, waren Sie verzückt.

Erinnern Sie sich an den Tag?

Haben Sie das Foto gesehen?

Es war bestimmt eine große Ehre, vom Dalai Lama gesegnet zu werden, und ich möchte Ihnen jetzt dazu gratulieren, obwohl das Ereignis fast zwei Jahre her ist. Ich schätze, für Sie war es genauso bedeutend, wie für mich eine Audienz beim Papst wäre. Das fände ich sehr aufregend – obwohl der neue Papst Deutscher ist. Mom konnte Deutsche nie leiden, weil ihr Vater im Zweiten Weltkrieg getötet wurde. (Ich habe nichts gegen Deutsche.)

Dann fand ich einen Artikel aus dem *Syracuse Buddhism*

Examiner. Darin hieß es: «Auf einer vom *Time Magazine* veröffentlichten umfangreichen Liste mit den Höhe- und Tiefpunkten der letzten 12 Monate rangierte die ‹Selbstverbrennung tibetischer Mönche› unter den ‹unzureichend beachteten Meldungen› des Jahres 2011 auf Platz eins.» Ein Foto zeigte einen brennenden Mönch. Er sah aus wie eine Säule aus lodernder Lava. Es war schwer zu glauben, dass auf dem Bild tatsächlich ein Mensch bei lebendigem Leibe verbrannte, weil das rötliche Orange fast schön aussah und der Mann sich überhaupt nicht bewegte.

(Außerdem dachte ich darüber nach, wieso es okay war, sich über den Internetzugang der Bibliothek einen brennenden Mann anzuschauen, aber nicht zwei nackte Frauen, die sich gegenseitig lecken. Wer macht die Regeln? Tod ist okay. Sex ist böse. Mütter müssen sterben. Krebs kommt, wenn man es am wenigsten erwartet.)

Ich sah mir den brennenden Mann lange an, aber mein Verstand wollte einfach nicht glauben, dass es wirklich ein Mensch war. Nicht, dass ich die Bildunterschrift anzweifelte oder ihr misstraute. Es war einfach sehr schwer zu begreifen, dass solche Dinge tatsächlich passieren. Dass Menschen auf der anderen Seite der Erde *irgendetwas* so wichtig ist, dass sie sich selbst anzünden.

Wenn ich das richtig verstehe, haben diese Mönche zum Mittel der Selbstverbrennung gegriffen, um auf Ihr gemeinsames Anliegen aufmerksam zu machen – die Rückkehr des Dalai Lama nach Tibet.

In dem Artikel hieß es weiter: «Das *Time Magazine* hat

eingeräumt, dass Tibet in den Nachrichten praktisch nicht mehr stattfindet, es sei denn, ein US-Präsident oder ein prominenter Spendensammler wie Richard Gere verärgert Beijing durch ein Treffen mit dem Dalai Lama.»

Als ich das las, fiel es mir wie Schuppen von den Augen: Sie, *mein* Freund Richard Gere, sind mächtiger als der US-Präsident, weil der nämlich nicht einmal namentlich genannt wurde, Sie aber doch.

Was ist das für ein Gefühl, berühmter, mächtiger und ikonischer zu sein als Barack Obama?

Mir wurde auch klar, dass man als Gastgeber einer Dinnerparty mehr für den Dalai Lama tun kann als Mönche, die bereit sind, sich selbst zu verbrennen. Deren Selbstopfer schaffen es kaum in die Nachrichten, sie bleiben ungenannt, aber dass der Dalai Lama *Sie* gesegnet hat, stand in der *Huffington Post*.

Sie sind ein mächtiger Mann, Richard Gere.

Ich bin froh, dass ich Sie ausgewählt habe, um mich Ihnen in dieser schwierigen Zeit meines Lebens anzuvertrauen. Je mehr ich über Sie erfahre, desto mehr wird mir bewusst, dass es richtig von Mom war, Ihren Brief in der Unterwäscheschublade zu verwahren. Vielleicht wusste sie, dass ich nach ihrem Tod Ihren Rat benötigen würde, und hat mir deshalb den Brief sozusagen als Wink mit dem Zaunpfahl hinterlassen. Es ist fast so, als würde sie mir noch immer helfen, indem sie dafür sorgt, dass Sie und ich korrespondieren.

Ich habe mich gefragt, ob Sie nicht selbst schon mal daran gedacht haben, sich in Brand zu setzen, weil Sie ja auch Buddhist sind. Stellen Sie sich vor, wie umfassend darüber berichtet würde! Die ganze Welt wäre geschockt, wenn der berühmte Hollywoodschauspieler und Menschenrechtsaktivist Richard Gere zum Mittel der Selbstverbrennung greifen würde.

Stellen Sie sich vor – welche Macht!

Ihre größte Rolle!

Ich hoffe von Herzen, dass Sie sich nicht in Brand stecken werden, weil ich doch gerade erst angefangen habe, Ihnen zu schreiben. Ich würde diese Konversation gern fortsetzen, deshalb bitte ich Sie, gehen Sie nicht den Weg dieses tibetischen Mönches. Ich glaube, Sie können lebend sehr viel mehr bewirken als tot, und das Selbstopfer der Mönche scheint China nicht sonderlich zu schwächen. Und da wäre ja noch der Wink mit dem Zaunpfahl – der Brief, den ich in Moms Unterwäscheschublade fand –, vielleicht sollten Sie ja nicht bloß dem Dalai Lama helfen, sondern auch mir, Bartholomew Neil. Ihre Selbstverbrennung würde mir zum jetzigen Zeitpunkt kein bisschen helfen, zumindest wüsste ich nicht, wie.

Niemand in den Vereinigten Staaten weiß überhaupt, dass diese Mönche so ein gewaltiges Opfer bringen, was mir für sie ungemein leidtut.

«Das Leben ist beschissen», sagt meine rothaarige Trauerbegleiterin Wendy jedes Mal, wenn wir in unserem Gespräch einen toten Punkt erreichen.

Das ist ihre Standardplattitüde.

Ihre goldenen Worte für mich.

«Das Leben ist beschissen.»

Wenn Wendy das sagt, scheint sie so zu tun, als ob wir nicht durch ihren Job miteinander zu tun hätten, sondern echte Freunde wären. Als würden wir ein Bier in einer Bar trinken, wie Freunde im Fernsehen das machen.

«Das Leben ist beschissen.»

Sie flüstert es sogar. Als dürfte sie das eigentlich nicht zu mir sagen, wollte mir aber zu verstehen geben, dass ihr fröhliches Geplauder und ihre positive Einstellung zu ihrem So-tun-als-ob-Spiel gehören.

Genau wie ein Vogel sein.

Und ich versuche, die Sommersprossen in ihrem Gesicht zu Bildern zu verbinden – wie neue Sternbilder –, und ich kriege ein Herz hin, wenn ich mich richtig anstrenge.

Ihr Gesicht ist ein Oval.

Ihre Augen haben manchmal die Farbe von einem Mai-Himmel um zwei Uhr nachmittags an einem Samstag, und manchmal haben sie die Farbe von einem Eisbär-Eis.

Sie ist schön, auf eine Kleine-Schwester-Art.

Aber zurück zu den Mönchen. Ich glaube nicht, dass ich mich für welches Anliegen auch immer selbst anzünden würde, und manchmal fürchte ich, dass ich einfach nicht genug an überhaupt irgendwas glaube, um einen wichtigen Beitrag für die Welt zu leisten, jetzt, wo ich mich nicht mehr um Mom kümmern muss.

Manchmal wünschte ich, ich würde die gleiche Leidenschaft und Entschlossenheit empfinden, wie Sie sie offenbar dafür empfinden, den Dalai Lama nach Tibet zurückzubringen, aber so intensive Gefühle habe ich nie erlebt.

Ich war meistens einfach zufrieden damit, Zeit mit meiner Mutter zu verbringen, und sie sagte, dass das auch für sie in Ordnung war.

Sie sagte, dass sie mich brauchte, und ich fand es schön, gebraucht zu werden.

Sie gab mir nie das Gefühl, ich sollte mehr mit meinem Leben anfangen – wie zum Beispiel Geld verdienen und mit Freunden Bier in einer Bar trinken –, und manchmal fürchte ich, dass ihre Nachsichtigkeit ein Fehler war, vor allem bei der Erziehung eines vaterlosen Jungen.

Jetzt, wo Mom nicht mehr bei uns ist, frage ich mich, ob es Zeit wird, mir irgendwas zu suchen, wofür ich mich richtig begeistern kann. Vielleicht bevor ich vierzig werde. Ich würde gern mit einem Freund ein Bier in einer Bar trinken, wenigstens einmal.

Ich würde gern die Jungthekarin schick ausführen – vielleicht ins Restaurant im alten Wasserwerk hinter dem Kunstmuseum, wo man dem Fluss lauschen kann.

Wendy meint, die «nächste Phase meines Lebens» könnte meine beste sein. Ich möchte ihr glauben, aber sie ist noch jung und hat bisher noch nicht viel erlebt. Ich mag sie, aber ich betrachte sie nicht als Vertraute.

Sie sind mein Vertrauter.

Ich würde gern mit Ihnen ein Bier in einer Bar trinken, Richard Gere.

Was meinen Sie?

Ich würde gern Ihren Rat befolgen.

Finden Sie, ich sollte für irgendwas eine Leidenschaft entwickeln?

Je mehr ich im Internet recherchiere, desto größer wird mein Verständnis für *Ihr* Anliegen, Richard Gere, das muss ich zugeben.

Der Dalai Lama scheint ein ungemein netter Mann zu sein. Ich habe einiges über ihn und seine Philosophie gelesen. Er sagt, wir müssen unser Ich- oder Selbst-Gefühl aufgeben. Er sagt, wir müssen erkennen, dass das Leiden *eines* Menschen oder *einer* Nation gleichbedeutend ist mit dem Leiden der Menschheit an sich. Und dass das Glück *eines* Menschen oder *einer* Nation ebenfalls gleichbedeutend ist mit dem Glück der Menschheit an sich.

Ich werde mehr über Buddhismus lesen.

Aber was die Entwicklung einer Leidenschaft betrifft – vielleicht sollte ich da mit etwas Kleinerem anfangen, als mich gleich mit China anzulegen.

Ich kann nicht mal mit der Jungthekarin sprechen, und das versuche ich schon seit Jahren. Ich bin im Nachteil, weil ich nicht so gut aussehe wie Sie, Richard Gere. Ich bin fast eins neunzig groß und habe zu viele Haare auf den Armen und in den Ohren, aber nicht genug auf dem Kopf. Und außerdem denke ich, dass meine Nase nicht gerade ist, obwohl noch nie jemand was dazu gesagt oder sich darüber lustig gemacht hat. Aber Spiegel lügen nicht.

Manchmal schicke ich der Jungthekarin im Geiste Botschaften, aber ich glaube, sie ist telepathisch nicht begabt. Auch ich bin leider telepathisch nicht begabt, glaube ich.

Ich wäre dankbar für jeden Tipp, den Sie mir geben können.

Ihr bewundernder Fan
Bartholomew Neil

4

ICH WÜRDE SCHLIESSLICH IN FATHER MCNAMEE HINEINGEHEN UND INVENTUR MACHEN MÜSSEN

Lieber Mr. Richard Gere,

Father McNamee wirkte letzten Samstagabend zerfahren.

Zunächst einmal verkündete er, dass er zu Moms Ehren eine Messe abhalten würde, obwohl ich weder darum gebeten noch die erforderliche Karte ausgefüllt noch der Kirche etwas gespendet hatte. Was noch seltsamer ist: Er hatte Mom schon letzte Woche die Messe gewidmet. Als Buddhist wissen Sie das vermutlich nicht, aber es ist nicht üblich, zu Ehren einer Person zwei Messen so kurz hintereinander zu halten.

Dann, obwohl keine Beerdigung war oder Ostern oder Weihnachten, bestand Father McNamee darauf, die Weihrauchkugel anzuzünden und zu schwenken, sehr zum Missfallen der anderen Priester, die ihn daran hindern wollten, indem sie ihm an die Schulter fassten und ihm eindringlich ins Ohr flüsterten, doch Father McNamee ließ sich nicht davon abhalten. Die anderen Priester hörten erst dann mit ihrem eindringlichen Geflüster auf, als Father McNamee bei seinen Abwehrbemühungen die Weihrauchkugel herumwirbelte wie eine Steinschleuder und losließ. Ein kollektives Luftschnappen war zu hören, als die Kugel durch den Altarraum Richtung Buntglasfenster segelte, doch zum Glück setzte sich die Schwerkraft durch, und die Weihrauchkugel knallte gegen die Steinwand. Eine kleine Rauchwolke stieg auf, ehe die Ministranten den Weihrauch löschen und den Schlamassel beseitigen konnten.

Doch Father McNamee ging nicht mal auf das Missgeschick ein.

Unter normalen Umständen hätte er einen Scherz gemacht. Father McNamee kann richtig witzig sein und ist sehr beliebt – als Bingo-Ausrufer ist er so unterhaltsam, dass alte Damen in Scharen herbeiströmen, und er ist schon oft als Stand-up-Comedian aufgetreten, der «Predigten mit Comedy» kombiniert, um Geld für gute Zwecke zu sammeln –, aber als er die verängstigte Gemeinde nach dem Weihrauchzwischenfall nicht beruhigte, war zu spüren, wie die Anspannung in St. Gabriel anschwoll.

Irgendwas stimmte nicht.

Alle wussten es.

Die anderen Priester wechselten Blicke.

Doch die Samstagabendmesse ging weiter, und der gewohnte rituelle Ablauf beruhigte die Gemüter wieder – das heißt, bis es Zeit für Father McNamees Predigt war.

Er stieg auf die Kanzel, senkte das Kinn, packte mit den Fäusten das Holz, beugte sich vor und starrte uns an, ohne ein Wort zu sagen.

So ging es gut sechzig Sekunden weiter und sorgte für

noch mehr Unruhe als der Zwischenfall mit dem Weihrauch.

«Mmmmmmmmm», sagte er schließlich oder stöhnte es vielmehr. Das Geräusch schien tief aus seinem Inneren hochzubrodeln, wie ein monströser Rülpser, der lange auf den geeigneten Moment zum Explodieren gewartet hatte.

Dann fing er an zu lachen, bis ihm die Tränen übers Gesicht strömten.

Als er sich ausgelacht hatte, zog er sein Messgewand aus, stand in Unterhemd und Hose vor uns und sagte: «Ich widerrufe mein Gelübde! Ich bin nun – ab sofort – offiziell meiner Priesterwürde enthoben!»

Ein lautstarkes Luftschnappen stieg aus den Kirchenbänken auf.

Dann verschwand Father McNamee in der Sakristei.

Alle fingen an zu raunen und sich gegenseitig anzusehen, bis Father Hachette aufstand und sagte: «Lasst uns Lied Nummer eins-sieben-zwei singen, ‹Ich bin der Weinstock›.»

Die Orgel setzte ein, Bänke knarrten, als alle gleichzeitig aufstanden und dann munter losschmetterten, erleichtert, wieder auf vertrautem Boden zu sein.

Ich stand allein in der letzten Bank, versteckte mein Notizbuch für «Interessante Dinge, die ich gehört habe» in meinem Gesangbuch und schrieb drauflos.

Als wir fertig waren, sagte Father Hachette: «‹Ich bin der Weinstock, ihr seid die Reben. Wer in mir bleibt und in wem ich bleibe, der bringt reiche Frucht; denn getrennt von mir könnt ihr nichts vollbringen›, Johannes fünfzehn, Vers fünf. Wir setzen uns.» (Ich schrieb auch das in mein Notizbuch. Der Genauigkeit halber.)

Ich weiß nicht mehr, worüber Father Hachette in seiner improvisierten Predigt sprach, weil ich immerzu an Father McNamee denken musste. Ein paarmal war ich kurz davor, aufzustehen und in der Sakristei nachzusehen, ob mit ihm alles in Ordnung war – um ihm Mut zu machen, ihm zu sagen, er solle seinen Priesterrock nicht an den Nagel hängen. Ich hatte ein warmes Gefühl in der Brust, das mir sagte, ich sollte in irgendeiner Weise helfen. Aber was konnte ich schon tun?

Father McNamee ist ein fähiger und bewährter Priester; er hilft selbst vielen Menschen – zum Beispiel in seinen berühmten Kursen mit Problemjugendlichen aus der Innenstadt: Er «verwandelt» sie in Betreuer für behinderte Kinder bei der Sommerfreizeit, über die jedes Jahr im Juli in den Lokalnachrichten berichtet wird.

Er hat Mom oft besucht, als sie krank war, und er hat dafür gesorgt, dass ein Kirchenmitglied den ganzen juristischen Kram für mich erledigt hat, der erforderlich war, damit ich das Haus nach ihrem Tod behalten konnte, weil sie nämlich kein richtiges Testament gemacht hatte. Außerdem hat Father McNamee dafür gesorgt, dass Wendy einmal die Woche kostenlos zu mir kommt, weil Mom mir nur sehr wenig Geld hinterlassen hat. Er hat auch auf ihrer Beerdigung richtig schöne Worte gefunden, nannte sie eine «Frau Christi» (das hab ich in mein Notizbuch geschrieben), und hinterher – weil ich keine lebenden Verwandten habe – fuhr er mit mir ans Meer, und wir gingen zusammen am Strand spazieren, damit ich «auf andere Gedanken» kam.

«Wir sind genau wie Jesus und seine Jünger, entspannen uns am Meer», sagte ich zu ihm, während wir an kalten, schaumgekrönten Wellen entlangspazierten, und Father McNamee hatte wohl Sand in die Augen bekommen, denn er fing an, sie sich zu reiben. Ich hörte ihn vor Schmerz wimmern, während die Möwen über uns kreischten. «Alles in Ordnung?»

«Ja, ja», antwortete er und winkte ab.

Der Wind schleuderte eine seiner Tränen in die Luft, und sie landete auf meinem Ohrläppchen.

Dann gingen wir sehr lange weiter, ohne irgendwas zu sagen.

Er verbrachte auch den ersten Abend nach Moms Beerdigung bei mir, in unserem Haus, und wir tranken mehr Whiskey, als wahrscheinlich gut für uns war – Father McNamee, der sich immer drei Fingerbreit statt wie ich nur einen einschenkte, wurde rasch rot und betrunken –, aber seine Gesellschaft tat mir gut.

Father McNamee hat über die Jahre viel für Mom und mich getan. Damals beichtete ich ihm sogar die Sünde der Masturbation, und er gab mir nicht das Gefühl, mich deswegen schämen zu müssen. Er flüsterte durch das Beichtstuhlgitter: «Gott wird dir eines Tages eine Frau schicken, Bartholomew. Da bin ich mir ganz sicher.»

Kurz danach fing die Jungthekarin in der Stadtbibliothek

an, und ich habe mich oft gefragt, ob es einen Zusammenhang gab. Wieder wurde ich an C.G.Jungs *Synchronizität* erinnert. *Unus mundus.*

Jetzt bete ich zu Gott und bitte ihn, dass er mir den Mut gibt, um die Jungthekarin anzusprechen, die in der Bibliothek immer genauso zu leuchten scheint wie Maria in dem Buntglasfenster, wenn die Sonne in St. Gabriel hineinströmt.

Aber der Mut bleibt bislang aus.

Ich bete um Worte, und sie verdampfen sofort, wenn ich die Jungthekarin in der Bibliothek sehe und mir ganz heiß wird, als würde mein Gehirn im Schädel kochen.

Vielleicht hätte der vorgebliche Sie-ich-Richard-Gere bessere Chancen, aber die Sache ist die: Ich möchte, dass die Jungthekarin sich in Bartholomew Neil verliebt und nicht in uns, Richard Gere. Sie würden sie auf Anhieb mit einem Lächeln oder Augenzwinkern erobern – das wäre für Sie ein Leichtes. Ich möchte ihre Zuneigung gewinnen, aber bei mir geht nun mal alles langsamer.

Nach dem, was ich über Buddhismus gelesen habe, versperrt dieser Wunsch mir den Zugang zur Erleuchtung. Aber dann rufe ich mir in Erinnerung, dass Sie eine Frau haben, und wenn Richard Gere' der große Buddhist und Freund des Dalai Lama, solche Wünsche haben darf, dann ist das für mich doch auch in Ordnung. Oder?

Als die Messe am letzten Samstag zu Ende war, wollte Father Hachette mich nicht in die Sakristei lassen, um mit Father McNamee zu sprechen. «Beruhige dich erst mal, Bartholomew. Wir wollen ruhig bleiben. Wir alle – alle miteinander», sagte Father Hachette wiederholt, während er eine Hand hob und mir die Brust tätschelte, als würde er einen großen Hund streicheln – vielleicht eine Dänische Dogge.

Vielleicht war ich verstörter, als mir bewusst war. Obwohl der wütende Mann in meinem Bauch diesmal gar nicht versuchte, meine inneren Organe zu zerstören. Es war eine andere Art von verstört. Ich neige dazu, mich richtig aufzuregen, wenn ich besorgt bin. Jedenfalls, Father Hachette wirkte verängstigt. Die Leute haben oft Angst vor mir, wenn ich mich aufrege oder wütend werde. Aber ich habe noch nie jemandem weh getan – nicht mal in der Schule, wenn die anderen mich rumschubsten oder Schwachkopf nannten.

(Der schlimmste Tag meines Lebens verschaffte mir eines der besten Erlebnisse, die ich je auf der Highschool hatte, aber alles in allem fühlte ich mich danach doch wie ein ausgesprochener Schwachkopf. Dieses wunderschöne Mädchen namens Tara Wilson kam zu meinem Spind und fragte mich mit einer sehr sexy Stimme, ob ich Lust hätte, in der großen Pause mit ihr runter in den Keller der Schule zu gehen. Ich wusste, dass viele dahin gingen, um Sex zu haben, und ich war total begeistert, dass eines der beliebtesten Mädchen in meiner Stufe ausgerechnet mich gefragt hatte. Ich wusste auch, dass es ein Trick war. Der wütende Mann in meinem Bauch schimpfte und trat und stampfte mit den Füßen und warnte mich, bloß nicht darauf reinzufallen. *Lass dich von denen nicht zum Schwachkopf machen!*, schrie er. Aber ich wusste, das war die einzige Chance, die ich je bei Tara Wilson bekommen würde, und es war einfach zu schön, so zu tun, als ob sie mich wirklich mit nach unten in den Keller der Schule nehmen wollte, obwohl sie total nervös wirkte und im Dezember schwitzte, was mein So-tun-als-ob besonders schwierig machte. Sie hielt sogar meine Hand, als wir die Treppe hinuntergingen, und das war wunderbar. Dieser kurze Moment des Händchenhaltens war für mich wahrscheinlich das Beste an der Highschool überhaupt. Und ich denke noch heute an Tara Wilson – die Art, wie sie ihren Pony mit Haarspray aufbauschte, die drei goldenen Kordelketten, die sie um den Hals trug, und die goldene Hundemarke, auf der T-A-R-A stand und die unten rechts einen kleinen Diamantsplitter hatte; dass sie nach der Schule an der Straßenecke Marlboro Reds rauchte wie ein Filmstar und dass sie den Kopf in den Nacken warf und beim Lachen den Rauch hoch in die Wolken blies – wie ein umwerfend schöner Schornstein –, die Zigarette in den Winkel eines Peace-Zeichens geklemmt. Obwohl sie mich reingelegt hat, mag ich sie noch heute sehr und hoffe, dass sie irgendwo eine nette Familie hat und es ihr gut geht. Ich hoffe, Tara Wilson ist glücklich.

Als wir im Keller ankamen, führte Tara mich in eine dunkle Ecke. Etwa ein Dutzend Leute aus meiner Stufe – alles Jungs – warteten schon auf uns. Sie umzingelten mich und riefen immer wieder: «Schwachkopf! Schwachkopf! Schwachkopf!» Ehe ich wusste, wie mir geschah, packten mich unglaublich viele Hände, und dann war ich allein in einer dunklen Abstellkammer und konnte nicht mehr raus, und es war stockdunkel. Ich schrie und hämmerte stundenlang gegen die Tür, doch niemand kam. Schließlich tat ich so, als ob ich tief und fest zu Hause in meinem Bett schlafen würde und das alles bloß ein furchtbarer Albtraum wäre. Ich tat so, als ob ich bald aufwachen und Mom für uns Frühstück machen würde, und das half eine Weile. Dann wurde der wütende Mann in meinem Bauch fuchsteufelswild; er trat um sich und schrie und befahl mir, aus meinem Gefängnis zu entkommen, also versuchte ich, die Tür mit der Schulter aufzubrechen, aber es fühlte sich an, als versuchte ich, einen Berg mit bloßen Gedanken zu versetzen – mein Bizeps tat höllisch weh und schwoll an –, und schließlich glitt ich hinab in die Dunkelheit und fragte mich, ob ich da unten sterben würde.

Ich betete, flehte Gott an, mich zu retten, aber es kam niemand. Ich begann zu frieren. Ich verbrachte die Nacht bibbernd auf dem Betonboden, und Mom machte sich schreckliche Sorgen und verständigte sogar die Polizei, wie ich später erfuhr. Als ich schon völlig aufgegeben hatte, fiel plötzlich Licht herein und blendete mich. «Um Gottes willen. Bist du okay?», hörte ich. Es war Tara. Und es war der nächste Morgen, bevor die Ersten in die Schule kamen. Sie gab mir eine Flasche Wasser und eine Tüte selbst gebackene Schokoplätzchen. Ich trank das Wasser sofort, weil ich so durstig war. «Es tut mir leid», sagte sie. «Die haben mich dazu gezwungen.» Meine Augen gewöhnten sich an das Licht. Taras Make-up lief ihr übers Gesicht, und sie wirkte so reumütig und jämmerlich, dass ich ihr auf der Stelle verzieh. Sie erzählte mir, dass einer aus unserer Stufe, Carl Lenihan, sie auf einer Party ausgezogen hatte, als sie sinnlos betrunken war, und Fotos von ihr gemacht hatte. Seitdem erpresste er sie mit den Bildern, und sie musste alles Mögliche für ihn machen. Sie flehte mich an, niemandem zu verraten, dass sie mich rausgelassen hatte. Sie weinte hysterisch, während sie mir das alles erzählte, fuchtelte mit den Händen in der Luft und sagte, dass sie Angst gehabt hatte, ich könnte an den Abgasen aus dem Heizkessel gestorben sein, und dass sie draußen vor dem Schuleingang gewartet hatte, bis der Hausmeister kam und aufschloss, und dass sie furchtbar erleichtert war, dass es mir gut ging – dass ich noch lebte. Aber dann – ganz plötzlich – tat Tara etwas sehr Seltsames. Sie umarmte mich ganz lange und weinte in mein Hemd und sagte immer wieder, dass es ihr leidtat. Sie weinte und zitterte so heftig, dass ich dachte, sie würde sterben. Ich wusste nicht, ob sie wollte, dass ich sie auch umarmte, deshalb stand ich einfach nur da. Dann zog sie meinen Kopf herunter, küsste mich auf die Wange und rannte die Treppe hoch und aus dem Keller.

Sie sprach nie wieder mit mir. Wenn ich auf den Fluren an ihr vorbeiging, schaute sie in die andere Richtung. Und ich habe keiner Menschenseele je von meiner Nacht in der dunklen, kalten Abstellkammer im Keller meiner Highschool erzählt. Ich weiß nicht, warum. Ich habe nicht so getan, als ob es nie passiert wäre oder nur ein Traum war. Ich habe es für mich behalten. Sie, Richard Gere, sind der allererste Mensch, dem ich es erzähle. Ich erzählte Mom, ich hätte die Nacht hinter dem Kunstmuseum verbracht und auf den Fluss geschaut – dass ich von dem fließenden Wasser ganz gebannt gewesen wäre und die Zeit vergessen hätte. Ich denke nicht, dass sie mir geglaubt hat, aber sie hat mich auch nicht als Lügner bezeichnet, worüber ich froh war. Sie sah mir bloß lange in die Augen und sagte nichts mehr. Mom verstand, dass es besser war, manche Dinge auf sich beruhen zu lassen. Worte ließen sich als Waffen benutzen, die zu viel Schaden anrichten.

Die Jungs in meiner Highschool-Stufe, die bei allen beliebt waren, nannten mich bis zum Ende meiner Schulzeit «Tara» oder «Kellerjunge». Manchmal nannten sie mich auch «Taras Schwachkopf». Und Tara nahm mich nie wieder zur Kenntnis. Da habe ich begriffen, dass nette Menschen manchmal meinen, sie müssten so tun, als ob sie gemein und scheußlich wären. Seit Tara habe ich viele Menschen erlebt, die so getan haben, als ob sie unverschämt und hart und rücksichtslos wären. Ist Ihnen das auch schon mal aufgefallen, Richard Gere? Dass Leute lieber so tun, als ob sie böse wären, anstatt so zu tun, als ob sie gut wären? Mir ist schleierhaft, warum die Leute das machen, aber ich verstehe, dass die meisten sich wie Tara verhalten, und das hat mich oft verwirrt.)

An jenem Tag in St. Gabriel sagte ich zu Father Hachette: «Sagen Sie Father McNamee, er soll mich heute Abend anrufen?»

«Gewiss. Gewiss», sagte Father Hachette. Sein schmales Gesicht hatte die Farbe von Stoppschildern, und seine paar

Haarsträhnen wehten unter dem Heizgebläse an der Wand hin und her. «Geh einfach nach Hause und bete. Ich sorge dafür, dass Father McNamee dich anruft. So, nun ab mit dir, Bartholomew. Gott segne dich.»

Ich glaubte nicht, dass Father Hachette tun würde, worum ich ihn gebeten hatte, weil Father Hachette nicht genauso von Gott berufen ist wie Father McNamee – das merkt man, wenn man ihm in die Augen sieht, und daran, dass er nicht so vielen Leuten in der Gemeinde hilft; was nicht heißen soll, dass er ein furchtbarer Priester ist, er ist bloß nicht «wahrhaft berufen» wie Father McNamee, was zumindest Mom immer gesagt hat. Aber obwohl ich so ein warmes Gefühl von Helfenwollen in der Brust hatte, ging ich nach Hause, weil ich dachte, dass Father McNamee sich schon irgendwann bei mir melden würde, weil er ja immer regelmäßig bei Mom und mir zu Besuch gewesen war.

Als ich zu Hause ankam, saß Father McNamee auf der Treppe vor der Haustür. Sein weißer Bart sah besonders ungezähmt aus, und seine Nase war leuchtend rot. Links von ihm standen zwei braune Einkaufstüten und rechts von ihm ein Pizzakarton.

«Kommunion», sagte er. «Brichst du mit mir das Brot?»

Ich nickte, aber der wilde Ausdruck in Father McNamees himmelblauen Augen, die mich einsaugten wie starke Strudel, gefiel mir gar nicht.

Irgendwas stimmte nicht.

Wäre er ein Haus, hätte die Tür einen Spalt offen gestanden, und eines der Fenster wäre eingeschlagen gewesen. Es war, als ob in ihn eingebrochen und er ausgeraubt worden wäre. Ich war mir noch nicht sicher, was fehlte, aber ich wusste, ich würde in Father McNamee hineingehen und Inventur machen müssen, wenn das irgendeinen Sinn ergibt. Ich konnte mir nicht vorstellen, dass Father McNamee mir je in irgendeiner Weise weh tun würde, aber ich konnte auch nicht das Gefühl abschütteln, dass mit ihm irgendwas nicht ganz in Ordnung war – und dass ich auf der Hut sein sollte. Er war *angeschlagen*, wie es in Spionagefilmen und Fernsehserien über Präsidenten und Premierminister und Geheimagenten heißt.

Wir aßen und tranken in der Küche.

Father McNamee legte ein Stück Pizza mit Champignons auf meinen Teller, nahm sich selbst kein Stück. Er trank bloß seinen Jameson.

Ich versuchte zu essen, war aber nicht sehr hungrig.

Ich war noch immer damit beschäftigt, herauszufinden, was aus Father McNamee gestohlen worden war.

«Trink», sagte er, als er einen Fingerbreit Whiskey in mein Glas goss.

Ich trank einen Schluck und spürte das Brennen.

Er kippte seinen in einem Zug herunter, und sein Gesicht lief schlagartig rot an.

Mom hätte gesagt: «Er ist aufgeblüht.»

«Bartholomew», sagte Father McNamee. «Jetzt, wo ich die Kirche verlassen habe, brauche ich einen Platz zum Wohnen. Ich besitze nicht mal die Sachen, die ich am Leibe trage. Mein recht wohlhabender Freund aus Kindertagen schickt mir Geld, aber es ist kein Vermögen. Wenn du mich aufnimmst, kann ich dir anbieten, auch für dich zu beten.»

«Sie verlassen wirklich die Kirche? Sie widerrufen wirklich Ihre Gelübde?»

Er nickte und schenkte sich Whiskey nach.

«Warum?»

«Exodus.»

«Exodus?»

«Exodus», sagte er.

«Wie bei Moses?»

«Eher wie bei Aaron.»

Mom hatte mir als Kind biblische Geschichten vorgelesen, und ich ging schon mein Leben lang jede Woche zur Kirche, wo ich häufig die Bibel las, daher wusste ich, dass Aaron Moses' Sprecher war, als er die Juden aus Ägypten führte.

«Ich verstehe nicht, was Sie sagen wollen», sagte ich.

Father McNamee kippte weitere drei Fingerbreit Whiskey in sich hinein und schenkte sich nach.

«Hast du schon mal das Gefühl gehabt, Gott würde zu dir sprechen, Bartholomew?» Er sah mir forschend in die Augen, bis ich nach unten auf mein Pizzastück blickte. «Hat Gott dir in letzter Zeit irgendwelche Botschaften geschickt? Weißt du, wovon ich rede? Bist du der Anrufbeantworter, der Gottes Stimme aufzeichnet? Kannst du mir Ratschläge geben? Was hat Gott in letzter Zeit zu dir gesagt? Hat Er dir überhaupt irgendwelche Botschaften geschickt – für mich oder sonst welche?»

Ich dachte zuerst an die Jungthekarin, und dann dachte ich an Sie, Richard Gere, und an den Brief, den Mom für mich hinterlassen hatte. Ich fragte mich, ob Ihr Brief eine Botschaft von Gott gewesen sein könnte, obwohl Sie ja Buddhist sind. (Unergründliche Wege.) Aber ich erzählte Father McNamee nicht von Ihnen. Ich weiß nicht, wieso. Vielleicht weil er wirkte wie ein Haus, in das eingebrochen worden war.

«Ich habe dich aufwachsen sehen», sagte Father McNamee. «Du warst schon immer anders. Und du hast praktisch wie ein Mönch gelebt. Ständig in die Stadtbibliothek, um zu lesen, zu lernen. Ein stilles, einfaches Leben mit deiner Mutter, und jetzt ...»

Er schaute lange aus dem Küchenfenster, obwohl es da nichts zu sehen gab, nur die Spiegelung der Deckenlampe, die aussah wie ein elektrischer Mond.

«Dein Vater – er war ein frommer Mann. Hat deine Mutter dir das erzählt?»

«Ja», sagte ich. «Er ist den Märtyrertod gestorben. Vom Ku-Klux-Klan für die katholische Kirche umgebracht.»

«Vom *Ku-Klux-Klan?*», sagte Father McNamee.

«Laut Mom.»

Father McNamee lächelte auf eine sehr versonnene Art – fast so, als würde er sich freuen.

«Was hat sie dir noch über deinen Vater erzählt?»

«Er war ein guter Mann.»

«Er war wirklich ein guter Mann.»

«Haben Sie ihn gekannt?»

Father McNamee nickte feierlich. «Er hat vor langer Zeit öfter bei mir gebeichtet. Er war tiefreligiös. Lebte seinen Glauben. Sein Blut fließt durch deine Adern.»

«Und das Blut von meiner Mom auch», sagte ich, obwohl ich nicht genau weiß, warum.

Father McNamee hatte noch nie so mit mir geredet, nicht mal, wenn er sturzbetrunken war.

«Sie lebt durch dich weiter», sagte Father McNamee. «Deine Mutter. Das ist wahr.»

Als klar war, dass er nichts hinzufügen würde, sagte ich: «Wollen Sie wirklich bei mir wohnen?»

«Ja.»

«Wieso?»

«Gott hat mir vor langer Zeit etwas aufgetragen, aber ich komme erst jetzt dazu, es zu tun. Hauptsächlich weil Gott mich derzeit anschweigt.»

«Was?»

«Spreche ich nicht deutlich?»

«Nein. Ich meine, ja», sagte ich. Es war alles ein bisschen viel. «Was genau hat er Ihnen aufgetragen?»

«‹Leg das Priesteramt nieder und lebe bei Bartholomew Neil.› Wie gesagt, das ist lange her. Ich glaube, Gott ist böse auf mich, weil ich nicht auf Ihn gehört habe.»

Ich starrte auf mein Stück Champignonpizza und dachte darüber nach, wie tief Father McNamee gefallen war. Ich machte mir Sorgen, dass der krakenartige Krebs jetzt auch sein Gehirn angriff.

«Warum sollten Sie bei mir wohnen wollen?»

«Ich glaube, Gott hat einen Plan für dich», sagte Father McNamee. «Leider spricht Gott nicht mehr mit mir. Daher weiß ich nicht, wie der Plan genau aussehen könnte. Aber die gute Nachricht ist, dass ich hier bin, um dir dabei zu helfen, den Plan auszuführen, wenn du dazu bereit bist.» Er nahm wieder einen kräftigen Schluck Whiskey und sagte: «Also, was ist der Plan, Bartholomew?»

Ich sah ihn bloß an.

«Du weißt es wirklich nicht, was?» Er legte den Kopf schief und schaute mich mit zusammengekniffenen Augen durch seinen buschigen weißen Kreis aus Bart und Haaren an. «Hat Gott in letzter Zeit nicht zu dir gesprochen?»

«Ich habe keine Ahnung.»

«Überhaupt keine? Nicht mal einen Verdacht? Einen Riecher? Ein Gefühl? *Nichts?*»

Ich schüttelte verlegen den Kopf.

«Du hast keinen göttlichen Ruf vernommen?»

«Tut mir leid», sagte ich, weil ich nichts gehört hatte, was einem göttlichen Ruf auch nur ähnelte.

«Dann müssen wir wohl warten», sagte er.

«Verzeihen Sie, Father, aber ist das alles Ihr Ernst? Ist das kein Witz?»

«Kein Witz», sagte Father McNamee.

«Verlassen Sie wirklich die katholische Kirche?»

«Ich habe das Priesteramt offiziell niedergelegt. Ich verlasse die Kirche nicht – ich *habe* sie verlassen.»

Ich wusste nicht, was ich sagen sollte, also trank ich meinen Whiskey.

Er brannte.

Father McNamee trank die halbe Flasche, ehe er auf der Couch einschlief. Ich saß im Sessel und studierte ihn. Er hatte dicke Unterarme und einen gewaltigen Bauch, aber er war überall fest und nicht schwabbelig. Er war wie eine Kartoffel mit Kopf, Armen und Beinen. Mit dem Bart sah er aus wie Santa Claus. Und seine Haut war rau und pockennarbig und verwittert – als hätte er ein erfülltes Leben lang im Dienste Gottes geschuftet, im unermesslichen Boden der Menschheit gegärtnert, Seelen geerntet.

Kartoffelhaut.

Eine riesige Kartoffel.

«Typischer Ire», sagte Mom oft. «Father McNamee sieht aus wie ein Ire.»

Ich breitete eine Wolldecke über Father McNamee, und er begann, laut zu schnarchen.

Oben schrieb ich alles, woran ich mich erinnern konnte, in mein Notizbuch, und ich fragte mich, ob Father McNamee wirklich glaubte, dass es einen Plan für mich gab, jetzt, wo Mom nicht mehr da war, oder ob er bloß betrunken war. Ich blieb fast die ganze Nacht auf und dachte nach.

Als ich am nächsten Morgen nach unten kam, kniete Father McNamee im Wohnzimmer und betete. Ich wollte ihn nicht stören, deshalb setzte ich Kaffee auf und briet Spiegeleier in Butter und Chilisoße. Ich briet auch ein paar Scheiben Panhas, weil der gut bei einem Kater ist. Father McNamee aß immer Panhas, wenn er abends zu viel irischen Whiskey getrunken hatte. Ich weiß das, weil er viele

Nächte auf unserer Couch verbracht hatte. Mom briet dann immer Panhas für ihn.

«Morgen, Bartholomew», sagte er, als er sich an seinen Platz am Küchentisch setzte. «Du musst mich nicht bekochen, weißt du. Aber danke.»

Ich servierte das Frühstück.

Wir tranken unseren Kaffee.

Die Wintervögel sangen für uns.

«Leckere Spiegeleier», sagte er.

Ich nickte.

Ich wollte ihn nach Gottes Plan für mich fragen, aber irgendwas hielt mich zurück.

«Was machst du eigentlich so den lieben langen Tag, Bartholomew?»

«Ich gehe oft in die Bibliothek.»

«Was noch?»

«Ich schreibe in mein Notizbuch.»

«Das ist gut. Was noch?»

«Ich höre den Vögeln zu.»

«Und?»

«Früher hab ich mich um meine Mutter gekümmert.»

«Deine Mutter ist nicht mehr bei uns.»

«Das weiß ich.»

«Also, was willst du jetzt machen? Was wollen wir *heute* machen?»

Ich hatte keine Ahnung, deshalb sah ich ihn nur an und hoffte, dass er es mir sagen würde. Doch er konzentrierte sich bloß auf sein Essen, und als er aufgegessen hatte, war sein weißer Bart mit Chilisoße gestreift wie eine Zuckerstange.

Father McNamee ging ins Wohnzimmer und kniete sich hin. Nach vier Stunden fürchtete ich, er könnte tot sein, weil er sich überhaupt nicht bewegte – wie ein Stein.

Ich lauschte auf die Stimme Gottes, hörte aber nur die Vögel.

Ich überlegte erneut, ob ich Father McNamee vielleicht von Ihnen, Richard Gere, erzählen sollte, aber aus irgendeinem Grund tat ich es nicht – und ich werde es auch nicht tun.

Sie sind mein Vertrauter, Richard Gere, und ich denke nicht daran, irgendwem zu erzählen, dass ich so tue, als ob, denn es kann schnell vorbei sein mit dem So-tun-als-ob, wenn man Leuten, die nicht so tun, als ob, Zugang zu der besseren, sichereren Welt gewährt, die man für sich schafft.

Ich möchte, dass wir heimliche Freunde sind, Richard Gere.

Ich glaube, ich kann von Ihnen und auch von Father McNamee lernen, und ich würde die beiden Welten fürs Erste gern getrennt halten. Wie Kirche und Staat. Das habe ich damals auf der Highschool in dem Geschichtskurs gelernt, in dem auch Tara Wilson war. Trennung von Kirche und Staat. Nicht, dass Sie mein Staat wären, denn das sind Sie nicht. Und offenbar ist Father McNamee auch nicht mehr meine Kirche.

Ihr bewundernder Fan
Bartholomew Neil

5

CHARLES J. GUITEAUS SEZIERTES GEHIRN

Lieber Mr. Richard Gere,

letzte Nacht hatte ich einen sehr seltsamen Traum:

Ich stand auf der hölzernen Uferpromenade von Ocean City und sah zu, wie die Sonne aufging. Es war warm, es muss also Sommer gewesen sein, aber weil meilenweit keine Menschenseele zu sehen war, dachte ich, dass doch nicht Sommer war. Die Sonne erwärmte mein Gesicht auf genau die richtige Temperatur, während in der Ferne Wellen tosten und hoch oben am Himmel Möwen kreischten, und sogar die Metallbrüstung, an der ich lehnte, war so warm wie der Arm einer Frau.

Mir war in meinem Traum so richtig friedlich zumute, bis ich Moms Stimme schreien hörte: «Richard! Richard, hilf mir! Hilf mir, Richard! Ich falle gleich! Hilfe!»

Ich schaute mich um, konnte Mom aber nirgends sehen – und auch sonst niemanden.

«Richard!», rief sie. «Hilf mir, bitte! Ich kann mich nicht mehr lange halten! Es tut weh! Es BRENNT!»

Schließlich begriff ich, dass sie unter der Promenade war.

Ich suchte nach einer Treppe runter zum Strand, konnte aber keine entdecken.

Als ich über die Brüstung schaute, sah ich bloß noch den Ozean – kleine Sonnensplitter reflektierten hier und da wie eine funkelnde Galaxie.

Der Strand war verschwunden.

«Richard! Richard! Hilf mir!», rief sie.

Obwohl sie in dem Traum Ihren Namen benutzte, wusste ich, dass sie mich meinte, weil wir ja vor ihrem Tod immerfort so getan hatten, als ob.

Ich fiel auf die Knie und spähte durch die Ritzen zwischen den Planken und sah Mom an einem Stromkabel hängen, das Funken sprühte und ihr elektrische Schläge versetzte; unter ihr war eine große, schwarze, endlos tiefe Grube. Mom sah jung aus, wie damals, als ich ein kleiner Junge war – sie hatte langes schwarzes Haar, und ihr Gesicht war noch ganz glatt und faltenfrei –, vielleicht war sie in meinem Traum genauso alt wie ich jetzt.

Es ergab keinen Sinn.

Wo war der Sand?

Wo war der Ozean?

«Mom!», schrie ich, als unsere Blicke sich trafen.

Für einen kurzen Moment erkannte ich, dass sie mich durch die Ritzen zwischen den Planken sah – ihre Pupillen wurden scharf, und ein seltsamer, fast entsetzter Ausdruck legte sich über ihr Gesicht.

Sie ließ das Kabel los und fiel, wurde kleiner und kleiner, je mehr sie sich entfernte. Und sie alterte auch dabei: Ich konnte sehen, wie ihr Haar weißer und kürzer wurde, die Falten aus ihren Augen sprossen, sich durch ihr Gesicht gruben, ihre Hände und Arme runzlig werden ließen.

In meinem Traum schrie ich: «*Mom!*»

«Bartholomew?», hörte ich einen Mann flüstern.

Als ich die Augen aufschlug, saß Father McNamee auf meiner Bettkante, genau wie Mom immer, als ich ein kleiner Junge war.

Ich blinzelte ihn an.

Nur das Flurlicht hinter ihm brannte – die Lampen in meinem Zimmer waren noch aus –, deshalb zeichnete sich sein Körper als Silhouette ab. Ich brauchte einen Moment, bis ich begriff, dass ich nicht mehr träumte.

«Du hast im Schlaf geschrien», sagte er. «Ist alles okay?»

«Ich hab geträumt», sagte ich. Ich wollte ihm erzählen, was ich geträumt hatte, aber es hörte sich in dem Moment zu irrsinnig an, und es dauert immer ein Weilchen, bis ich mich nach dem Aufwachen genauer an meine Träume erinnern kann, deshalb sagte ich nichts.

«Ich konnte auch nicht schlafen», sagte Father McNamee. «Möchtest du ein Sandwich?»

«Nein danke», sagte ich, weil ich keinen Hunger hatte.

«Okay, wie du willst. Aber vielleicht möchtest du mir Gesellschaft leisten, während ich eins esse?»

«In Ordnung», sagte ich und folgte Father McNamee nach unten in die Küche.

Ich saß am Tisch, während er sich ein Roggensandwich mit Schinken und Käse machte.

«Weißt du irgendwas über den zwanzigsten Präsidenten der Vereinigten Staaten?», fragte er, als er sich hinsetzte. «James A. Garfield?»

Ich starrte bloß in sein kauendes Gesicht und versuchte, richtig wach zu werden.

Er hatte gelbe Senfflecken im Bart.

«Ich lese gerade ein Buch über ihn», sagte er. «Es liegt oben auf dem Nachttisch.»

Ich nickte.

Er gestikulierte mit seinem Sandwich, fuchtelte mir damit energisch vor der Nase herum, sodass die Salatblätter gefährlich schlackerten. «James A. Garfield war der zwanzigste Präsident unseres großartigen Landes. Er scheint ein guter, nobler Mann gewesen zu sein. Unterstützte die Bürgerrechtsbewegung. Wollte die allgemeine Schulpflicht einführen. Dafür sorgen, dass alle Kinder – schwarze und weiße – lesen lernten.»

Ich fragte mich, wieso Father McNamee mir das alles mitten in der Nacht erzählte, aber ich schwieg. Ich war sehr verschlafen, und die Situation kam mir mehr und mehr vor wie ein weiterer bizarrer Traum.

«Sagt dir der Name Charles J. Guiteau was, Bartholomew?»

Ich schüttelte den Kopf.

Father McNamee kaute einen Bissen zu Ende, schluckte und sagte dann: «Er hat auf Präsident Garfield geschossen und behauptet, im Auftrag Gottes gehandelt zu haben. Noch unheimlicher ist, dass Garfield, als die Kugeln ihn in einem Washingtoner Bahnhof trafen, angeblich gesagt hat: ‹Mein Gott, was soll das?› Garfield hatte nicht mit einem Attentat gerechnet. Er glaubte, Gutes in die Welt zu bringen. Aber zwei Kugeln ließen ihn Gott in Frage stellen. ‹Was soll das?›, sagte er zu Gott.»

Es war wie eine von Father McNamees Predigten. Er hatte sich in seinen Predigten häufig auf historische Ereignisse bezogen. Aber wieso erzählte er mir das mitten in der Nacht? Kam das vom Whiskey?

«Guiteau schrie: ‹Arthur ist jetzt Präsident!›» Ein Salatblatt flog aus Father McNamees Sandwich und schlitterte über den Tisch, hinterließ eine Schmierspur Senf. «Arthur war damals Vizepräsident. Und dann verlangte Guiteau, verhaftet zu werden. Später behauptete er, Gott hätte sich seiner bedient, um den Lauf der Geschichte zu beeinflussen.»

Father McNamee nahm wieder einen großen Bissen, kaute und schluckte.

«Sind Sie betrunken?», fragte ich, weil dieser mitternächtliche Vortrag heftig war, selbst für Father McNamee.

«Irische Expriester werden nicht betrunken, sie werden vom Whiskey bloß gesprächiger», sagte er, zwinkerte und fuhr dann fort. «Weil man damals noch nicht viel über Bakterien wusste, steckten die Ärzte ihre ungewaschenen Finger in Präsident Garfields Schusswunden, die sich prompt entzündeten, und er starb einen langsamen, qualvollen Tod. Kurz vor dem Ende verlegten sie ihn in ein Krankenhaus an der Küste von New Jersey, direkt am Strand.»

Die Erwähnung des Strandes ließ mich an meinen Traum

denken, in dem ich Mom in ein tiefes Loch unter der Promenade verschwinden sah.

«Und als Garfield schließlich starb, soll seine Frau geschrien haben: ‹Oh! Warum muss ich dieses grausame Unrecht erleiden?›»

Father McNamee stockte, um die erste Hälfte seines Sandwichs aufzuessen.

Er leckte sich Senf vom Daumen und sagte: «Während des Prozesses beschimpfte Guiteau die Richter und Geschworenen und war sich anscheinend gar nicht darüber im Klaren, dass ihm die Hinrichtung drohte. Tatsächlich hielt er sich für einen Helden und war sicher, dass der neue Präsident ihn begnadigen würde. Die Anwälte debattierten, ob er aufgrund seiner Geistesverfassung überhaupt prozesstauglich war. Er war eindeutig geistesgestört, aber er wurde trotzdem verurteilt und hingerichtet.»

Ich nickte, weil mir klarwurde, dass die Geschichte zu Ende war, aber ich war zu müde, um etwas zu sagen.

Father McNamee sagte: «Du willst dich nicht unterhalten, stimmt's?»

Ich sah auf die Uhr an der Mikrowelle und sagte: «Es ist drei Uhr morgens.»

Er nickte und vertilgte rasch die zweite Hälfte seines Sandwichs.

Ich dachte, es wäre unhöflich zu gehen, daher blieb ich sitzen.

Als er fertig war, stand er auf, klopfte mir zweimal auf die Schulter und sagte: «Schlaf gut, Bartholomew.»

Ich hörte ihn die Treppe hochgehen, und dann ging ich auch nach oben und war gleich darauf wieder in meinem Bett.

Ich lag da und dachte über Präsident Garfield und seinen Attentäter nach, über meine Mutter, die in das tiefe Loch fiel und im Fallen alterte, und fragte mich, ob es da irgendeine Verbindung gab.

Als das Morgenlicht durchs Fenster drang, spürte ich, wie die Müdigkeit meinen Kopf aufs Kissen drückte, weil ich die ganze Nacht gegrübelt hatte.

Ich duschte, zog mich an und machte Frühstück.

Father McNamee sträubte sich, davon zu essen, denn er wollte sich nicht die ganze Zeit von mir bedienen lassen und sollte lieber mal für sich selbst kochen meinte er, aber ich sagte: «Ich habe für Mom gekocht, da kann ich doch auch für Sie kochen – außerdem vermisse ich sie beim Kochen weniger», und sein Gesicht nahm einen traurigen Ausdruck an.

«Ich bin dir wirklich dankbar, dass du mich hier wohnen lässt, Bartholomew.»

Dann frühstückten Father McNamee und ich schweigend, und die abgehärteten (oder faulen) Morgenvögel gaben in der Kälte draußen ihre Symphonie zum Besten.

Ich wollte ihn fragen, ob unser nächtliches Gespräch über den zwanzigsten Präsidenten nicht ein bisschen irre war, tat es aber nicht. Vielleicht hatte ich Angst, verrückt zu werden wie Mom und Charles J. Guiteau. Ich glaubte nicht, dass ich einen weiteren Kampf gegen Verrücktheit durchstehen könnte. Außerdem fürchtete ich, dass ich jetzt, wo

Father McNamee bei mir wohnte, anfangen müsste, für ihn so zu tun, als ob, weil auch er sich ein wenig eigentümlich benahm.

Ich bezweifelte, dass ich es noch einmal für jemand anderen zu tun imstande war, weil ich jetzt erst einmal für mich so tun musste, als ob – damit ich ohne Mom weiterleben konnte. Aber ich fürchtete auch, dass Father McNamee mir irgendwas sagen wollte, ich aber zu trottelig war, um es zu verstehen.

Sei nicht wieder Taras Schwachkopf!, schrie der wütende Mann in meinem Bauch. *Vertraue niemandem, bleib für dich!*

Als wir das Frühstücksgeschirr gespült und abgetrocknet hatten, sagte Father McNamee: «Hol deine Jacke. Ich will dir was zeigen.»

Wir gingen lange wortlos durch den Wintermorgensonnenschein Richtung Stadtmitte von Philadelphia und kamen schließlich zur South Twenty-Second Street.

«Hier ist es», sagte Father McNamee, und dann folgte ich ihm durch graue Säulen und schwere Holztüren hindurch in ein Backsteingebäude, das sich als Mütter Museum entpuppte.

Drinnen waren allerlei Körperteile und Organe in Glaskästen konserviert, missgestaltete Skelette, Operationsinstrumente und viele andere Kuriositäten. Ich erkannte auf Anhieb, dass es ein Medizinmuseum war, hatte aber auch ein bisschen das Gefühl, einen Horrorfilm zu betreten.

Wir blieben vor einem Ausstellungsstück stehen, und Father McNamee sagte: «Sieh dir das an.»

Es war ein altmodisches Gefäß – eine Art Einmachglas. Oben war es mit einem Metallbügel und etwas Wachs dicht verschlossen, und es enthielt eine gelbe Flüssigkeit, in der etwas lag, das aussah wie Artischocken.

«Charles J. Guiteaus seziertes Gehirn», sagte Father McNamee. «Es wurde wegen seiner historischen Bedeutung aufbewahrt und damit künftige Generationen davon lernen können.»

«Was könnten sie denn lernen?», fragte ich.

Es gelang mir nicht, all die Stücke in dem Glas im Geiste zu einem ganzen menschlichen Gehirn zusammenzusetzen, aber das Museum machte einen sehr offiziellen Eindruck, deshalb wusste ich, dass das wirklich Charles J. Guiteaus Gehirn war, genau wie auf dem Etikett stand. Trotzdem sah es nicht echt aus.

«Er war ein kranker Mann. Ärzte müssen Krankheiten studieren, um sie zu verstehen – damit sie anderen kranken Leuten helfen können», sagte Father McNamee.

Ich sah mir nicht gern zerteilte Gehirne an, und während ich darüber nachdachte, dass die Teile da einmal dafür gesorgt hatten, dass jemand sehen und hören und atmen und auf dieser Welt herumlaufen konnte, war mir, als müsste ich mich gleich übergeben. Vielleicht lag es daran, dass ich in der Nacht zuvor nicht geschlafen hatte und todmüde war, aber ich habe noch nie gern über das Verstümmeln von Körpern nachgedacht.

«Können wir jetzt gehen?», fragte ich und wünschte, Father McNamee würde seinen Priesterkragen tragen statt des zerknitterten roten Hemdes, das vom vielen Waschen rosa verblichen war.

Father McNamee sah mich an. «Das geht dir an die Nieren, was?»

«Ein wenig», sagte ich und dachte: Wer würde bei dem ganzen Zeug hier keinen Schock kriegen?

«Dann lass uns gehen», sagte Father McNamee, und wir gingen.

Nach ein paar Blocks fragte ich, ob wir uns kurz hinsetzen könnten.

Ich setzte mich auf die Stufen eines Trinity-Hauses. So heißen die schmalen dreigeschossigen Reihenhäuser hier in Philadelphia.

«Alles in Ordnung?», fragte Father McNamee.

«Wieso haben Sie mich mitten in der Nacht geweckt?»

«Du hast geschrien. Du hattest einen Albtraum.»

«Wieso haben Sie mir das zerstückelte Gehirn gezeigt?»

«Bist du wütend auf mich?», fragte Father McNamee.

Ich wollte die Frage nicht beantworten, also blieb ich stumm.

Ich war wirklich ein bisschen wütend.

Es ging alles zu schnell.

Father McNamee setzte sich neben mich, und wir schauten lange dem vorbeifließenden Verkehr zu, aber ich beantwortete seine Frage nicht.

Die Übelkeit ließ nach.

Meine Wut ebbte ab.

Wir saßen so lange, dass mein Hintern und meine

Oberschenkel anfingen, die Kälte des Betons zu absorbieren.

Ein Mann in einem teuer aussehenden Mantel und mit Seidenschal kam auf uns zu und sagte: «Das sind meine Stufen, und Sie lungern darauf herum.»

Father McNamee nickte und sagte: «Verzeihen Sie.»

Der Mann zwängte sich an uns vorbei, ohne ein weiteres Wort zu sagen. Sein Knie traf meine Schulter, als ich aufstehen wollte, und ich sagte: «Entschuldigung», obwohl es nicht meine Schuld war, und ich hatte irgendwie das Gefühl, dass der Mann mich absichtlich mit dem Knie gestoßen hatte.

Wir gingen.

Als wir etwa fünfzehn Minuten unterwegs waren, sagte Father McNamee: «Du kannst deinen Arsch darauf verwetten, dass Gott nicht zu Charles J. Guiteau gesprochen hat. Er befiehlt uns nicht, böse Dinge zu tun. Er prüft uns nur.»

Ich sagte nichts.

Ich wollte nicht mehr über Charles J. Guiteau reden.

Vor allen Dingen wollte ich nicht an sein seziertes Gehirn denken, das für immer in einem Einmachglas konserviert war.

«Dich hat Gott bereits geprüft, Bartholomew – mit der Krankheit deiner Mutter –, und Er hat gesehen, dass du gut bist, reinen Herzens. Du hast dich gut gehalten.»

Mir gefiel nicht, was Father McNamee da sagte, weil das irgendwie bedeutete, dass Gott Mom Krebs gegeben hat, um mich zu prüfen, und ich denke, wenn das wahr wäre, könnte ich nicht mehr an Gott glauben.

«Irgendwas sagt mir, dass du schon bald anderen auf stille Art und Weise helfen wirst», sagte Father McNamee.

Auf dem restlichen Weg nach Hause schwiegen wir.

Father McNamee kniete sich im Wohnzimmer hin, um es wieder mit Beten zu probieren, und ich ging zur Stadtbibliothek, genoss das Gefühl, in Bewegung zu sein, die kalte Luft in der Nase und die warme Sonne im Gesicht.

Die Jungthekarin arbeitete nicht.

Ich tat so, als ob ich Zeitschriften für aktuelle Ereignisse lesen würde wie *Newsweek* und *Time*, aber überwiegend dachte ich an meinen Traum – wie Mom in das tiefe schwarze Loch unter der Promenade fiel.

Als ich einige Stunden später nach Hause kam, kniete Father McNamee immer noch – die Augen waren zugekniffen, die Fäuste pressten sich gegenseitig weiß, die Lippen formten mit beängstigender Geschwindigkeit Worte, und die Schläfen waren schweißfeucht.

Er kam nicht zum Abendessen.

Er war noch immer auf den Knien, als ich ins Bett ging.

Ich frage mich, was er so viele Stunden lang zu Gott sagte.

Ihr bewundernder Fan
Bartholomew Neil

6

EINE DURCH IHREN BEKLEMMENDEN HANG ZUM ÜBERANALYSIEREN ERSCHWERTE SITUATION

Lieber Mr. Richard Gere,

Wendy stattete mir ihren regelmäßigen Besuch ab, während Father McNamee im Wohnzimmer betete, wie er es stundenlang macht, selbst wenn ich Fernsehen gucke. Er lässt sich dann durch nichts stören, es ist, als würde er in eine tiefe Trance fallen. Man könnte ihm Eiswasser über den Kopf schütten, und er würde nicht mal zusammenzucken.

«Was machen *Sie* denn hier?», sagte Wendy zu Father McNamee.

«Er betet», antwortete ich, als Father McNamee nicht aufblickte. «Gehen wir in die Küche.»

«Wieso betet er in Ihrem Wohnzimmer, Bartholomew?»

«Er betet immer in meinem Wohnzimmer.»

«Seit wann?»

«Seit er bei mir eingezogen ist. Er hat sein Priesteramt abgelegt, und jetzt –»

«Father McNamee?», schrie Wendy.

Als er nicht reagierte, ging sie zu ihm und stupste ihn dreimal am Arm an.

Father McNamee öffnete ein Auge – als hätte er die ganze Zeit nur so getan, als würde er beten – und sagte: «Ja?»

«Was geht hier vor?», sagte Wendy.

«Ich bin zu Bartholomew gezogen.»

«Warum?»

«Ich kümmere mich um eine alte Sache, die dich nichts angeht.»

«Das ist eine schlechte Idee.»

Father McNamee seufzte. «Du bist so jung, Wendy. Ich bewundere deine Jugend.»

«Sie haben mich gebeten, Bartholomew dabei zu helfen, unabhängig zu werden –»

«Worauf willst du hinaus?» Father McNamee stand auf, blickte zur Wohnzimmerdecke hoch und sagte: «Entschuldige, Gott.»

«Das war nicht Teil der Abmachung», sagte Wendy.

«Lass uns draußen reden, ja?»

Wendy und Father McNamee gingen zur Haustür hinaus und redeten auf dem Bürgersteig. Ich beobachtete sie durchs Fenster, konnte aber nicht hören, was sie sagten. Father McNamee nickte immerzu, Wendy deutete immerzu mit dem Zeigefinger auf sein Gesicht. So ging das fünfzehn Minuten lang.

Schließlich ging Father McNamee die Straße hinunter davon.

Wendy holte ein paarmal tief Luft, dass sich ihre Schultern hoben und senkten, bis sie merkte, dass ich sie durchs Fenster beobachtete. Sie wirkte für den Bruchteil einer Sekunde verärgert, aber dann lächelte sie und ging aufs Haus zu.

«Sollen wir uns in die Küche setzen?», fragte sie, als sie hereinkam, und marschierte dann schnurstracks an mir vorbei, ehe ich antworten konnte, was ihr gar nicht ähnlich sah.

Sie zog ihren blümchengemusterten Trenchcoat aus und hängte ihn über die Rückenlehne von Moms Stuhl. Dann setzten wir uns an den Küchentisch, aber die Vögel sangen nicht, was mir wie eine Art Zeichen vorkam.

«Wollen Sie, dass Father McNamee bei Ihnen wohnt?», sagte Wendy. Ihre orangeroten Augenbrauen waren zusammengezogen, ihr orangerotes Haar war zu einem Pferdeschwanz nach hinten gebunden. Die Spitzen ihrer sommersprossigen Ohren waren so voller Licht, dass sie durchscheinend wirkten.

«Es stört mich nicht.»

«Das ist keine Antwort», sagte sie.

Ich zuckte die Achseln.

«Father McNamee ist offenbar nicht gesund», sagte sie. «Verhält er sich seltsam?»

Ich zuckte wieder die Achseln, denn er verhielt sich tatsächlich seltsam, und das wollte ich nicht sagen. Vielleicht wollte ich einfach nicht allein sein, und ich wusste, dass Father McNamee wahrscheinlich ausziehen würde, wenn ich sagte, dass ich ihn nicht im Haus haben wollte. Was ich fühlte, war verwirrend, und deshalb schaltete ich auf stumm.

«Ich fasse das mal als ein Ja auf», deutete Wendy meine Wortlosigkeit. «Hören Sie, Bartholomew, ich weiß, ich habe Sie darin bestärkt, sich einen Schwarm zu suchen und Freundschaften zu schließen. Erinnern Sie sich an das Ziel, das wir für Sie formuliert haben? Dass Sie irgendwann innerhalb der nächsten drei Monate mit jemandem in Ihrem Alter ein Bier in einer Bar trinken?»

Ich nickte.

«Tja, ich glaube, das Zusammenwohnen mit Father McNamee wird Ihnen nicht helfen, dieses Ziel zu erreichen.»

«Wieso?», fragte ich.

«Sie haben die ersten vierzig Jahre Ihres Lebens damit verbracht, sich um Ihre Mutter zu kümmern. Sie sind nicht mal zwei Monate allein, und schon zieht ein Mann bei Ihnen ein, der sehr viel älter ist als Sie. *Sehen Sie nicht, dass sich da ein Muster entwickelt?*»

Ich hatte keine Ahnung, wovon sie redete, und kam mir schon vor wie ein Neandertaler. Ich bin sicher, Sie, Richard Gere, wissen genau, was sie meinte, und haben das Problem wahrscheinlich schon vor zwei oder drei Briefen erkannt.

«Ich versteh nicht», sagte ich.

Sie biss sich auf die Lippe, schaute kurz aus dem Fenster und sagte dann: «Hat Father McNamee gesagt, er erwartet, dass Sie ihm eine Botschaft von Gott überbringen?»

Ich wusste, dass es keine gute Idee wäre, die Wahrheit zu sagen, also sagte ich nichts.

«Mir ist klar, dass Father McNamee schon Ihr ganzes Leben lang eine religiöse Vaterfigur für Sie ist – dass Ihnen Ihr

Glaube und die katholische Kirche viel bedeuten. Mir ist auch klar, dass Father McNamee Sie sehr gern hat. Außerdem war er es, der mich mit Ihnen in Kontakt gebracht hat –»

«Was ist mit Ihrem Handgelenk passiert?», sagte ich. Die Worte waren mir rausgerutscht, ehe ich es verhindern konnte. An ihrem linken Handgelenk war ein lilagelber Bluterguss, der schmerzhaft und böse aussah. Ich sah ihn aus ihrem Ärmel springen, als sie mit den Händen gestikulierte.

«Was?», sagte Wendy und zog ihren Ärmel nach unten, um den Bluterguss zu verdecken.

Der Ausdruck in ihrem Gesicht ließ mich zusammenfahren.

«Oh», sagte sie. Dann blickte sie nach oben und nach links, was, wie ich gelesen habe, ein klassisches Zeichen dafür ist, dass jemand lügt. «Ich bin beim Inlineskaten gestürzt. Auf dem Kelly Drive. Hätte meine Handgelenkschützer tragen sollen. Aber die sehen so bescheuert aus. Ist nicht so schlimm.»

Ich glaubte ihr nicht, aber ich sagte nichts mehr. Wendy ist eine schrecklich schlechte Lügnerin. Sie fing wieder an, über Father McNamee zu sprechen, sagte irgendetwas von wegen, Father Hachette hätte mit ihr gesprochen, er wäre sehr besorgt um Father McNamee. Er hätte niemandem gesagt, wohin er wollte. Er hätte sich nicht mal bei irgendwem verabschiedet. Sie würde Father Hachette informieren müssen, wo er sich aufhielt. Ich erinnere mich, mehrmals die Worte «geistige Gesundheit» gehört zu haben, aber mehr kann ich dazu nicht sagen, weil ich mir im Kopf Szenarien zu Wendys Bluterguss ausmalte – nach einer Erklärung dafür suchte, warum ihr Handgelenk lilagelb aussah –, statt zuzuhören, wie sie sich über Father McNamee ausließ. Wenn sie beim Inlineskaten hingefallen wäre, hätte sie sich das Handgelenk verstauchen oder brechen können – das ja –, doch ich glaube nicht, dass es sich so furchtbar verfärbt hätte, aber vielleicht liege ich da ja falsch. Ich bin kein Arzt.

Ich überlegte, ob sie vielleicht von einem Hund gebissen worden war, aber es sah nicht so aus, als hätten sich Zähne in die Haut gegraben, und geblutet hatte es anscheinend auch nicht. Vielleicht hielt sie sich ja eine Schlange als Haustier, und die hatte sich zu fest um ihr Handgelenk geschlungen, und Wendy fürchtete, sie würde ihr weggenommen, wenn sie die Wahrheit sagte.

Vielleicht.

Aber keines dieser Szenarien erschien mir plausibel. Ich fürchtete das Schlimmste – dass da irgendwas Schreckliches im Gange war und Wendy so tat, als ob.

Der wütende Mann in meinem Bauch war alles andere als glücklich.

«Machen Sie sich Sorgen um mich, Bartholomew?», fragte Wendy und sah mich dann so an wie Mom, als sie mich das erste Mal Richard nannte – und auch wie die plötzlich attraktiv gewordenen Mädchen damals in der Highschool, den Kopf leicht geneigt, Blick unter den Augenbrauen hervor nach oben. Genau wie Tara Wilson mich angesehen hatte, bevor sie mich mit in den Schulkeller nahm. «Sie starren die ganze Zeit auf mein Handgelenk.»

Ich sah nach unten auf meine braunen Schnürsenkel.

«Wie goldig», sagte Wendy, und es klang fast gemein.

Es gefiel mir nicht, was sie da machte. Meine Sorge um sie gegen mich verwenden. Ihre Schönheit als Waffe einsetzen.

«Father McNamee ist nicht krank im Kopf», sagte ich. «Er ist bloß ...»

Ich überlegte, ob ich Wendy von Charles J. Guiteau erzählen sollte – dass es gute und schlechte Arten von verrückt gibt –, aber ich wusste, sie würde es nicht verstehen.

Wendy sagte: «Wie dem auch sei, ich denke, dass Sie emotional noch nicht weit genug sind, um einen Mitbewohner zu haben – erst recht nicht einen im Alter Ihrer Mutter.»

«Warum sagen Sie das?»

«Weil Sie daran arbeiten müssen, gleichaltrige Freunde zu finden. Eine altersgemäße Selbsthilfegruppe zu finden. Ihren eigenen Weg zu finden.»

«Ein Vogel zu sein», sagte ich.

«Okay, vielleicht war das eine blöde Metapher. Zugegeben.» Wendy beobachtete mich, während ich lange auf meine Schnürsenkel stierte – ich konnte ihre Augen auf mir spüren –, und dann sagte sie: «Alles klar?»

Ich nickte.

«Haben Sie noch mal darüber nachgedacht, ob die Therapiegruppe, von der ich Ihnen erzählt habe, was für Sie wäre?»

«Ich denke noch immer darüber nach.»

«Möchten Sie diese Woche über irgendwas Bestimmtes reden?»

«Nein danke.»

«Was machen Sie und Father McNamee so zusammen?»

«Männersachen.»

«Männersachen?»

«Ja.»

«Sie wollen mir nicht erzählen, was?»

«Sie sind kein Mann», sagte ich und lächelte dann, weil es ein gutes Gefühl war, Männergeheimnisse zu haben – so als wäre ich meinem Ziel, mit einem Freund ein Bier in einer Bar zu trinken, einen Schritt näher gekommen. Sie wären stolz auf mich gewesen, Richard Gere. Wirklich.

«Verstehe», sagte Wendy und lachte dann auf eine gute Art. «Was haben Sie diese Woche so in der Stadtbibliothek gelesen?»

«Über den Dalai Lama», sagte ich, weil das stimmte. «Und Tibet.»

«Interessant. Gibt's dafür einen bestimmten Grund?»

«Wussten Sie, dass tibetische Mönche sich aus Protest gegen die chinesische Herrschaft durch Selbstverbrennung töten?»

«*Selbstverbrennung*? Sie meinen, die zünden sich wirklich selbst an?»

«Genau das meine ich.»

«Das hab ich nicht gewusst.»

«Warum?»

«Warum was?»

«Warum wissen Sie nichts darüber? Warum weiß überhaupt niemand was darüber?»

«Keine Ahnung. Wenn das stimmt, käme es doch wohl in den Nachrichten.»

«Es stimmt. Sie können es in der Bibliothek nachlesen. Im Internet.»

«Man sollte doch meinen, dass Richard Gere das stärker an die Öffentlichkeit bringen würde», sagte Wendy und lachte dann. «Das ist doch sein Ding, oder? Tibet?»

Ich war baff, dass sie Ihren Namen zur Sprache brachte, selbst unter Berücksichtigung von C. G. Jungs Synchronizitätstheorie. Aber dann – sobald mir klarwurde, wie sie das meinte – tobte der kleine Mann in meinem Bauch los; er trat und schlug mit den Fäusten auf meine inneren Organe ein.

«Sie sollten sich nicht über Richard Gere lustig machen. Er ist ein kluger und einflussreicher Mann», sagte ich. «Er leistet wichtige Arbeit. Sie können das nicht verstehen. Er hilft Menschen. Vielen Menschen!»

«Schon gut, schon gut», sagte Wendy und holte meinen Ordner aus ihrer Tasche. «Ich wusste gar nicht, dass Sie so ein Richard-Gere-Fan sind. Meine Güte.»

Ich wollte ihr sagen, dass ich nicht bloß Ihr Fan bin, sondern dass Sie mein Vertrauter sind. Ich wollte ihr von dem vorgeblichen Sie-ich-Richard-Gere erzählen, aber ich wusste, dass mir das mehr schaden als nützen würde. Wendy würde unsere Korrespondenz nicht verstehen. Wendy will, dass ich ein Vogel bin. Und zu ihrer Therapiegruppe mit gleichaltrigen Leuten gehe. Aber Vögel freunden sich nicht mit berühmten Filmstars und international bekannten Menschenrechtsaktivisten an.

Nehmen Sie es Wendy nicht übel.

Es ist nicht ihre Schuld.

Sie will mir wirklich helfen.

Sie weiß bloß nicht, wie, aber das ist nicht ihre Schuld.

Wendy ist höchstens Mitte zwanzig – so alt, wie ich war, als ich verhaftet wurde, weil ich zugelassen hatte, dass sich die Undercover-Polizistin an meinem Bein rieb. Wer Mitte zwanzig ist, ist noch ganz schön ahnungslos. Denken Sie doch nur an die Zeit zurück, als Sie in dem Alter waren, Richard Gere. Wissen Sie noch, wie Sie in New York und London die Hauptrolle in dem Musical *Grease* gespielt haben? Die Kritiken waren sensationell – Sie waren sehr viel erfolgreicher als Wendy jetzt –, aber wären Sie damals fähig gewesen, mir Ratschläge zu erteilen? Nein. Also seien Sie nachsichtig mit Wendy. Sie ist bloß eine junge Frau, die sich redlich bemüht.

«Kann ich ganz ehrlich zu Ihnen sein?», fragte Wendy.

Ich nickte.

«Ich bin noch keine zugelassene Therapeutin.»

Ich blinzelte sie an, wartete auf mehr, und sie sah mich an, als hätte sie alles gesagt, was ich zum Verstehen bräuchte.

«Sie wissen, was ich damit sagen will, oder?»

Ich schüttelte den Kopf.

«Ich will damit sagen, dass ich noch in der praktischen Ausbildung bin.»

Ich sah sie an.

«Ich übe an Ihnen. Deshalb verlange ich auch kein Geld.»

«Danke.»

Wendy lachte irgendwie entzückt und gleichzeitig überrascht – als hätte ich einen Witz erzählt. «Hören Sie, es ist mir wichtig, ehrlich zu sein. Die Gruppentherapie wäre gut für Sie. Sie würde Ihnen helfen. Vielleicht würden Sie sogar einen gleichaltrigen Freund finden – und ein Bier in einer Bar trinken. Ich finde wirklich, Sie sollten dahin gehen. Aber es ist auch meine *Aufgabe*, Sie davon zu überzeugen. Dafür werde ich benotet. Alle, die mit mir im Praktikum sind, haben ihre Klienten bereits überzeugt, eine Gruppentherapie zu machen, und Ihretwegen stehe ich allmählich schlecht da. Ich sollte Ihnen das alles eigentlich gar nicht sagen, ich weiß. Aber würden Sie bitte einfach mir zuliebe zu der Gruppentherapie gehen? Damit ich nicht aus dem Praktikumskurs rausgeschmissen werde? Würden Sie das für mich tun? Bitte?» Wendy legte die Hände zusammen, als würde sie mich anflehen. Der Bluterguss an ihrem Handgelenk sprang erneut aus ihrem Ärmel, hässlich wie eine Kakerlake, die unter einem Dielenbrett hervorgekrabbelt kommt. Prompt verpasste der kleine Mann in meinem Bauch meiner Niere einen kräftigen Tritt. Dann zog Wendy die Augenbrauen hoch und sagte: «Bitte, bitte?»

«Wenn ich zur Gruppentherapie gehe, würde Ihnen das helfen, bessere Noten zu bekommen?», fragte ich. Irgendwie rückte das die Sache in ein anderes Licht – ich würde zur Gruppentherapie gehen, um Wendy statt mir selbst zu helfen. Ich weiß nicht, warum ich den Gedanken plötzlich reizvoller fand, aber so war es – vielleicht weil ich ja keine

Hilfe brauchte und meine Zeit nicht mit etwas vergeuden wollte, das niemandem helfen würde.

«Sie würden mir sogar sehr helfen. Mehr, als Sie sich vorstellen können. Meine Noten sind in letzter Zeit nicht so berauschend.»

«Wenn ich zur Gruppentherapie gehe, tun Sie dann auch etwas für mich?», fragte ich, weil mir plötzlich eine gute Idee gekommen war.

«Klar! Alles!», sagte Wendy und sprang praktisch von ihrem Stuhl auf.

«Würden Sie mir vielleicht Nachhilfe darin geben, wie man Eindruck auf eine Frau macht?»

Wendy zog ein Zitronengesicht und sagte: «Wie bitte?»

«Ich möchte wissen, wie ich eine Frau am besten anspreche, damit sie mit mir ein Bier in einer Bar trinken möchte.»

«Sie erhöhen den Schwierigkeitsgrad Ihres Ziels.»

«Ist das gut?»

«Das ist sehr gut!»

Sie wirkte richtig glücklich. Sie ist wie ein Kind. So leicht zufriedenzustellen.

«Können Sie mir helfen?», sagte ich.

«Wer ist die Frau?»

«Das möchte ich nicht verraten.»

«Okay», sagte sie und lächelte unter ihren dünnen, orangeroten Augenbrauen. Ich verband ihre Sommersprossen einmal ganz schnell zu einem Herzen. «Aha, ich verstehe.»

«Ich hatte noch nie ein Date.»

«Das ist nicht schlimm.»

«Sie halten mich nicht für einen Schwachkopf, obwohl ich Ihnen gerade erzählt habe, dass ich noch nie ein Date hatte?»

«Ich halte niemanden für einen *Schwachkopf*, weil das ein ganz übles Wort ist, das man nicht mal denken sollte.»

Ich lächelte.

«Es ist ein altersgemäßes Ziel», sagte Wendy. «Ich bin dabei.»

«Und?»

«Und was?»

«Wie kriege ich das hin?»

«Lassen Sie mich doch erst mal über eine Strategie nachdenken, und wir reden nächste Woche darüber. Wir bringen Sie auf Zack und tun unser Bestes, um Ihnen ein Date mit der Frau zu verschaffen, Bartholomew. Versprochen», sagte Wendy. Sie schrieb etwas auf ein Blatt Papier, riss es heraus und reichte es mir.

Trauer bewältigen
Montag 20 Uhr
Walnut Street 1012
Zweite Etage
Sagen Sie Arnold, ich habe Sie geschickt.

«Gehen Sie hin?», fragte sie.

Ich blickte auf das Blatt Papier.

Trauer bewältigen

«Okay», sagte ich. «Ich geh hin.»

Genau in diesem Moment flog die Haustür auf. Father McNamee kam herein, das Gesicht rot vor Kälte. «Hat unsere liebe Wendy dich schon überredet, mich auf die Straße zu setzen, Bartholomew?», fragte er, als er durchs Wohnzimmer gestürmt kam.

Wendy holte tief Luft – und dann atmete sie hörbar zwischen den Lippen hindurch aus. Sie stand auf, stellte sich Father McNamee am Kücheneingang in den Weg und sagte: «Warum haben Sie mich gebeten, Bartholomew zu helfen, wenn Sie meine Meinung nicht respektieren?»

«Ich widerspreche deiner Meinung respektvoll», sagte Father McNamee. «Aber ich respektiere sie dennoch sehr.»

«Ich verstehe nicht, was für ein Spiel Sie hier spielen», sagte Wendy.

Father McNamee lachte leise und zwinkerte mir zu.

«Ich werde Father Hachette darüber informieren, wo Sie sich aufhalten», sagte Wendy.

«Ich bin der katholischen Kirche keine Rechenschaft mehr schuldig. Ich habe mich selbst meines Amtes enthoben.»

«Ich weiß nicht, was hier vor sich geht, aber es gefällt mir nicht! Überhaupt nicht!», schrie Wendy.

Sie boxte sich in die Ärmel ihres blümchengemusterten Trenchcoats, schnappte ihre Tasche vom Küchentisch, und dann stürmte sie aus dem Haus und knallte die Tür hinter sich zu.

Father McNamee und ich sahen einander an.

Dann kam Wendy zurück ins Haus gestürmt und sagte: «Sie gehen zu dem Treffen, ja, Bartholomew?»

«Was für ein Treffen?», fragte Father McNamee.

«Bartholomew?», sagte Wendy, ohne Father McNamee zu beachten. «Versprechen Sie es mir.»

«Ich verspreche es», sagte ich, ließ aber ihren Part unserer Abmachung unerwähnt. Father McNamee sollte nicht wissen, dass ich versuchen wollte, der Jungthekarin den Hof zu machen. Ich weiß nicht, warum.

«Gut», sagte Wendy, und dann stürmte sie aufs Neue aus dem Haus.

«Sie ist temperamentvoll», sagte Father McNamee.

Er griff nach meiner Schulter, drückte sie einmal und ging dann ins Wohnzimmer, um weiterzubeten.

Mir war schleierhaft, was Wendy dagegen hatte, dass Father McNamee bei mir wohnte, und ich verstand auch nicht, warum Father McNamee Wendy gebeten hatte, mir zu helfen, und ihren Ansatz dann ganz offensichtlich nicht teilte.

Aber ich wollte wirklich nicht über das alles nachdenken.

Ich saß am Küchentisch und versuchte, die Vögel zu hören, doch sie wollten an dem Tag einfach nicht singen.

Wendys Parfüm hing noch in der Luft.

Aprikose.

Zitrone.

Ingwer.

Was sollte ich als Nächstes tun, jetzt, wo Mom nicht mehr da war?

Ich dachte immerzu an Sie, Richard Gere.

In Peter Carricks Biographie über Sie heißt es an einer Stelle, wo es um Ihre Beziehung zu Cindy Crawford geht, Sie, Richard Gere, hätten eingeräumt, dass es Ihnen schwerfällt, Entscheidungen zu treffen, weil Entscheidungen immer etwas Endgültiges haben, und dass Ihr beklemmender Hang zum Überanalysieren die Situation zusätzlich erschwert.

Als ich das las, wusste ich, dass das vorgebliche Sie-ich kein Zufall war, weil mein obsessives Denken und Überanalysieren mich schon immer blockiert haben und ich deshalb anfing, das Sie-ich-Richard-Gere-Spiel zu spielen, als meine Mutter krank wurde. Wenn ich Sie war, musste ich nicht mehr denken, und das bewahrte mich davor, Fehler zu machen. Ich fragte mich, ob Sie schon mal so ein Spiel gespielt haben, und dann fiel mir ein, dass Sie ja Schauspieler sind und andauernd dieses Spiel spielen, oder?

In seinem Buch *Die Essenz der Lehre Buddhas* schreibt der Dalai Lama: «Wenn wir unser Leben verändern wollen, müssen wir uns erst mal eingestehen, dass unsere gegenwärtige Lage unbefriedigend ist.»

Es scheint, als wollten sowohl Wendy als auch Father McNamee mein Leben ändern.

Aber ich finde überhaupt nicht, dass meine Lage unbefriedigend ist, vor allem seit ich Sie, Richard Gere, als Ratgeber habe.

Ihr bewundernder Fan
Bartholomew Neil

7

SEINE VERWENDUNG DES PLURALPRONOMENS MACHTE MICH SEHR STUTZIG

Lieber Mr. Richard Gere,

neulich Abend klopfte es an der Haustür, und als ich aufmachte, blickte Father Hachette mich durch seine runden Brillengläser an. Das Weiß seines Priesterkragens leuchtete im Licht der Außenlampe. Er sagte: «Ich weiß, dass er da drin ist.»

«Wer?», sagte ich, weil Father McNamee mich gebeten hatte, mich «dumm zu stellen», falls Father Hachette auftauchen und nach ihm fragen sollte. Am Abend zuvor, als Father McNamee sehr betrunken war, nannte er Father Hachette «den Zurückgelassenen» und «den Mann, der weder Augen hat, zu sehen, noch Ohren, zu hören».

«Ich denke, du weißt genau, wen ich meine», sagte Father Hachette.

«Sorry», sagte ich und wollte die Tür wieder schließen.

«Okay, okay», sagte Father Hachette. «Kommst du wenigstens raus und redest mit mir?»

Ich zögerte kurz, aber da ich nichts Schlimmes dabei finden konnte, mit ihm zu reden, ging ich nach draußen.

«Zigarette?», sagte Father Hachette, während er sich eine ansteckte.

«Nein danke.» Er weiß, dass ich nicht rauche.

Wir schauten beide die Straße hinunter, während er ein paar Züge nahm. Es war kalt, deshalb saß niemand draußen.

«Father McNamee ist krank, Bartholomew.»

Ich stellte mir sofort vor, wie der krakenartige Krebs sein Gehirn angriff. Aber ich sagte nichts, weil ich wusste, dass es unwahrscheinlich war, zwei Menschen mit Hirnkrebs zu kennen. Trotzdem überkam mich eine irrationale Angst.

«Er hat eine bipolare Störung. Schon immer. Aber ziemlich genau um die Zeit, als deine Mutter starb, hat er seine Medikamente abgesetzt.»

«Er macht gar keinen kranken Eindruck», sagte ich.

«Weißt du, was eine bipolare Störung ist?», fragte er und blies Rauch in die Nacht.

«Ja.»

«Was denn?»

Ich sagte nichts, weil ich nicht ganz sicher war. Ich hatte eine ungefähre Vorstellung. Aber ich bin kein Arzt.

«Das ist ein chemisches Ungleichgewicht», sagte Father Hachette. «Bipolare Menschen haben manchmal zu viel von den glücklich machenden Chemikalien im Gehirn, die ihnen das Gefühl geben, sie könnten Berge versetzen. Und das kann zu sprunghaftem, impulsivem und gefährlichem Verhalten führen.»

Ich dachte an Charles J. Guiteau, der auf Präsident Garfield schoss.

«Auf diese manischen Hochs folgen schreckliche Tiefs – heftige Depressionen. Der bipolare Mensch kann selbstmordgefährdet und gefährlich werden. Verstehst du, was ich meine?»

«Father McNamee ist nicht deprimiert», sagte ich. «Ich kenne ihn schon lange, und ich habe ihn nie bedrohlich traurig erlebt.»

«Wir haben uns um ihn gekümmert, wenn er sich nicht wohlfühlte, Bartholomew. Ihn auf Exerzitien geschickt. Uns seine Tiraden angehört, dafür gesorgt, dass er seine Medikamente nahm. Es war eine große Verantwortung – und sehr beschwerlich. Oft ist uns die Aufgabe über den Kopf gewachsen. Wir hatten viel Unterstützung durch die Kirche. Ich erzähle dir das alles, weil ich ehrlich gesagt glaube, dass du der Situation nicht gewachsen bist. Wir sind viele, du bist allein.»

Er irrte sich natürlich, denn ich habe Sie, Richard Gere.

«Ich genieße Father McNamees Gesellschaft», sagte ich.

«Dann gibst du also zu, dass er hier wohnt?», sagte Father Hachette und lachte dann.

«Ich gebe gar nichts zu», sagte ich.

Volltrottel!, schrie der kleine wütende Mann in mir.

Bleib cool, flüsterten Sie, Richard Gere, mir ins Ohr, und ich stellte mir vor, ich könnte Sie neben mir stehen sehen. Sie waren durchsichtig, wie ein Geist. Aber dann waren Sie weg.

Ein Geräusch drang aus dem Innern des Hauses – es klang wie schwere Schritte.

Father Hachette drehte sich um, und als ich zum Fenster schaute, schlossen sich die Vorhänge sehr schnell. Father McNamee hatte uns heimlich beobachtet, und ich dachte, er wollte vielleicht, dass Father Hachette von seinem Versteck erfuhr, weil er sich nicht besonders unauffällig verhielt.

«Da er ein erwachsener Mann ist und sein Priesteramt öffentlich niedergelegt hat, haben wir im Moment keine rechtliche Handhabe gegen ihn», sagte Father Hachette. «Aber eines solltest du wissen: Wenn Father McNamee in ein Stimmungstief fällt – *und das wird er garantiert* –, brauchst du Hilfe.»

Ich nickte, weil das am einfachsten war.

«Er wird Regen sehen, wenn die Sonne scheint. Er wird anderen misstrauen. Er wird unglaublich niedergeschlagen sein und anfangen, dich anzuschreien, dir die Worte im Mund herumzudrehen. Dann weißt du, dass du tief im Schlamassel steckst.»

«Okay», sagte ich, obwohl ich Father Hachette kein Wort glaubte.

«Ich verstehe ja, warum du Father McNamee faszinierend findest. Seine Leidenschaft kann wunderbar sein», sagte Father Hachette. «Über alle Maßen wunderbar.»

«Wunderbar?»

«Unglaublich wunderbar. Wir alle sind im Laufe der Jahre von seiner Leidenschaft verführt worden. Sie wirkt manchmal sogar göttlich. Und er kann richtig prophetisch sein. Seine Leidenschaft hat uns alle fasziniert – magnetisch angezogen.»

Ich musste daran denken, wie Father McNamees Augen mich einsaugten wie Strudel.

«Irgendwelche Fragen, Bartholomew? Das ist alles schwer zu verdauen, kann ich mir vorstellen.»

«Glauben Sie, Gott hat aufgehört, zu Father McNamee zu sprechen?», fragte ich. «Hat er deshalb die Kirche verlassen?»

«Gott spricht zu uns allen, aber einigen sagt Er mehr als anderen.» Father Hachette schnippte seine Zigarettenkippe auf den Bürgersteig und tätschelte mir wieder die Brust, als wäre ich eine Dänische Dogge. «Ich habe alles gesagt, was ich loswerden musste. Du weißt, wo du mich findest, Tag und Nacht. Gleich die Straße runter in St. Gabriel. Bestell Father McNamee, dass wir ihn vermissen, okay?»

«Okay.»

Wir gaben uns die Hand, und dann ging er.

Während ich ihm nachschaute, wurde ich den Gedanken nicht los, dass Father Hachette erleichtert aussah – fast so, als würde er schweben.

Wieso?

«Was hat der alte Mann über mich gesagt?», fragte Father McNamee, sobald ich wieder im Haus war, was ich eine merkwürdige Wortwahl fand, weil er und Father Hachette ungefähr gleich alt aussahen.

«Er hat gesagt, Sie haben eine bipolare Störung», sagte ich.

«Und ich sollte Medikamente nehmen, stimmt's?»

Ich nickte.

«Was meinst du?»

«Wozu?»

«Ob ich ruhiggestellt werden sollte oder nicht.»

«Ich weiß nicht.»

«Komme ich dir verrückt vor?»

«Nein», sagte ich, weil ich wusste, dass er das von mir hören wollte. «Aber ich bin kein Arzt.»

Father McNamee nickte, kniete sich im Wohnzimmer hin und betete weiter.

Ich beschloss, zum ersten Mal in meinem Leben nicht zur Messe zu gehen, weil ich keine Lust hatte, Father Hachette wiederzusehen. Ich wollte kein weiteres verwirrendes Gespräch. Und Father McNamee und ich hatten ja ohnehin täglich Kommunion – dreimal am Tag, bei jeder Mahlzeit. Sie, Richard Gere, erschienen mir mehrmals, geisterhaft in der Dunkelheit meines Zimmers, und Sie meinten, es wäre in Ordnung, nicht zur Messe zu gehen, dass ich überall beten und zu Gott sprechen könnte. Aber da Sie Buddhist sind, bin ich nicht sicher, ob ich Ihnen in diesen Dingen vertrauen kann.

Father McNamee betete und betete und betete, und ansonsten passierte eigentlich nichts, bis ich am Montagmorgen in die Stadtbibliothek ging. Die Jungthekarin war da. Ich dachte an die Ziele, die ich mir mit Wendy gesetzt hatte. Dass ich so gern mit der Jungthekarin ein Bier in einer Bar trinken wollte.

Ich wünsche mir nichts sehnlicher, als mit der Jungthekarin zu sprechen.

Ich betete um Kraft.

Sie trug Stiefel im Military-Look, Jeans und einen langen weißen Pullover, der aussah wie ein Kleid, weil er von den Schultern bis zu den Knien alles bedeckte. Gut eine Stunde lang schaute ich zu, wie sie ihren Rollwagen von einem Gang in den nächsten schob und die Bücher alphabetisch dort einsortierte, wo sie hingehörten. Sie studierte durch ihre langen braunen Haare hindurch den Rücken jedes Bandes und suchte dann die Regale ab, ließ ihre Augen im Zickzack über die Reihen huschen.

Jedes Mal, wenn sie den richtigen Platz fand, nickte sie einmal und drückte die Lippen zusammen, als wollte sie sagen: «Ja, ich glaube, ich habe dein Zuhause gefunden, liebes Buch.»

Dann kniete sie sich hin oder kletterte die kleine Leiter hoch, die an ihrem Rollwagen befestigt war, und machte Platz für das zurückgebrachte Buch. Sie schob es ins Regal, achtete darauf, dass der Rücken bündig mit den anderen war, und tippte dann mit dem Zeigefinger einmal obendrauf, als wollte sie sagen: «Perfekt.»

Die ganze Zeit, während ich die Jungthekarin beobachtete, tat ich so, als ob Sie mit mir sprechen würden, Richard Gere. Sie sagten so Sachen wie: *Schau sie dir an, Bartholomew! Sie ist perfekt für dich. Geh hin und sprich sie an. Frag sie, was sie gern liest. Frag, ob sie gern auf den Fluss hinter dem Kunstmuseum schaut. Sag ihr, dass dir ihr Outfit gefällt. Dass sie mit Sorgfalt und Effizienz arbeitet, was dir beides sehr wichtig ist. Frag sie, ob sie mit dir ein Bier trinken geht. Wieso nicht? Was hast du zu verlieren? Da ist sie. Geh hin! Du brauchst bloß fünfzehn Schritte zu gehen und zehn Worte zu sagen, Dicker. Na los!*

Als Sie in der Bibliothek mit mir sprachen, nannten Sie mich wiederholt «Dicker».

Na los, Dicker. Sie ist doch gleich da vorne. Und ich bin die ganze Zeit bei dir. Ich sag dir dann schon, was du machen sollst. Los jetzt, Dicker! Wir schaffen das. Vertrau mir.

Es war schön, Ihre Stimme im Kopf zu hören – auch wenn ich nur so tat, als ob –, erst recht, wo Sie im Umgang mit dem anderen Geschlecht so souverän und erfolgreich sind, sowohl im Film als auch im echten Leben.

Jedes Mal, wenn die Jungthekarin bis ganz oben auf die Leiter stieg, dachte ich an den Satz, den Sie zu Julia Roberts am Ende von *Pretty Woman* sagen.

«Und was passiert, nachdem der Prinz die Prinzessin aus dem Turm gerettet hat?», fragen Sie.

Und Julia Roberts sagt: «Die Prinzessin rettet daraufhin sein Leben.»

Ich fragte mich, ob die Jungthekarin und ich vielleicht so etwas Ähnliches zueinander sagen würden, nachdem wir einige Male ausgegangen waren, und in meinem Kopf sagten Sie: *Na klar. Na klar werdet ihr das, Dicker. Es ist kinderleicht. Geh einfach zu ihr und sag hallo. Wenn du tust, was ich dir sage, kannst du unmöglich scheitern.*

Aber ich tat nicht, was Sie mir sagten.

Ich sagte nicht hallo.

Ich tat gar nichts.

Und ich möchte Ihnen danken, dass Sie so geduldig mit

mir waren, Richard Gere, weil Sie mich kein einziges Mal anblafften oder mich Schwachkopf nannten. Sie sagten nur positive, aufmunternde Dinge, und Sie waren so nett, dass ich fast geweint hätte. Ich verstehe, warum Mom Sie so geliebt und bewundert hat, obwohl der kleine Mann in meinem Bauch nicht gerade erfreut war. Er brüllte die ganze Zeit: *Hey, du Blödmann! Richard Gere spricht gar nicht mit dir! Das bildest du dir bloß ein! Welcher erwachsene Mann macht sich so was vor? Du elender Schwachkopf!* Bei jedem Satz verpasste er mir kleine Tritte oder Boxhiebe, und mir taten schon die Eingeweide weh.

Aber Sie ignorierten den kleinen wütenden Mann in meinem Bauch – Sie machten mir einfach weiter Mut, Richard Gere.

Sie erschienen mir sogar kurz in der Stadtbibliothek – gerade lange genug, um mich anzulächeln, bevor Ihr Bild sich wieder in Luft auflöste.

Danke.

Ich hörte Ihrer sonoren Stimme in meinem Kopf über zwei Stunden zu, bis mir einfiel, dass ich gehen und irgendwo was essen musste, ehe ich an dem Trauerbewältigungstreffen teilnahm.

Ich aß eine Ofenkartoffel mit Salat bei Wendy's. Just in dem Moment, als ich an dem Schnellimbiss mit dem rothaarigen kleinen Mädchen im Logo vorbeiging, dachte ich an meine Trauerbegleiterin und wurde an C. G. Jungs Synchronizität erinnert – daher beschloss ich hineinzugehen.

Ich lächelte, während ich bei Wendy's aß und über meine Trauerbegleiterin nachdachte und die Tatsache, dass es keine Zufälle gibt.

Bei Wendy's über Wendy nachdenken.

Dann ging ich zu der Adresse, die Wendy mir gegeben hatte.

Walnut Street 1012
Zweite Etage

Im Erdgeschoss war ein Coffeeshop, und als ich nach dem Weg fragte, wurde ich zu einem Seiteneingang in der Gasse neben dem Gebäude geschickt. Ich fand mich vor einer Sprechanlage und einem schwarzen Kasten mit nummerierten Knöpfen und einem kleinen Loch wieder, in das man hineinsprechen sollte. Da ich den Zugangscode nicht kannte, drückte ich den weißen Rufknopf und hörte ein *Bssssss*!

Eine Sekunde später sagte eine Männerstimme: «Hallo?»

«Ähm ... ich möchte zu einer Gruppentherapie. Trauerbewältigung. Wendy schickt mich. Sind Sie Arnold?»

«Sind Sie Mr. Bartholomew Neil?»

«Ja.»

«Wendy hat mir so nette Dinge von Ihnen erzählt! Kommen Sie hoch! Zweite Etage!»

Ich hörte wieder ein Summen und ein Klicken, also drückte ich gegen die Tür, und sie ging auf.

Ich konnte den Coffeeshop riechen – frisch gemahlener Kaffee, aufgeschäumte Milch und ein Gefühl von Wärme, wie man sie an einem bitterkalten Tag durch einen Wollschal einatmet.

Eine schmale Treppe mit einem Holzgeländer führte nach oben. Die Wände waren minzgrün gestrichen.

Ich ging hoch.

In der zweiten Etage wartete ein blonder Mann mit einem gepflegten Kinnbart an der Tür. Er trug eine braune Strickjacke mit ledernen Ellbogenflicken, eine moosgrüne Cordhose und Wildlederschuhe, die aussahen wie eine sehr teure Version von Schuhen, die man beim Bowling tragen würde.

Ich warf einen Blick in sein Büro und bemerkte sofort, dass der ganze Raum gelb war – gelbe Couch, gelber Teppich, gelbe Wände und einige abstrakte Gemälde von Blumen, die aussahen wie aus Goldfolie gefaltet.

Es war total bizarr.

«Bartholomew!», sagte er und streckte mir die Hand entgegen, die ich schüttelte. Sein Händedruck war perfekt – nicht zu fest, nicht zu weich. «Willkommen bei der Gruppentherapie für Trauernde! Kommen Sie herein!»

All die aufgeregten Ausrufezeichen habe ich gesetzt, weil er so begeistert war. Ich war auch ein wenig verwirrt wegen der «Gruppen»-Therapie, denn es war sonst niemand im Raum.

«Ich bin Dr. Devine, aber nennen Sie mich ruhig Arnie. Ich bin froh, dass Sie sich entschieden haben, bei uns mitzumachen. Wie geht es Ihnen heute?»

Auch seine Verwendung des Pluralpronomens machte mich sehr stutzig, da wir wie gesagt allein waren.

Aber Arnies Augen kamen mir aufrichtig vor, und ich hatte den Eindruck, dass er wirklich interessiert war – als wollte er mir zuhören. Er schien ein netter Mann zu sein, ein guter Arzt.

«Mir geht's gut», sagte ich.

«Schön. Schön. Also, was hat Wendy Ihnen von uns erzählt?»

«Uns?», sagte ich, unfähig, es ein weiteres Mal durchgehen zu lassen.

«Max und mir.»

«Max?»

«Sie hat Ihnen nichts von Max erzählt?» Dr. Devines Gesicht nahm einen überraschten Ausdruck an, der mich nervös machte. Sorgenfalten erschienen auf seiner Stirn.

«Sie hat eigentlich gar nichts gesagt – bloß dass es gut für mich wäre herzukommen», log ich. Ich wollte nicht über Wendys persönliche Probleme mit ihrer Ausbildung reden, weil ich nicht tratschen wollte.

«Oje», sagte Dr. Devine. «Wo soll ich anfangen? *Wo. Soll. Ich. Anfangen?*», sagte er zum Fußboden. «Max und Sie sind aus verschiedenen Gründen, die ich kurz erklären werde, in eine Gruppe gekommen. Aber bevor er kommt – und ich weiß, wir haben nicht mehr viel Zeit –, möchte ich Sie auf Max' ... Benehmen vorbereiten.»

«Was meinen Sie?»

«Na ja, Wendy hätte Ihnen wirklich sagen sollen, dass –»

«Mist, verdammter!», sagte ein Mann, der in der Tür aufgetaucht war. «So ein Dreck, echt!»

«Hi, Max! Schön, Sie heute zu sehen! Wir haben gerade von Ihnen gesprochen. Das ist Max, Bartholomew. Er trauert auch. Bartholomew, das ist –»

«Verflucht, was macht der hier?», sagte Max, ohne sich vom Fleck zu rühren.

«Kommen Sie, Max», sagte Arnie. «Wir haben darüber gesprochen.»

Max sah mich an und sagte noch einmal – ein bisschen leiser: «Echt scheiße, Mann!»

Ich war sprachlos.

«Sollen wir uns alle hinsetzen?», schlug Arnie vor.

Max warf die Hände in die Luft, als wäre es ohnehin egal, und ließ sich dann am äußeren Ende auf die gelbe Couch plumpsen.

Er schien in meinem Alter zu sein, hatte aber eine dicke braune Seniorenbrille auf, was in mir die Frage aufwarf, ob er vielleicht fast blind war. Seine Pupillen hinter den dicken Gläsern erinnerten mich an zwei Schnecken in weißen Porzellanschälchen. Max trug eine schwarze Hose, schwarze Schuhe, ein lila Button-down-Hemd und eine schwarze Weste – und seine gesamte Kleidung roch nach altem Popcorn. Auf der Brusttasche hatte er ein goldenes Namensschildchen mit dem Aufdruck:

Max
ist für Sie da!

Als Arnie auf das andere Ende der Couch deutete, setzte ich mich.

Arnie nahm in einem gelben Ledersessel Platz und schlug die Beine übereinander.

«Bartholomew, der gelbe Raum ist eine Art Wortfestung. Jedes Wort, das Sie im gelben Raum freilassen, bleibt im gelben Raum. Sie können also ganz freimütig reden. Hier sind Sie sicher. Und im Gegenzug muss ich Sie bitten, ein Ritter des Vertrauens zu sein. Ein Bewahrer von Geheimnissen. Ein heiliger Kelch für die Wahrheiten, die Max Ihnen womöglich anvertraut. Wir wiederum werden *Ihre* Wortkelche sein. Können Sie uns helfen, unsere Burg zu verteidigen, Bartholomew? Können Sie ein Ritter des Vertrauens sein?»

«So ein Scheiß», flüsterte Max, ehe ich antworten konnte. Als ich zu ihm rüberschaute, schüttelte er den Kopf.

«Max, möchten Sie etwas äußern?»

«Das hier ist keine Burg, Arnie. Reden Sie doch keinen Mist.»

«Okay, Max. Wie wär's, wenn Sie ein paar Begrüßungsworte an Bartholomew richten? Ihn willkommen –»

«Begrüßungsworte? Da pfeif ich drauf!»

«Max ist, wie Sie feststellen werden, trotz seiner schroffen Art im Grunde ein netter Mann, weshalb wir beschlossen haben, Sie beide zusammenzutun.»

Ich hatte wohl die Augenbrauen hochgezogen oder so, denn Arnie sagte: «Sie wirken verwirrt.»

«Was machen wir hier?», fragte ich. «Ist das so wie mit Wendy reden?»

«Gute Frage», sagte Max. «Verflucht gute Frage.» Er nickte, als würde er das ehrlich meinen und sich kein bisschen über mich lustig machen.

«Ja», sagte Arnie. «Der gelbe Raum ist zum Reden da. Hier können Sie ganz offen über alles sprechen. Aber unser Ziel heute Abend ist es, euch beide miteinander vertraut zu machen, damit ihr euch gegenseitig während des Trauerprozesses stützen könnt.»

Max pustete Luft zwischen den Zähnen hindurch.

«Max, würden Sie Bartholomew bitte erzählen, warum Sie trauern?»

Max pustete noch mehr Luft zwischen den Zähnen hindurch.

«Max?»

Max schaute gut fünfzehn Sekunden lang zur Decke hoch und presste die Knie mit den Händen zusammen, ehe er sagte: «Alice war meine beste Freundin, und jetzt ist sie tot.»

«Ja, das ist sie, Max. Das tut mir sehr leid.»

«Haben *Sie* sie etwa umgebracht?»

«Nein, das habe ich nicht», sagte Arnie.

«Was tut Ihnen denn dann so scheißleid?»

«Es tut mir leid, dass Sie sie verloren haben. Es tut mir leid, dass Sie diesen Trauerprozess durchmachen müssen. Es tut mir leid, dass Alice Sie nicht mehr so trösten kann, wie Sie es gewohnt waren, und ich hoffe, Sie finden einen Weg, nach vorne zu schauen.»

«Ich hab auf der Arbeit noch keinen Tag gefehlt, Mann.»

«Vielleicht *sollten* Sie mal ein paar Tage fehlen.»

«Bescheuerte Idee.»

«Bartholomew, würden Sie uns bitte erzählen, warum Sie trauern?»

«Meine Mutter ist an Krebs gestorben.»

«Krebs?», sagte Max. Er wandte den Kopf und sah mich an, mit großen Augen.

«Hirnkrebs. Die Ärzte haben ihn beschrieben wie einen Kraken mit Tentakeln und –»

«Dreckskrebs! Hat auch meine Alice erwischt, Mann. Echt.»

Arnie sagte: «Was löst der Krebs bei Ihnen für Gefühle aus, Bartholomew?»

«Ähm … keine Ahnung. Ich kann Krebs nicht ausstehen. Er hat meine Mutter umgebracht», sagte ich.

«Der gelbe Raum ist ein *sicherer* Raum», sagte Arnie. «Sie können ruhig deutlicher über Ihre Gefühle sprechen, wenn Sie möchten. Sie müssen nicht höflich sein, wie Sie es außerhalb des gelben Raumes sein müssen. Vergessen Sie nicht, das hier ist eine Wortfestung.»

«Dreckskrebs», sagte Max.

«Wie ist es für Sie, Bartholomew? Seit Ihre Mutter gestorben ist?», fragte Arnie.

«Es ist ein Riesenmist, stimmt's?», sagte Max.

«Ähm … ich musste mich *umstellen.* Ich hatte Mom sehr lieb. Sie war nicht nur meine Mutter, sondern auch eine gute Freundin. Aber gegen Ende war sie nicht mehr richtig da. Sie hatte sich verändert.»

«Meine Alice hatte sich auch verändert», sagte Max. «Sie fing an, alles vollzupissen. Das Bett. Meine Klamotten. Die Couch. Sie hat einfach überall hingepisst, da hab ich überhaupt erst gemerkt, dass mit ihr was nicht stimmt. Es war so, als hätte sie den Verstand verloren, Mann.»

«Bei Mom war es auch so. Sie musste Windeln tragen.»

«Verflucht.»

Ich nickte.

«Max, würden Sie Bartholomew gern sagen, was Sie am meisten vermissen, jetzt, wo Alice nicht mehr bei Ihnen ist?»

Max blickte an die Decke, und ich dachte wirklich, er würde anfangen zu weinen.

Schließlich pustete er eine weitere Lunge voll Luft zwischen den Zähnen hindurch – es klang wie ein undichter Reifen –, schob seine klobige braune Brille höher auf die Nase und sagte dann: «Ich vermisse, dass mich wer begrüßt, wenn ich nach Ende des Spätfilms von der Drecksarbeit nach Hause komme und meine Schwester schon schläft. Alice hat immer auf mich gewartet. Echt immer. Ich vermisse, dass Alice auf meinem verdammten Schoß sitzt, wenn ich Fernsehen gucke. Ich vermisse, wie sie geschnurrt hat, wenn ich sie hinter den Ohren gekrault hab. Ich vermisse, dass sie den ganzen Tag am Fenster gesessen und einfach die Sonne genossen hat.»

«Moment … ich verstehe nicht», sagte ich.

«Was verstehen Sie nicht?», fragte Arnie.

«Von wem redest du, Max?»

«Na von Alice!»

«In welcher Beziehung stand sie zu dir?», fragte ich.

«Sie war mein Ein und Alles. Fünfzehn beschissene Jahre lang.»

«Dann war sie ... *deine Frau?*»

«Was soll der Mist, Mann?», sagte Max. Sein Gesicht wurde knallrot, als hätte ich ihn mit kochendem Wasser übergossen. «Denkst du, ich bin irgend so ein kranker Perverser?»

«Schon gut, Max», sagte Arnie. «Wir haben Bartholomew nicht gesagt, dass Alice eine Katze war.»

«Ich hab doch gesagt, sie hat am Fenster gesessen, oder?»

«Auch Menschen können am Fenster sitzen», sagte ich.

Max tat meine Worte mit einem wegwerfenden Winken ab und sagte dann: «Ich vermisse Alice, verdammt, und ich schäme mich nicht, das zu sagen, echt – schon gar nicht hier in dem beknackten gelben Raum, der schließlich dafür da ist, dass ich offen trauern kann. Sie war gefleckt und treuer, als es irgendein Mensch mir gegenüber je gewesen ist – und mir ist fucking egal, ob sie eine Katze war oder nicht. Ich vermisse sie. Und eins kann ich euch sagen, verdammt!»

«Nur zu», sagte Arnie. «Sagen Sie uns alles. Lassen Sie es raus. Wir hören zu. Das hier ist ein sicherer Ort.»

«Meine tote Katze interessiert dich doch 'nen Dreck! Die interessiert keinen!», sagte Max zu mir und wischte sich dann die Augen. «Mist, verdammter!»

Richard Gere, Sie flüsterten mir ins Ohr (na gut, vielleicht hab ich auch bloß so getan, als würden Sie mir direkt ins Ohr flüstern, weil ich in dem Moment dachte, was würde Richard Gere sagen oder tun?): *Sag ihm, Sie wollen alles über seine Katze hören. Lindere seinen Schmerz. Sei mitfühlend. Erinnere dich an die Lehren des Dalai Lama.*

Ich erinnerte mich an eine Zeile in *Die Essenz der Lehre Buddhas* vom Dalai Lama. «Wir müssen erkennen, dass Leiden wirklich allgegenwärtig ist.» Ich erinnerte mich, dass der Dalai Lama meinte, es wäre leicht, Mitleid mit einem alten Bettler zu haben, aber viel schwerer, Mitleid mit einem jungen reichen Mann zu haben. Er sagte auch, dass «alles bedingte Dasein von Schmerz geprägt ist». Und dass die unterschiedlichsten Menschen von «starken, destruktiven Gefühlen beherrscht» werden.

Ich beherzigte also den Rat Ihres spirituellen Führers und sagte zu Max: «Ich würde gern mehr über deine Katze Alice erfahren.»

Er musterte mein Gesicht ein oder zwei Sekunden lang, versuchte wahrscheinlich abzuschätzen, ob ich es ernst meinte, und sagte dann: «Alice war die beste Scheißkatze, die je gelebt hat.»

Ich fing wieder an, so zu tun, als ob, und Sie, Richard Gere, flüsterten mir in meiner Phantasie ins Ohr: *Sieh mal, wie seine Muskeln sich entspannen. Seine Schultern sich gesenkt haben. Ganz entspannt. Er hat das Bedürfnis zu reden. Hör zu. Lindere sein Leid. Sei mitfühlend. Und auch du wirst Mitgefühl ernten. Beherzige die Worte des Dalai Lama.*

Max redete länger als eine halbe Stunde von seiner Katze. Er erzählte mir, dass er sie in einem Müllcontainer in Worcester, Massachusetts, gefunden hatte, hinter dem Kino, wo er arbeitete, bevor er nach Philadelphia zog, um mit seiner Schwester zusammenzuziehen. Wie jeden Abend hatte er den Müll rausgebracht, als er ein Kätzchen schreien hörte. Er musste unzählige Tüten aufreißen, ehe er sie fand. Es waren noch sechs weitere Kätzchen darin, aber die waren alle tot. «Ich hätte den Dreckskerl, der Kätzchen in eine Mülltüte steckt, am liebsten umgebracht.»

Aus Sorge, jemand würde ihn da stehen sehen und ihn beschuldigen, die Katzen getötet zu haben, steckte er das lebende Junge in seine Jacke und ging zum nächsten Mini-Markt, um Milch zu besorgen. Es war später Abend, und die Frau, die hinter so einer dicken Plastikscheibe an der Kasse saß, sah das Kätzchen und kam ganz begeistert heraus, um es zu streicheln. Sie kriegte sich gar nicht mehr ein und zeigte Max, wo das Katzenfutter stand, und ließ ihn das Kätzchen gleich im Laden füttern, und weil sie so nett war, beschloss Max, das Kätzchen nach der Mini-Markt-Mitarbeiterin zu benennen. Alice.

Max erzählte weiter, wie er – mit Hilfe von Katzenminze und einer Feder an einer Kordel – seiner Katze beibrachte, auf Kommando zu miauen und auch einen Hindernisparcours zu durchlaufen, voller Reifen und Ministangen. Und er sagte, dass er Alice, als sie größer wurde, beibrachte, mit ihm zu sprechen.

«Sie hat richtig mit Ihnen gesprochen?», fragte Arnie. «Oder haben Sie bloß *so getan, als ob* Alice mit Ihnen sprechen könnte? Wie die meisten Leute, wenn sie mit ihren Haustieren reden?»

«Ja, Mann, ganz genau. Ich hab so getan, als ob», sagte Max.

Mit einem Mal fand ich Max sehr interessant.

Er redete noch eine ganze Weile weiter über Alice, zählte auf, was sie gern fraß – Thunfisch aus der Dose mochte sie am liebsten – und dass sie gern rote Lichtpunkte jagte, die er mit einem Laserpointer auf die Wand projizierte, und dass Alice stundenlang springen und rennen und toben konnte, dass sie gern zusammen die DVD-Box der Serie *Doctor Who* aus der Stadtbibliothek guckten und dass er immerzu an Alice dachte, wenn er arbeitete, wenn er die «blöden Karten» in dem «Dreckskino» abriss, weil das sein Job war – Kartenabreißer in einem «Dreckskino».

Ich sagte, dass ich Kino toll fände und mir die Arbeit dort ziemlich interessant vorstellte, schließlich könnte man jeden Film umsonst gucken, und Max sagte: «Kino und toll? Vergiss es! Da hockst du mit irgendwelchen Fremden zusammen, und du weißt nie, wer von denen eine verfluchte Erkältung hat oder welcher Idiot irgend so eine Heulsuse mitbringt. Und im Dreckskino zu arbeiten ist erst recht nicht toll. Du kriegst immer nur *Teile* von jedem Film zu sehen und nie den Rest. Fünfzehn Minuten von dem einen Film, fünfzehn Minuten vom nächsten.

Und die ganzen Teile vermischen sich in deinem Kopf zu einem endlosen Frankensteinfilm. Du kriegst nie einen von Anfang bis Ende zu sehen. Kein einziges beschissenes Mal. Und weißt du, was das Allerschlimmste ist?»

«Was?», sagte ich.

«Katzen sind nicht erlaubt. Was soll der Mist? Alice hat Filme geliebt. Wieso darf man seine Katze nicht mit ins Dreckskino nehmen? *Was soll das?* Deshalb hab ich mir Filme immer lieber zu Hause angeguckt.»

«Magst du Richard-Gere-Filme?», fragte ich.

«Richard Gere? *Richard Gere?*», sagte Max. «*Ich pfeif auf Richard Gere!* Was soll die Frage, Mann?»

«Er ist mein Lieblingsschauspieler», sagte ich, um mich für Sie einzusetzen, obwohl Sie ja genau genommen einer von *Moms* Lieblingsschauspielern waren. «Und ein mutiger Menschenrechtsaktivist.»

«Oh, ich mag Richard Gere», sagte Arnie, der Max und mir die ganze Zeit mit einem zufriedenen Ausdruck im Gesicht zugehört hatte. «Er war toll in *Chicago*.»

«Ich pfeif auf Richard Gere», sagte Max noch einmal. «Ich vermisse Alice. Ich vermisse Alice total.»

Es trat eine lange Stille ein.

Max sah aus, als würde er zerfließen.

Du warst mitfühlend, flüsterten Sie, Richard Gere, mir ins Ohr. *Du hast dein Selbst losgelassen.*

Arnie sah auf seine Uhr, und dann sagte er: «Unsere Zeit ist leider fast um, Gentlemen. Bartholomew, nächste Woche werden Sie mehr zu Wort kommen.»

Ich nickte.

«Max, danke, dass Sie uns heute Abend so viel von sich erzählt haben.»

Er zuckte die Achseln, als wäre es keine große Sache, von sich zu erzählen.

«Darf ich was fragen?», sagte ich.

«Selbstverständlich», sagte Arnie.

«Warum ist hier alles gelb?»

«Die psychologische Forschung hat nachgewiesen, dass die Farbe Gelb – das heißt ein leuchtendes Gelb – Menschen zuversichtlicher und optimistischer werden lässt. Und das ist natürlich beim Trauerprozess hilfreich. Paradoxerweise kann ein blasses Gelb die gegenteilige Wirkung haben. Das ist alles ziemlich wissenschaftlich. Ich bin Arzt, verstehen Sie», sagte Arnie und zwinkerte mir zu.

«Oh», sagte ich.

Max pustete Luft durch die Zähne, rückte seine dicke Brille zurecht und sprang dann auf. Ich erhob mich, und Arnie brachte uns zur Tür. «Es war eine sehr gute Sitzung, Jungs. Ich habe das Gefühl, wir sind heute Abend einen großen Schritt weitergekommen. Seid diese Woche nett zu euch. Trauert tapfer und offen. Lasst euch auf den Prozess ein. Gute Nacht.»

Max und ich gingen die Treppe runter und hinaus auf die Gasse. Ich folgte ihm zur Walnut Street.

«Max?», sagte ich.

«Verdammt, was ist, Mann?»

«Sprichst du mit allen so – immer?»

«Wie?»

«‹Verdammt, was ist, Mann?› und so?»

Er nickte. «Außer auf der Arbeit. Die würden mich feuern. Auf der Arbeit halte ich einfach die Fresse und reiß Karten ab.»

«Konnte deine Katze wirklich mit dir sprechen?»

«Ja, und ob sie das konnte! Arnie hat keine Ahnung. Arnie versteht das nicht. Er glaubt mir nicht, aber es stimmt. Wir haben die ganze verfluchte Zeit miteinander geredet – Alice und ich.»

«Ich glaube dir.»

«Ehrlich?»

«Ja.»

Er griff in seine Jackentasche und holte ein kreisrundes rosa Plastikband hervor. «Das war ihr Halsband.» Max hielt es mir hin. Ich nahm es.

Ein silberner herzförmiger Anhänger hing daran.

Alice

«Das ist ein sehr hübscher Anhänger», sagte ich.

Max nahm das Halsband wieder, wischte sich die Augen und murmelte: «Was soll's, Mann.»

Wir standen eine Weile da und blickten auf unsere Schnürsenkel.

Dann sagte Max: «Hast du Lust, irgendwo ein Scheißbier zu trinken?»

«Du meinst – in einer Bar?»

«Keine Bar! Bars sind was für Flachwichser. In einem Pub! Ein Bier in einem anständigen Pub.»

Ich dachte an mein Ziel, mit einem gleichaltrigen Freund ein Bier in einer Bar zu trinken, und fand, dass ein Pub noch besser war, weil ich ebenfalls keine Lust auf Flachwichser hatte.

«Wie alt bist du?», fragte ich Max.

«Ich bin neununddreißig. Willst du nun in ein verdammtes Pub gehen, oder was?»

Ich bin auch neununddreißig, wie Sie bereits wissen, Richard Gere.

C. G. Jungs Synchronizität.

Unus mundus.

«Ja, ich würde sehr gern mit dir ein Bier in einem Pub trinken gehen.»

«Okay. Dann komm mit, verdammt.»

Max ging sehr schnell, und ich trabte vielleicht sechs oder sieben Blocks hinter ihm her, bis wir einen dunklen Pub betraten, mit einer Reling rings um die Theke und Fotos von Irland überall an den Wänden.

Wir setzten uns auf Hocker und stellten die Füße auf Messingsprossen, genau wie im Fernsehen.

Es war toll.

Der Barkeeper war ein finster dreinblickender dicker Mann. «Was darf's sein?»

«Zwei Scheißbier», sagte Max.

Der Barkeeper legte den Kopf schief, und seine Augen wurden schmal. «Was für eine Scheißsorte?»

«Was für eins willst du?», fragte Max mich.

«Keine Ahnung», sagte ich, weil ich nicht oft Bier trinke.

«Zwei Scheißguinness», sagte Max.

«Okay», sagte der Barkeeper und warf zwei kleine runde Pappscheiben vor uns auf die Theke.

Ein Fernsehapparat hing über den mit Alkoholflaschen gefüllten Regalen, und es lief gerade irgendeine Show, wo Leute einen Hindernisparcours durchlaufen mussten. Ein schmaler Pfad trennte ein Schwimmbecken von einer riesigen Wand, aus der Boxhandschuhe schnellten, die jeden, der nicht aufpasste, ins Wasser beförderten. Wir schauten zu, wie ein paar Leute ihr Glück versuchten, aber sie landeten alle im Schwimmbecken. Jedes Mal, wenn einer reinplumpste, ertönten Zeichentrickgeräusche, die sich anhörten wie quietschende Sprungfedern oder schrille Trillerpfeifen. Dann schaffte es eine riesige Frau ganz hinüber, Arme und Beine weit von sich gestreckt wie eine Spinne, und alle im Pub jubelten.

«Zwölf fünfzig», sagte der Barkeeper, als er die dunklen Biere vor uns auf die kleinen runden Pappscheiben stellte.

«Du schuldest ihm sieben Dollar», sagte Max. «Das hier ist schließlich kein Date, Mann.»

Ich holte mein Portemonnaie raus und gab dem Mann sieben Dollar.

Max und ich stießen mit den Gläsern an, tranken jeder einen Schluck cremiges Bier und schauten zu, wie Männer und Frauen versuchten, über circa zwölf Bälle hinwegzulaufen, die auf Wasser schwammen, um eine Art Plattform zu erreichen. Jedes Mal, wenn einer in den See fiel, ertönten weitere Zeichentrickgeräusche, alle im Pub jubelten und stöhnten, und Max kicherte, hob sein Bier in die Luft und schrie: «So ein Mist, Mann!»

Wir unterhielten uns kein bisschen, was mich nicht weiter störte. Ich war einfach froh, eins meiner Lebensziele als erreicht abhaken zu können.

Als er sein Bier ausgetrunken hatte, sagte Max: «Trink aus. Ich muss nach Hause und nach meiner Schwester sehen.»

Ich leerte mein Glas und sagte: «Ist irgendwas nicht in Ordnung mit deiner Schwester?»

«Nee», sagte Max, «außer dass sie Alice nicht so sehr vermisst wie ich. Sie ist irgendwie schräg, aber sie ist nun mal meine verfluchte Schwester.»

Frag ihn, inwiefern *ist deine Schwester schräg?*, flüsterten Sie, Richard Gere, mir ins Ohr, also tat ich es.

«Ach, sie hat immer ihre Haare im Gesicht hängen. Sie arbeitet in der Drecksstadtbibliothek. Tut immer richtig scheu, und vor ein paar Jahren hat sie echt üblen Mist erlebt. Aber jetzt geht's ihr wieder ziemlich gut. Ist bloß ein bisschen abgedreht. Und sie regt sich auf, wenn sie nicht weiß, wo ich bin. Ich hab ihr nicht gesagt, dass ich mit dir was trinken gehe, weil ich vor heute Abend nicht mal wusste, wer du überhaupt bist.»

Ich hatte das Gefühl, als ob mir sämtliche Rippen zerquetscht und mein Herz brennen würde.

Ich hatte gerade ein Bier mit dem Bruder der Jungthekarin getrunken.

Father McNamee hätte das «Kommunion» genannt.

«Verdammt, was ist los mit dir?», sagte Max. «Du siehst aus, als hättest du dir in die Hose gemacht.»

«Alles okay», brachte ich heraus. «Aber ich muss los.»

«Hey, was soll der Mist?», sagte Max, als ich ihn stehenließ und in die Nacht verschwand. Ich ging etwa eine Stunde in schnellem Tempo, bis ich zu Hause ankam. Father McNamee kniete im Wohnzimmer und betete.

«Father McNamee?», sagte ich.

Er öffnete ein Auge und sagte: «Ja, Bartholomew?»

«Ich muss Ihnen etwas sagen. Etwas, das sich verrückt anhören wird.»

«Klingt, als wäre Alkohol erforderlich.»

Father McNamee stand ächzend auf, goss uns Whiskey ein, und wir tranken in der Küche, während ich ihm die ganze Geschichte erzählte – alles, was ich eben geschildert habe, einschließlich des Geständnisses, dass ich bis über beide Ohren in die Jungthekarin verliebt bin, und es tat überraschend gut, das zum ersten Mal jemandem gegenüber auszusprechen.

Als ich fertig war, lächelte er und sagte: «Ich freue mich für dich. Liebe ist etwas Wunderschönes.»

«Was, glauben Sie, hat das zu bedeuten?»

«Was hat was zu bedeuten?»

«Dass ich zufällig mit dem Bruder in eine Therapiegruppe gekommen bin.»

«Wieso nennst du sie die Jungthekarin?», fragte Father McNamee, saugte seine Lippen nach innen und blinzelte.

Ich wusste es nicht, deshalb wiederholte ich: «Dass ich zufällig mit ihrem Bruder in eine Therapiegruppe gekommen bin. Meinen Sie, das hat irgendwas zu bedeuten?»

«Keine Ahnung.»

«Könnte es göttliche Fügung sein?»

«Zwischen Gott und mir herrscht zurzeit Funkstille. Aber noch mal, ich freu mich für dich, Bartholomew. Prost!», sagte er, hob sein Glas und trank dann einen ziemlich kräftigen Schluck von seinem Whiskey.

Wir leerten unsere Gläser und gönnten uns eine zweite Runde.

Mir war, als würde ich innerlich leuchten, so warm und glücklich war ich, aber Father McNamee wirkte irgendwie neben der Spur.

Ich war ein bisschen angeheitert, als ich ins Bett ging.

Ich träumte wieder von meiner Mutter, nur diesmal war sie nicht in Gefahr.

Mom und ich saßen auf der Terrasse hinterm Haus und tranken ihren selbst gemachten Tee, den sie mit der Minze aus unseren Blumenkästen aufbrühte. Es war ein schwüler Sommerabend. In der Ferne hörten wir Donnergrollen, und dann und wann sahen wir Wetterleuchten flackern. Wir konnten förmlich schmecken, wie elektrisch aufgeladen die Luft war. Mom sah mich an und sagte: «Was glaubst du, wieso Richard dich ‹Dicker› nennt?» Bei dem Wort «Dicker» malte sie Gänsefüßchen in die Luft und sprach es mit tiefer Stimme aus, als wollte sie eine Männerstimme nachmachen, obwohl sie nicht annähernd so klang wie Sie, Richard

Gere. Und ihr Gesichtsausdruck verriet mir, dass sie Ihren Spitznamen für mich missbilligte.

«Ist jedenfalls besser als ‹Schwachkopf›», sagte ich.

Mom schlug sich klatschend aufs Knie und lachte, bis sie keine Luft mehr bekam – Tränen liefen ihr übers Gesicht.

Schließlich, als sie sich wieder eingekriegt hatte, sagte Mom: «Wer sollte dich je für geistig zurückgeblieben halten? Du bist intelligenter als die Mehrheit der Menschen, bloß dass die Mehrheit der Menschen den falschen Maßstab für Intelligenz hat.»

Ich blickte weg, und als ich wieder zu ihr hinschaute, hatte sie sich in einen kleinen gelben Vogel verwandelt.

Der Vogel sang etwa eine Minute lang für mich, und dann flog er hoch in die Luft, auf das Wetterleuchten zu, das alle paar Sekunden aufblitzte und einen Stroboskopeffekt erzeugte.

«Mom!», schrie ich.

Und dann wachte ich auf.

Ihr bewundernder Fan
Bartholomew Neil

8

ANDERE SO WICHTIG ZU NEHMEN, DASS WIR IHR LEIDEN NICHT MEHR MIT ANSEHEN KÖNNEN

Lieber Mr. Richard Gere,

Wendy trug eine Sonnenbrille, als sie mich besuchen kam.

Die Brillengläser waren ziemlich groß und sahen aus wie liegende Eier (die schmaleren Enden zeigten Richtung Ohren, die breiteren Eierunterseiten ruhten auf dem Nasenrücken). Das Gestell war weiß. Die Brille bedeckte fast ihr ganzes Gesicht und ließ ihre Nase klein wie bei einem Häschen wirken.

«Hallo», sagte Wendy zu Father McNamee, der im Wohnzimmer kniete, als wir an ihm vorbeigingen.

Er blieb reglos, die Hände fest verschränkt, aber dann öffnete er ein Auge und versuchte, uns damit einzusaugen. Es war, als sähe man das Atemloch eines Wals, das an die Wasseroberfläche kommt. Es saugte alle Luft aus dem Raum.

Oder vielleicht, wie wenn man in einen tiefen Brunnen schaut und instinktiv zurückweichen möchte, um nicht hineinzufallen, sich aber trotzdem noch ein bisschen weiter vorbeugt.

Sein Auge schloss sich, und er betete weiter, also gingen Wendy und ich in die Küche.

Wendy setzte sich und zog ihren Mantel aus, ließ aber die Sonnenbrille auf, was ich komisch fand.

«Wie war die Gruppentherapie?», fragte sie. «Arnie hat sehr nette Dinge über Sie gesagt.»

«Ganz okay. Besser, als ich erwartet hatte.» An dem Punkt lächelte ich, und Sie, Richard Gere, flüsterten mir zu: *Na los. Sag's ihr.* Sie klangen so stolz auf mich. Deshalb sagte ich: «Und anschließend habe ich eins meiner Lebensziele erreicht.»

«Ernsthaft?», sagte sie sehr laut, begeistert, und beugte sich dann zu mir. «Welches?»

Ich blickte auf ihr schmales Knie – das linke. Es war schwarz, weil sie Leggings unter ihrem Wollrock trug. Ich lächelte und sagte: «Ich habe mit einem gleichaltrigen Freund ein Bier in einem Pub getrunken. Und das schon nach der ersten Sitzung bei Arnie.»

«*Bartholomew!* Ich bin ja so stolz», sagte sie, aber es klang zu begeistert – falsch –, und das deprimierte mich. «Wer war der glückliche Trinkkumpan?»

«Max.»

Ihre orangeroten Augenbrauen schnellten hinter der weißen Sonnenbrille hoch. «Max von der Gruppentherapie?»

«Sind zwei Leute eine Gruppe? Ich dachte, in einer Gruppentherapie wären mehr als nur eine andere Person», sagte ich, weil ich das tatsächlich dachte und mich noch immer darüber wunderte, warum wir nur zu zweit waren.

«Wir bringen jeweils zwei Leute zusammen, wie Partner. Freunde, die sich gegenseitig unterstützen. Wir wollen Leute wie Max und Sie nicht mit einer größeren Gruppe überfordern. Ihr müsst mit kleinen Schritten anfangen.»

«Max trauert um eine Katze namens Alice», sagte ich sachlich.

«Menschen trauern aus allen möglichen Gründen. Es ist wahrscheinlich ratsam, keine Vergleiche anzustellen.»

Ich war ganz ihrer Meinung und nickte und dachte, dass der Dalai Lama auch nicken würde, wenn er hier wäre.

«Was habt ihr zwei getrunken?», fragte Wendy.

«Guinness!»

«Lecker! Ich liebe Guinness! Guinness ist angeblich gesund. Zumindest für ein Bier. Irgendwas an der dunklen Farbe soll gut fürs Herz sein, hab ich irgendwo gelesen. Deshalb trinke ich immer Guinness, wenn ich mal Bier trinke. Dann hab ich ein besseres Gefühl dabei. Außerdem kann man nicht so viel davon trinken. Ist zu sättigend. Insofern ist es auch ein sicheres Bier. Ich bin froh, dass Sie und Max –»

«Wieso tragen Sie eine Sonnenbrille?», fragte ich. Die Frage war naheliegend. Die meisten Menschen tragen im Haus keine Sonnenbrille. Wendy hatte noch nie eine Sonnenbrille getragen, wenn sie zu mir kam. Trotzdem merkte ich, kaum dass mir die Worte herausgerutscht waren, dass es eine schwerwiegende Frage war, die den netten, lockeren Gesprächsfluss verändern würde. Es war, als hätten sich die Machtverhältnisse verschoben und *ich* wäre plötzlich *ihr* Trauerbegleiter geworden – zumindest fühlte es sich so an. Und ich spürte irgendwie, dass es richtig war, dass dringend etwas getan werden musste, und zwar von mir.

Wendy stockte und ließ sich ein paar Sekunden Zeit, um über ihre Antwort nachzudenken. Im Geiste sah ich ihre Augen nach links oben schauen, aber ich konnte es nicht mit Sicherheit sagen, weil die dunklen schwarzen Gläser das kreisrunde Deckenlicht reflektierten und die Deckenlampe aus einem zwei leuchtende Kreise machte – ein Paar Robotermonde.

Schließlich sagte Wendy: «Ich hab mit meinem Freund und seinen Kumpels Softball gespielt und einen Ball genau ins Gesicht gekriegt. Wollen Sie mal sehen?»

Ich antwortete nicht, aber sie nahm die Sonnenbrille trotzdem ab. Ihr linkes Auge war fast zugeschwollen. Schillerndes Gelb, Lila und Grün füllten ihre Augenhöhle wie eine ölige Pfütze Benzinregenbögen.

«So, wie Sie mich anschauen, setze ich die wohl besser wieder auf», sagte Wendy, und dann hatte sie die Sonnenbrille erneut auf der Nase und lächelte – doch ihr Lächeln war nicht echt und ein noch schlimmerer Anblick als der eigentliche Bluterguss.

Weißt du noch, der Bluterguss an ihrem Handgelenk letzte Woche? Sie hat nicht Softball gespielt, flüsterten Sie mir zu, Richard Gere. *Sie braucht Hilfe. Diese Frau muss gerettet werden.*

Ich sah auf ihr Handgelenk, und da war noch immer ein roter Fleck, wenn auch deutlich blasser.

Der wütende Mann in meinem Bauch trat und boxte wie wild.

Ihr Problem war so offensichtlich.

Ich fing an zu schwitzen.

«Bartholomew?», sagte Wendy. «Ist alles in Ordnung mit Ihnen?»

Ich nickte und blickte nach unten auf meine braunen Schnürsenkel.

«Sie sehen gar nicht gut aus.»

Ich versuchte, wie immer den Mund zu halten.

«Was ist los?»

Ich wusste, es würde nur Ärger bringen, wenn ich offen aussprach, was ich dachte.

«Bartholomew?»

Irgendetwas in mir veränderte sich.

«Sie können mit mir reden. Sie sind hier sicher. Sie können –», sagte sie.

Ich wusste, dass ich die Kontrolle verloren hatte, als die ersten Worte aus meinem Mund kamen.

Mein Mund sagte: «Als ich Ihr geschwollenes Auge gesehen hab – konnte ich Ihren Schmerz fühlen. Das passiert mir manchmal», rutschte es heraus, ehe ich mich bremsen konnte. Ich hatte schon lange nicht mehr so freimütig und offen geredet. Es war, als würden Sie, Richard Gere, durch mich sprechen. Es war, als würde ich vielleicht schauspielern, die Worte aus einem Drehbuch aufsagen. Und ich wusste aus Erfahrung, dass es mich einsam machte, wenn ich solche Dinge sagte – mich freundlos zurückließ. Ich wollte solche Dinge nicht sagen.

Volltrottel!, schrie der kleine Mann in meinem Bauch.

(Ich muss sagen, in letzter Zeit scheint irgendwie alles aus den Fugen zu geraten. Oder vielleicht kommt es mir nur so vor, als wäre ich eine Blume, die sich zum ersten Mal der Welt öffnet. Ich weiß nicht, warum das so ist, und ich habe es auch nicht richtig im Griff. Blumen denken nicht etwa: Okay, jetzt ist Mai, also strecke ich mich der Sonne entgegen und entspanne meine Blütenblätterfaust zu einer offenen Hand. Blumen denken überhaupt nicht. Sie wachsen einfach, und wenn es so weit ist, lassen sie Farben aus ihren Stängeln schießen und werden schön. Ich bin kein bisschen schöner, als ich es vor Moms Tod war, aber ich fühle mich trotzdem wie eine Faust, die sich öffnet, eine Blume, die erblüht, ein Streichholz, das entzündet wird, eine schöne Haarmähne, die aus einem Knoten befreit wird – fühle, dass so viele Dinge, die zuvor unmöglich schienen, jetzt auf einmal möglich sind. Und ich habe mich gefragt, ob das der Grund dafür ist, warum ich nicht geweint habe und nicht todtraurig wurde, als Mom starb. Weinen und trauern die bunten Blütenblätter, wenn sie nicht mehr in einem grünen Stängel geborgen sind? Ich frage mich, ob ich die ersten achtunddreißig Jahre meines Lebens in dem Stängel meiner selbst verbracht habe – in mir.

Ich frage mich so allerhand, Richard Gere, und wenn ich über Ihr Leben lese, denke ich, dass Sie ganz ähnliche Gedanken gehabt haben und dass Sie Ihr Studium deshalb abgebrochen haben und nicht Farmer geworden sind wie Ihr Großvater oder Versicherungsvertreter wie Ihr Vater. Das ist auch der Grund dafür, warum so viele Leute Sie für unnahbar hielten, wo Sie doch bloß versuchten, Sie selbst zu sein. Ich habe gelesen, als Sie noch auf dem College waren, sind Sie oft allein ins Kino gegangen und haben sich stundenlang Filme angesehen, um die Kunst des Schauspielerns und Geschichtenerzählens und Filmemachens zu studieren. Sie haben das allein gemacht. Vielleicht war das ja die Zeit, als Sie noch im Stängel steckten – bevor Sie sich explosionsartig zu der Blüte des international berühmten Filmstars Richard Gere entfalteten. In was für leuchtenden Farben Sie jetzt erstrahlen! Aber es war nicht leicht für Sie, wie ich bei meinen Recherchen über Ihr Leben erfahren habe. Sie spielten lange Zeit am Theater. Sie wohnten in einem kleinen Apartment in New York ohne Heizung oder Wasser, hieß es in einem Buch. Und dann drehten Sie viele Filme, bevor Sie berühmt wurden – versuchten ständig, John Travolta bei Rollenangeboten auszustechen und wurden viel schlechter bezahlt als er. Aber jetzt sind Sie Richard Gere. *Richard Gere!*)

«Sie sind empathisch», sagte Wendy so richtig kokett, versuchte, mich von dem abzulenken, was ich sagen wollte – ging auf weniger Relevantes ein, weil es immer leichter ist, auf weniger Relevantes einzugehen. Sie sagte: «Das ist gut. Das mag ich an Ihnen. Frauen mögen Empathie. Vielleicht ist das jetzt ein guter Ansatzpunkt, um mit der Arbeit an Ihrem anderen Lebensziel zu beginnen – mit einer Frau in einer Bar etwas trinken.»

Sie verstand nicht, was ich meinte, als ich sagte, ich könnte ihren Schmerz spüren – Sie dagegen schon, Richard Gere. Sie flüsterten mir ins Ohr: *Ich verstehe. Du siehst mit deinem Geist. Du fügst die Fakten zusammen. Du kannst ihn sehen. Sein Gesicht. Was er mit ihr macht, wenn er wütend ist. Du siehst, wie sie versucht, sich vor seinen Schlägen zu schützen. Wie sie ihr Gesicht mit ihren dünnen, kindlichen Armen bedeckt, aber er ist groß und stark und attraktiv und souverän und gebildet. Und du siehst sie allein in einem Zimmer lange weinen, ehe er zurückkommt, und sie hält sich schützend die Arme vors Gesicht, doch diesmal schlägt er sie nicht. Er sagt, es tut ihm leid. Er sagt, er weiß nicht, was da über ihn gekommen ist. Und er weint sogar. Er weint. Er entschuldigt sich. Er sagt, er liebt sie. Er sagt, er gibt sich alle Mühe, nicht die Beherrschung zu verlieren. Er sagt, er wurde als Kind geschlagen, er hat es von seinem Vater gelernt und versucht, diesen Teufelskreis zu durchbrechen. Er benutzt die Worte, die sie in ihrer Arbeit benutzt. Sie denkt, sie kann ihn retten, was du bewunderst. Sie denkt, sie ist als Therapeutin gescheitert, ehe sie überhaupt angefangen hat, weil sie die Probleme in ihrem eigenen Leben nicht lösen kann – wie soll sie dann anderen helfen? Du siehst sie allein in der Nacht, wie sie aus dem Schlafzimmerfenster schaut, durch ihr gespenstisches Spiegelbild hindurch, versucht, sich nicht selbst zu sehen – verzweifelt versucht, sich doch selbst zu sehen. Versucht, scheitert, leidet.*

Bartholomew, du kannst mit dem Geist sehen, und das ist eine große Gabe. Du musst diese Gabe nicht vor mir verstecken. Obwohl ich verstehe, warum du sie vor dem Rest der Welt versteckst. Warum du so lange damit gewartet hast, mir von ihr zu erzählen und den Problemen, die du dir bisher in deinem Leben damit eingehandelt hast. Dass du so tust, als ob du nicht mit dem Geist siehst. Dass du versuchst, wie alle anderen zu sein, aber es nicht kannst. Dass du den Tod deiner Mutter lange vorher kommen sahst und deshalb jetzt nicht trauern musst, weil du schon getrauert hast, als sie noch am Leben war. Dass du Menschen lesen kannst, wenn du deinem Geist gestattest, so zu arbeiten, wie nur dein Geist arbeiten kann. Dass du weißt, dass deine Zeit endlich gekommen ist. Genau jetzt. Dass dir vor langer Zeit ein Geschenk gemacht wurde und du all die Jahre gewartet hast, bis du endlich das Geschenkpapier abreißen und das Geschenk aus der Schachtel nehmen kannst. Du hast ihre Gedanken gelesen. Oder vielleicht spürst du es nur. Wie auch immer – du weißt, ihr Freund heißt Adam, flüsterten Sie mir ins Ohr, während Wendy davon sprach, wie man eine Frau beeindrucken kann, etwas von zuhören sagte, mit den Händen vor dem Gesicht wedelte, das hinter ihrer großen Sonnenbrille versteckt war.

Du denkst, du wirst verrückt, Bartholomew. Das ist deine größte Angst. Also, stell deinen Geist auf die Probe. Sag «Adam» und sieh, wie sie reagiert. Versuch's. Vertrau mir. Sag einfach das Wort «Adam», und dann wird sie erkennen, dass du eine Gabe hast. Sie hat seinen Namen dir gegenüber nie erwähnt. Sie wird erkennen, dass du deutlich sehen kannst, was sie verletzt, und dann wird sie dir nichts mehr vormachen müssen. Das Gleiche, was ich für dich getan habe, indem ich deine Gabe zur Sprache brachte, kannst du für sie tun.

Ich hatte Angst, meinen Geist auf die Probe zu stellen, weil ich fürchtete, verrückt zu sein, und gleichzeitig fürchtete, nicht verrückt zu sein, sondern tatsächlich diese seltsame Fähigkeit zu besitzen.

Was wäre schlimmer?

Was würde ich mit so einer Fähigkeit machen?

Was würde ich machen, wenn ich mich vor Wendy blamierte?

Idiot!, sagte der Mann in meinem Bauch und trat und boxte prompt drauflos. *Jeder, der mit einem eingebildeten Richard Gere spricht, ist eindeutig ein* Schwachkopf! *Und wenn du jetzt völlig unvermittelt «Adam» sagst, wird Wendy dich garantiert auch für einen Schwachkopf halten! Du hast keine besondere Gabe. Du hast überhaupt keine Fähigkeiten. Du bist bloß ein armer Volltrottel, der sein ganzes Leben bei seiner Mutter gewohnt hat, bis er fett und hässlich und infantil geworden ist und neuerdings unter Wahnvorstellungen leidet und ...*

Wendy fuchtelte jetzt noch heftiger mit den Händen, während sie davon redete, dass jede Frau sich einen sanften Mann wünscht – dass sanfte Riesen sexy sind. Versteckt hinter ihren eiförmigen Brillengläsern, tat sie so, als ob sie nicht gebrochen und geschlagen und verletzt und verängstigt wäre. Machte mir was vor. Machte sich was vor. Und ich wusste, dass sie *mich* einen sanften Riesen nannte.

Sanfter Riese ist bloß ein anderer Ausdruck für Schwachkopf!, schrie der kleine wütende Mann.

Du musst endlich deinen Instinkten trauen, Bartholomew. Ich werde so lange in deinem Geist «Adam» sagen, bis du den Namen aussprichst, flüsterten Sie, Richard Gere.

Und genau das taten Sie auch.

Adam. Adam. Adam. Adam. Adam. Adam. Adam. Adam. Adam.
Adam. Adam. Adam. Adam. Adam. Adam. Adam. Adam.
Adam. Adam. Adam. Adam. Adam. Adam. Adam.
Adam. Adam. Adam. Adam. Adam. Adam.
Adam. Adam. Adam. Adam. Adam.
Adam. Adam. Adam. Adam.
Adam. Adam. Adam.
Adam. Adam.
Adam.
Adam. Adam. Adam. Adam. Adam. Adam. Adam. Adam. Adam.
Adam. Adam. Adam. Adam. Adam. Adam. Adam. Adam.
Adam. Adam. Adam. Adam. Adam. Adam. Adam.
Adam. Adam. Adam. Adam. Adam. Adam.
Adam. Adam. Adam. Adam. Adam.
Adam. Adam. Adam. Adam.
Adam. Adam. Adam.
Adam. Adam.
Adam.
Adam. ADAM. ADAM. ADAM. ADAM! ADAM! ADAM! ADAM!

«Adam», sagte ich, als ich es nicht länger ertragen konnte.

Sofort hörte Wendy auf zu reden, und ihre Hände fielen herab.

Es war, als hätte eine riesige unsichtbare Schere sämtliche Fäden ihrer munter tanzenden Marionette durchtrennt.

Schnell! Studier ihr Gesicht!, sagten Sie. *Was siehst du?*

Wendys Mund stand leicht offen, und alle Farbe wich aus ihrem Gesicht.

«Warum haben Sie Adam gesagt?», fragte Wendy. Ihre Stimme klang nervös. Verschwunden war die quirlige junge Frau, die wollte, dass ich zusammen mit gleichaltrigen Freunden in einer Bar etwas trank.

Na bitte!, sagten Sie, Richard Gere, aufgeregt. *Na bitte! Das beweist alles!*

«Adam hat Ihnen das angetan, nicht wahr?», sagte ich mit wachsendem Selbstvertrauen. «Der Bluterguss an Ihrem Arm. Das blaue Auge.»

Sieh nur, wie sie zittert!, sagten Sie. *Lindere ihren Schmerz. Lüfte das Geheimnis. Übe Mitgefühl.*

Wendy öffnete den Mund, um etwas zu sagen, aber dann stand sie auf, schnappte sich ihren farbenfrohen Trenchcoat und hastete zur Haustür.

«Es tut mir leid», sagte ich, während ich ihr folgte. «Es tut mir leid. Vielleicht hätte ich lieber nicht –»

«Was ist los?», sagte Father McNamee, noch immer auf den Knien im Wohnzimmer, als er Wendy hinausstürzen sah. Er sah mich an und fragte: «Was ist passiert?»

Idiot!, brüllte der wütende Mann in meinem Bauch. *Schwachkopf!*

Meine Achselhöhlen waren klamm, und meine Stirn fühlte sich feucht an. Übelkeit überkam mich, und Sie waren fort, Richard Gere.

Verschwunden.

Ich konnte mich selbst atmen hören.

«Ganz ruhig, Bartholomew», sagte Father McNamee. «Gehen wir nach draußen, frische Luft schnappen.»

Er öffnete die Tür, und ich ging hinaus in den kalten Nachmittag.

Er kam hinterher.

Ich schaute die Straße hinunter, aber Wendy war weg. Sie musste sehr schnell gegangen sein, und ich fragte mich, ob sie wohl gerannt war.

Ich überlegte – was hatte ihre Reaktion zu bedeuten?

Was hatte ich bewiesen?

Richard Gere?, sagte ich im Geist, aber Sie antworteten nicht. Es war, als würde ich in eine leere Höhle hineinrufen und nur mein eigenes Echo hören.

«Atme», sagte Father McNamee. «Ein. Aus. Ein. Aus. Muss ich den Whiskey holen?»

Ich schüttelte den Kopf.

«Was ist passiert?», fragte er.

Ich nahm mir einen Moment Zeit zum Nachdenken, und die frische Luft kühlte meine Brust und beruhigte mich erheblich.

Schließlich erzählte ich Father McNamee, was genau sich in der Küche abgespielt hatte, allerdings ohne Sie, Richard Gere, zu erwähnen, aus naheliegenden Gründen. Ich erwähnte auch nicht den wütenden Mann in meinem Bauch, hauptsächlich, weil ich nicht das Wort *Schwachkopf* aussprechen wollte.

Als ich zu der Stelle kam, wo ich das Wort *Adam* im Geist hörte, sah Father McNamee mich mit zusammengekniffenen Augen an, als hätte ich ihn geohrfeigt, aber dann sagte er: «Die Sonnenbrille, die sie im Haus getragen hat, und die Blutergüsse an ihrem Arm – *jeder* hätte daraus schließen können, dass Wendy in einer gewalttätigen Beziehung steckt. Aber den Namen des Mannes zu wissen – also, das ist etwas anderes. Wenn sie seinen Namen dir gegenüber schon mal erwähnt hätte, wenn auch nur die leiseste Möglichkeit bestanden hätte, wäre sie wohl kaum aus dem Haus gestürzt, als wärest du von Dämonen besessen, oder?»

«Was sagen Sie also dazu?», fragte ich.

«Ich weiß nicht», sagte Father McNamee.

Ich blickte Father McNamee in die Augen, und er sah wieder aus, als hätte man bei ihm eingebrochen und ihn ausgeraubt.

Er wandte den Blick ab und sagte: «Fühlst du dich fit genug, um auf eine Mission zu gehen?»

«Eine Mission?»

«Ungeachtet meiner Glaubenskrise und deiner rätselhaften Fähigkeit, den Namen von gewalttätigen Männern zu nennen, denen du nie begegnet bist, liegt es doch wohl auf der Hand, dass unsere Freundin Wendy in Not ist.»

«Was machen wir?»

«Das, was jeder anständige Mensch machen würde. Holen wir unsere Jacken, ja?», sagte Father McNamee, und gleich darauf gingen wir die Straße hinunter.

Father McNamee legte ein flottes Tempo vor, und ich hatte Mühe, mit ihm Schritt zu halten.

«Wo gehen wir denn hin?», fragte ich.

«Zur Quelle», sagte Father McNamee.

«Woher wusste ich, dass Wendys Freund Adam heißt?», fragte ich.

«Den längsten Teil meines Lebens», antwortete Father McNamee, «hätte ich so etwas gesagt wie: ‹Du bist neununddreißig Jahre alt, und du bist all die Jahre katholisch. Muss ich dir wirklich erklären, wo Wunderkräfte herkommen?› Aber heute Abend kann ich das nicht zu dir sagen, Bartholomew. Ich bin kein Priester mehr, und das aus gutem Grund.»

Ich dachte darüber nach, und ich wünschte mir, dass Sie, Richard Gere, zu mir sprechen würden, aber Sie waren in dem Augenblick nicht bei uns. Sie fehlten mir. Und ich wollte wissen, was der Dalai Lama in einer solchen Situation wohl raten würde. Ich war neugierig darauf. Es war klar, dass ich von Father McNamee in absehbarer Zeit keine Antworten mehr bekommen würde.

Father McNamee ging drei Eingangsstufen eines Trinity-Hauses hoch und klingelte an der Tür. Ich stand hinter ihm auf dem Bürgersteig. Eine Frau mittleren Alters in einem rosa Nachthemd und mit Lockenwicklern im Haar machte auf. Sie rauchte eine Zigarette, und ihre nackten Schienbeine hatten die hellblaue Farbe von Eisbergen.

«Father McNamee!», rief sie und strahlte. «Was für eine Überraschung! Wo haben Sie denn gesteckt? Wir haben uns alle schreckliche Sorgen um Sie gemacht. Father Hachette sagt, Sie hatten einen Nervenzusammenbruch! Geht es Ihnen wieder gut?»

«Mir geht's bestens», sagte Father McNamee. «Na ja, ich

bin müde, um ehrlich zu sein. Aber deshalb sind wir nicht hier.»

Die Frau warf mir einen kurzen Blick zu und sagte dann: «Möchten Sie reinkommen?»

«Sie kennen Bartholomew Neil aus der Messe, nehme ich an», sagte er, ohne auf die Einladung einzugehen. «Bartholomew, das ist Wendys Mutter, Edna.» Zu Edna sagte er: «Wendy ist Bartholomews Trauerbegleiterin. Das ist Teil ihrer praktischen Ausbildung.»

Ich hob eine Hand und lächelte.

Edna lächelte zurück und sagte: «Ich sehe Sie immer in der Samstagabendmesse. Ich sitze weiter vorne links.»

Ich nickte, obwohl ich sie nicht wiedererkannte und wir nie ein Wort gewechselt hatten. (Ich sehe mir während der Messe meist die Buntglasfenster an – niemals die Leute um mich herum.)

«Wir brauchen Wendys derzeitige Adresse», sagte Father McNamee.

«Wieso? Was ist passiert?»

«Wir wissen es noch nicht genau», sagte Father McNamee.

Edna starrte Father McNamee an, als würde sie nicht begreifen, was er gesagt hatte, und dann sagte sie: «Ich habe als Mutter versagt.»

«Ich bin sicher, das ist nicht –»

«Doch, das ist wahr. Wendy ist zu ihrem Freund gezogen, einem älteren Mann. Ich glaube, er ist Arzt», sagte Edna. Ihre Augen wurden rot und glasig. «Ich habe ihn nicht mal kennengelernt, was mir zu denken gibt, zumal Wendy mir verändert vorkommt, irgendwie härter. Und ich fühle mich schuldig, aber wie sollte ich denn ihre Ausbildung finanzieren? Ich kann ja kaum unsere Hypothek abbezahlen! Wenn ich ihr sage, ich würde ihn gern kennenlernen, wechselt sie das Thema. Es ist, als wollte sie mich bestrafen. Und sie macht die ganze Zeit einen traurigen Eindruck. Seit sie zu diesem Mann gezogen ist. Finden Sie das richtig, Father?»

«Nein, das finde ich nicht.»

«Was hat sie für Probleme? Behandelt er sie schlecht?»

«Wir brauchen ihre Adresse. Wir versuchen zu helfen», sagte Father McNamee.

Die Frau schüttelte den Kopf, blickte auf ihre Hände und murmelte irgendetwas – vielleicht ein Gebet –, bevor sie für ein paar Minuten verschwand, aber Father McNamee drehte sich nicht zu mir um, was mich nervös machte.

Als Edna wiederkam, gab sie Father McNamee ein abgerissenes Stück von einer Zigarettenschachtel, auf dessen Rückseite eine Adresse gekritzelt war, und sagte: «Wendy ist ein gutes Mädchen. Sie hat ein gutes Herz, aber sie ist ehrgeizig. Ich bin bloß eine einfache Frau. Ist das so eine Schande? Kann ich was dafür?» Wendys Mutter wischte sich die Augen und schniefte. «Wir haben nicht viel Glück gehabt. Sagen Sie mir noch einmal, dass Sie ihr helfen werden.»

«Ich werde es versuchen», sagte Father McNamee mit einem beruhigenden Nicken, und dann umarmte er die Frau. Ich sah zu, wie ihre Zigarette einen Rauchfaden hinter

Father McNamees Kopf aufsteigen ließ, als sie die Arme um seinen Hals schlang.

«Ich weiß, Sie sind kein Priester mehr, aber würden Sie wohl jetzt für mich beten?», bat sie, als sie einander losließen. «Nur ein kurzes Gebet?»

Father McNamee senkte den Kopf und sagte: «Herr, segne diese Frau, deine Tochter, und erfülle ihr Herz mit der Verheißung Deines Friedens. Sei heute mit uns. Führe uns durch die Rätsel unseres Lebens und hilf uns, die Schönheit unseres ... ewig ratlosen Wesens zu erkennen. Amen.»

«Amen», echote die alte Frau feierlich. Sie hob die Hände, legte sie an Father McNamees rote Wangen und sagte: «Gott segne Sie.»

Ich konnte den schalen Geruch von kaltem Zigarettenrauch riechen, der noch in der Luft hing, während Father McNamee die Adresse in seiner Hand las und im Kopf eine Route ausarbeitete, und schon waren wir wieder unterwegs und eilten den Bürgersteig hinunter.

«Glauben Sie wirklich, dass in unserem ratlosen Wesen Schönheit liegt?», fragte ich Father McNamee und überlegte, ob ich vielleicht doch schön war. Immerhin war ich seit Jahrzehnten eindeutig ratlos.

«Allerdings», antwortete Father McNamee.

«So wie bunte Blütenblätter zunächst in einem Stängel verborgen sind?»

Father McNamee blieb stehen, lächelte mich durch seinen Bart an und sagte: «Schönheit steckt in uns allen, Bartholomew. Sie versteckt sich bloß manchmal. Das stimmt.»

Father McNamee ging weiter und weiter – und so schnell, dass ich ins Schwitzen geriet, obwohl es ein kalter Abend war.

Schließlich kamen wir zu einem Trinity-Haus an der Kreuzung von South und Third Street. Father McNamee drückte die Türklingel und hielt den Daumen lange auf dem Knopf. Als er ihn losließ, hörten wir eine Männerstimme sagen: «Sie müssen nicht Sturm klingeln.»

«Adam?», sagte Father McNamee in die Sprechanlage.

Schweigen.

«Wer ist da?»

«Wir sind Freunde von Wendy. Lassen Sie uns bitte rein?»

Wieder Schweigen.

Father McNamee klingelte erneut.

«Mit wem spreche ich?», sagte Adam.

«Wendys Freunden.»

«Wie ist Ihr Name?»

«Bartholomew Neil», sagte Father McNamee, was mich verblüffte.

«Father McNamee?», sagte Wendy. Ich erkannte ihre Stimme. Ich sah ihre orangeroten Augenbrauen vor mir, ihre weiße, fast durchscheinende Haut.

«Ich bin kein Father mehr. Ich habe den Priesterrock abgelegt. Schon vergessen? – Aber ja.»

Sekunden später ging die Tür auf, und Wendy stand da. Sie trug ihre eiförmige Brille auf der Nase, eine schwarze Stretch-Hose und ein weinrotes Temple-University-Sweatshirt, das ihr viel zu groß war. «Kommen Sie herein», sagte sie.

Ich folgte Father McNamee ins Wohnzimmer im Erdgeschoss, das mit einer hellbraunen Ledercouch, einem niedrigen Glastisch, einem schwarzen Teppich, der struppig wie ein Hund war, einem großen Getränkeschrank voll mit Dutzenden Flaschen und einem wuchtigen, typisch männlichen Ledersessel eingerichtet war. Hier wohnte ein reicher Mensch. Das merkte ich auf Anhieb.

«Woher haben Sie diese Adresse?», fragte Wendy Father McNamee.

«Deine Mutter hat sie mir gegeben.»

«Wieso?»

«Ich hab sie drum gebeten.»

«Wieso?»

«Wir waren besorgt – Bartholomew und ich. Als du so überstürzt verschwunden bist –»

«Tut mir leid. Mir war vorhin nicht wohl.»

Father McNamee zog seine buschigen weißen Augenbrauen hoch.

«Kommen Sie doch mit nach oben, ich möchte Ihnen Adam vorstellen», sagte Wendy.

«Adam, sagst du. Ist das der Name des Glückspilzes? *Adam?*»

«Es ist eigentlich kein besonders ungewöhnlicher Name, oder?», sagte Wendy und lachte gezwungen. «Kommen Sie, ich mache Sie mit ihm bekannt.»

Wir folgten ihr eine eiserne Wendeltreppe hinauf in

eine Art Wohnküche. Ein gut aussehender Mann stand auf, als wir hereinkamen. Er sah aus, als wäre er in meinem Alter – mindestens zehn Jahre älter als Wendy. Auf dem Tisch standen zwei Teller und zwei Gläser Wein. Sie waren beim Essen; es gab rotes Fleisch, Radieschen und Spargel.

Adam hatte blaue Augen, bräunliches Haar, das ordentlich geschnitten, aber recht lang war – wie Ihres, Richard Gere. Wendy stellte uns vor. Als er mir die Hand schüttelte, drückte er sie so fest, dass er mir ein bisschen weh tat.

«Ich hab schon viel von Ihnen gehört», sagte er. «Mein Beileid wegen Ihrer Mutter.»

Ich nickte und blickte dann auf meine braunen Schnürsenkel. Ich denke nicht, dass Wendy mit irgendwem über unsere Sitzungen sprechen durfte, weil das ein Verstoß gegen die berufliche Schweigepflicht ist. Mich beschlich das Gefühl, dass ich Wendy besser gar nichts von mir erzählt hätte.

«Möchten Sie etwas trinken?», fragte Adam.

Gleich darauf saßen wir jeder mit einem Weinglas in der Hand an einem großen Holztisch.

Ich trank einen kleinen Schluck, und der Wein schmeckte teuer, aber vielleicht nahm ich das bloß an, weil ich so gut wie nichts von Wein verstehe.

«Also … was verschafft uns die Ehre?», fragte Adam auf eine Art, die die Vermutung nahelegte, dass er lieber sein rotes Fleisch und seine Radieschen essen würde, und genau das nahm er dann auch in Angriff. «Ein gutes Kobe-Steak sollte man nicht kalt werden lassen», fügte er hinzu, als ob er meine Gedanken lesen könnte. «Wenn ich gewusst hätte, dass Sie kommen, hätte ich –»

«Wir machen uns Sorgen um Wendy», sagte Father McNamee.

«Warum?», fragte Adam, während er kaute und völlig entspannt aussah.

«Vielleicht weil sie aussieht, als hätte sie zehn Runden mit dem derzeitigen Schwergewichtschampion im Ring gestanden», sagte Father McNamee. «Sein Name will mir zwar nicht einfallen, aber er ist sicher imstande, Gesichter so zuzurichten, dass sie so aussehen wie Wendys derzeit.»

«Sie kennen Wendy. Alles, was ein Mann kann, kann sie besser – und widersprechen Sie ihr da bloß nicht. Nein, sie muss unbedingt Softball mit Männern spielen, und damit basta!», sagte Adam und lächelte Wendy dann an. «Sie ist dermaßen ehrgeizig, dass sie einen Ball am Third Base mit dem Gesicht gestoppt hat. Wegducken kommt für sie nicht in Frage. *Bewundernswert.* Das müssen Sie zugeben.»

Wendy lächelte, sagte aber nichts; sie wirkte so steif wie eine Pappfigur.

Adam hatte so überzeugend gewirkt, als er «bewundernswert» sagte, dass ich ihm unwillkürlich glaubte. Es war, als würde ich mir eine Sitcom im Fernsehen ansehen. Er war der Hauptdarsteller – der Gute –, und alles, was er sagte, wurde mit Konservenlachern von Hunderten Zuschauern quittiert, die diesen Mann toll fanden. Er war die Sorte Mensch, die dich dazu bringen konnte, an Lügen glauben zu wollen, die Sorte, bei der du dich dumm und hässlich und zu gehemmt fühlst, um deine eigene Meinung zu äußern, auch wenn du dir noch so sicher bist, dass du recht und er unrecht hat.

Father McNamee starrte Adam lange an – es schien fast, als wäre er in Trance gefallen.

«Wieso gucken Sie mich so an?», sagte Adam. «Was soll das?»

Father McNamee öffnete die Strudel in seinen Augen, und die Strudel begannen zu saugen.

«Okay. Hören Sie auf damit. Sie machen mich kirre.»

Man konnte die Macht spüren.

Ich rechnete schon fast damit, dass Teller und Besteck langsam auf Father McNamee zugleiten würden.

Ich wandte den Blick ab.

«Was ist los mit den beiden?», sagte Adam zu Wendy und leerte sein Weinglas in einem Zug.

Father McNamee starrte Adam weiter in die Augen.

Die Strudel jagten Adam allmählich Angst ein, das merkte man.

Die Strudel saugten die Farbe aus seiner Haut.

Ein riesiger rosa Elefant hatte den Raum ausgefüllt und drückte uns gegen die Wände, sodass das Atmen zunehmend schwerfiel.

«Hören Sie auf, mich anzustarren», sagte Adam zu Father McNamee.

Father McNamee beugte sich vor und starrte weiter.

«Du hast gesagt, der Dicke ist verrückt, aber du hast nichts davon erzählt, dass der Priester auch irre ist», sagte Adam zu Wendy.

Der wütende Mann in meinem Bauch begann, wild und rasend zu toben.

«Ich habe nie, niemals die Worte *verrückt* oder *irre* benutzt!», sagte Wendy zu mir.

«Hören Sie», sagte Adam. «Wieso starren Sie mich an?»

Father McNamee starrte weiter.

«Hören Sie auf, mich anzustarren!», sagte Adam. «Schluss jetzt!»

Father McNamee starrte so angestrengt, dass er anfing, leicht zu zittern.

«Furchtbar», sagte Father McNamee. «Furchtbar, was Ihnen angetan worden sein muss, als Sie ein kleiner Junge waren. Ich habe viele Gewalttäter seelsorgerisch betreut, und sie waren alle auch Gewaltopfer. Man lernt es, und man muss es wieder *verlernen*.»

«Verschwinden Sie aus meinem Haus!», sagte Adam.

«Furchtbar», sagte Father McNamee und legte den Kopf schief. «Sie sind ein gebrochener Mensch.»

Adam sprang von seinem Stuhl hoch und ging um den Tisch herum, als wollte er Father McNamee attackieren, aber Wendy stand auf und legte eine Hand auf Adams Brust. «Schon gut. Sie gehen.»

«Ich will Sie hier nicht mehr sehen!», sagte Adam, mit weit aufgerissenen Augen und vorquellenden Adern.

«Okay», sagte Wendy, die ihm jetzt sanft den Bizeps massierte. «Geh einfach nach oben. Ich sorge dafür, dass sie gehen.»

«Ich schwöre, wenn diese zwei Clowns gleich nicht weg sind, dann –»

«*Ich erledige das.* Du hast Wichtigeres zu tun. Lass mich das regeln. Das ist ein Kinderspiel. Nichts. Kümmer dich nicht weiter drum.»

Adam funkelte uns unbehagliche zehn Sekunden lang an und brüllte dann: «Raus! Raus aus meinem Haus!», und polterte anschließend die Wendeltreppe hoch.

«Sie sollten gehen», sagte Wendy zitternd.

Father McNamee streckte die Hände aus und umschloss ihr Gesicht. Er nahm ihr die Brille ab, und ihr blaues Auge sah noch schlimmer aus als vorher. Die Farben waren stumpfer geworden, aber der Schaden wirkte ausgeprägter und dauerhafter – als hätte er sich für immer in die Haut eingegraben.

«Du willst nicht zurück zu deiner Mutter ziehen, ich weiß. Du denkst, das ist ein Schritt zurück. Ich weiß, sie ist depressiv. Adam bietet dir ein gutes Leben, finanziell. Er bezahlt deine Ausbildung. Er kauft dir hübsche Sachen. Er sieht sogar gut aus. Er wirkt wie ein glänzender Schlüssel zu einem besseren, schönen Leben. Und du denkst, du kannst ihn retten, aber so rettet man Menschen nicht.»

«Ich hab mich beim Softball verletzt», beteuerte Wendy, doch sie weinte jetzt, und ihre Stimme klang wie die eines Kindes.

«Du kannst bei Bartholomew und mir wohnen», sagte Father McNamee. «Komm jetzt mit uns, das wird es leichter für dich machen. Wenn du bleibst, schlägt er dich wieder, sobald wir weg sind. Er kann nicht anders, er ist krank. Und mach dir nichts vor, du bist inzwischen Teil der Krankheit. Du hältst ihn krank, setzt den Teufelskreis fort. Du musst auf der Stelle gehen – für ihn, für dich.»

«Es war ein Softball-Spiel. Third Base. Hab einen Ball aufs Auge gekriegt», sagte Wendy, aber sie blickte jetzt auf ihre Pantoffeln, und ihre Worte waren leise und leicht wie gerupfte Federn.

«Unsere Tür steht dir jederzeit offen, Tag und Nacht», sagte Father McNamee, und dann umarmte er Wendy. «Gehen wir, Bartholomew.»

Wir gingen die Wendeltreppe hinunter.

«Woher wussten Sie, dass er Adam heißt?», sagte Wendy zu mir. Sie hatte sich übers Geländer gebeugt und schaute uns nach, wie wir nach unten gingen. Sie hatte ihre Sonnenbrille wieder aufgesetzt. Ihre wütenden Worte hallten in meinem Kopf wider. *«Woher wussten Sie das?»*

Mir fiel keine richtige Art ein, es ihr zu sagen, deshalb zuckte ich bloß mit den Achseln.

Aber dann musste ich an einen Satz aus *Die Essenz der Lehre Buddhas* denken, dem Buch des Dalai Lama:

«‹Wir sollten uns bemühen, das Wohl anderer so wichtig zu nehmen, dass wir ihr Unglück nicht mehr mit ansehen können.› Das hat der Dalai Lama gesagt. Es ist schwer für mich, Ihre Blutergüsse anzusehen. Deshalb sind wir hergekommen. Mehr kann ich jetzt nicht dazu sagen.»

«Du kannst jederzeit zu uns kommen», rief Father McNamee die Treppe hoch, und dann waren wir draußen.

Auf dem Nachhauseweg sprachen wir kein Wort.

Ich glaube, wir wussten beide, was gerade mit Wendy passierte, während wir gemächlich nebeneinander hergingen, und obwohl wir unser Bestes getan hatten, um sie zu beschützen, konnten wir jetzt nichts mehr tun.

Father McNamee wirkte völlig ausgelaugt, und ich fühlte mich genauso.

Kaum waren wir zu Hause, fiel er auch schon auf die Knie und blieb so, bis es spätabends an der Tür klingelte.

Es war Wendy.

Ihre ganze linke Gesichtshälfte war geschwollen und grün und blau. Auf ihren Zähnen war eine rote Blutschicht. Ihre Körperhaltung war die einer Besiegten.

«Ich bin so dumm. Ich bin so schwach», sagte Wendy mit einer kindlichen Stimme, und ich fühlte mit ihr. Ich wollte ihr den Schmerz nehmen, vor allem weil sie die Dinge sagte, die der kleine wütende Mann in meinem Bauch andauernd sagt, und ich weiß, wie schrecklich es ist, solche Worte in Bezug auf einen selbst zu hören und zu glauben, dass das alles stimmt.

Sie sackte auf unsere Couch und weinte und stöhnte in Father McNamees Armen, während er ihr den Rücken streichelte und ich die Hände rang, bis sie wie verbrüht aussahen.

Als sie sich ausgeweint hatte, deckte Father McNamee sie mit einer Wolldecke zu und flüsterte: «Hier bist du sicher, und du kannst so lange bleiben, wie du willst.»

Wendy schlief in Embryonalhaltung ein.

«Sie braucht Ruhe», flüsterte Father McNamee mir zu, und so folgte ich ihm nach oben.

Er blieb auf dem Flur stehen und reichte mir seinen Flachmann, der silbern war und eine Inschrift hatte.

Mann Gottes

Wir tranken jeder ein paar große Schlucke Whiskey. Ich spürte, wie mir warm im Bauch wurde. Als ich ihm den leeren Flachmann zurückgab, schlug er mir zweimal leicht auf die Wange und lächelte mich an.

«Wir haben heute Abend ein gutes Werk getan», sagte er.

«Ich hab doch gar nichts gemacht.»

«Doch, hast du», sagte Father McNamee mit einem stolzen Ausdruck im Gesicht.

Ich öffnete den Mund, um zu widersprechen, aber es wollten keine Worte herauskommen.

Ich war verwirrt.

«Gute Nacht, Bartholomew», sagte Father McNamee schließlich.

«Gute Nacht», erwiderte ich.

Er ging in Moms Zimmer und schloss die Tür.

Ich hatte sämtliche Sachen von Mom ausrangiert und das meiste davon dem örtlichen Secondhandladen gespendet, aber es war noch immer ihr Zimmer – der Raum, in dem sie viele Jahrzehnte geschlafen hatte –, deshalb fand ich die Vorstellung seltsam, dass unser Priester jetzt dort schlief. Und doch hatte ich das Gefühl, dass Mom damit einverstanden wäre, wenn Father McNamee ihr Bett benutzte, weil er ihr Lieblingspriester gewesen war – ein Mann, den sie für durch und durch gut gehalten hatte.

Ich stand im Flur und fragte mich, ob ich das, was Father McNamee für Wendy getan hatte, auch ein bisschen mir selbst als Verdienst anrechnen konnte. Ich kam zu keiner Entscheidung.

Also ging ich in mein Zimmer und schrieb Ihnen diesen Brief.

Ihr bewundernder Fan
Bartholomew Neil

9

ES GAB TATSÄCHLICH GESETZMÄSSIGKEITEN IM UNIVERSUM

Lieber Mr. Richard Gere,

Wendy stand drei Tage lang nicht von unserer Couch auf, und die ganze Zeit betete Father McNamee in Moms Zimmer, das langsam *sein* Zimmer wird, und das tut meinem Kopf ein bisschen weh.

Ohnehin sind die letzten paar Tage für mich eine verwirrende Zeit gewesen, weil ich nicht recht weiß, ob es mir gefällt, so viele Menschen im Haus meiner Mutter zu haben – vor allem Wendy, die Mom nicht mal mehr kennengelernt hat. Es kam mir langsam so vor, als hätte Mom nie hier gelebt, und das behagt mir ganz und gar nicht.

Aber ich habe versucht, mir in Erinnerung zu rufen, was der Dalai Lama in *Die Essenz der Lehre Buddhas* über Mitgefühl sagt: «Mitgefühl für andere weckt das Bedürfnis in uns, ihrem Leid ein Ende zu machen.»

Wendy litt offensichtlich. Ich möchte, dass mein Herz voller Mitgefühl ist; ich möchte, soweit es mir möglich ist, so sein wie Sie, Richard Gere. Also versuche ich es.

Father McNamee brachte Wendy gebutterten Toast und

Orangensaft, Makkaroni mit Käse überbacken und Kaffee, doch sie rührte nichts davon an und vergrub das Gesicht in den Couchkissen. Spät in der Nacht hörte ich sie zur Toilette gehen und fragte mich, wie sie es den ganzen Tag anhalten konnte. Die Blutergüsse in ihrem Gesicht gingen von Lila in Gelb über. Father McNamee sagte, das würde bedeuten, dass Wendy äußerlich heilte, aber noch nicht innerlich. Er sagte, Wendy würde sich schämen, vor allem weil sie «mit mir die Rollen getauscht» hätte. Ich verstand zuerst nicht, was er meinte, aber ein oder zwei Tage später kam ich drauf. Er meinte wohl, dass ich jetzt derjenige war, der Wendy in einer schwierigen Zeit zur Seite stand, wo doch eigentlich sie mir hatte helfen sollen. Ich kann verstehen, warum sie sich deshalb vielleicht wie eine Versagerin fühlte, und begann, mich zu fragen, ob sie eine kleine Frau im Bauch hatte, die sie anschrie und beschimpfte.

Ich habe versucht, mit Wendy zu sprechen, das heißt mit ihrem zusammengerollten Körper unter der Wolldecke auf der Couch. Zuerst hab ich gesagt, dass mir das alles leidtat. Ich hab gefragt, ob wir Adam anzeigen sollten, und angeboten, mit ihr zur Polizei zu gehen und die ganze Zeit ihre Hand zu halten, während sie zu Protokoll gab, wie oft ihr Freund sie geschlagen hatte – ich hab ihr sogar erzählt, wie schwer es für mich war, ganz allein mit den Leuten vom Krankenhaus und den Sozialarbeitern über den Krakenkrebs zu sprechen, der Moms Gehirn auffraß, wie sehr ich mir jemanden gewünscht hätte, der meine Hand gehalten hätte und an meiner Seite geblieben wäre –, aber Wendy reagierte nicht. Sie sah mich nicht mal an. Dann fragte ich sie, ob sie Lust hätte, mich zu beraten, wie ich mit einer Frau in einer Bar ein Bier trinken gehen könnte, weil ich dachte, sie würde sich vielleicht besser und normaler fühlen, wenn wir unsere ursprünglichen Rollen wieder einnähmen. Aber Wendy hob nicht mal den Kopf. Als Nächstes versuchte ich, mit ihr über das Wetter und aktuelle Ereignisse zu sprechen, über die ich etwas im Internet in der Stadtbibliothek gelesen hatte, aber sie reagierte nicht. Sie drückte weiter den Kopf in die Couchkissen. Deshalb lauschte ich einfach den abgehärteten (oder faulen) Vögeln draußen vor dem Küchenfenster, und ich dachte darüber nach, dass diese kleinen geflügelten Geschöpfe einfach immer weitersingen, ganz egal, wer stirbt oder geschlagen wird oder sich wie ein erbärmlicher Versager fühlt.

Die Vögel sind verlässlich wie die Sonne.

Gestern Abend wollte ich mir einen Film angucken, weil ich das Bedürfnis nach etwas «Kino-Magie» hatte, wie Mom sagte, weil sie und ich immer einen Film guckten, wenn einer von uns traurig war oder wenn auf der Welt irgendwas Schlimmes passiert war. «Kino-Magie ist jetzt genau das Richtige», sagte Mom dann, hielt eine Videokassette hoch und schüttelte sie wie ein Tamburin.

Also suchte ich eine von Moms Lieblingskassetten aus – *Ein Offizier und Gentleman* –, schüttelte sie und sagte: «Kino-Magie!», als ob diese Worte und das Kassettenschütteln Wendy heilen könnten, und gab mir alle Mühe, an die Macht des Glaubens zu glauben. Wendy lag noch immer zusammengerollt da, den Kopf unter Wurfkissen vergraben, ihre übliche Position, also setzte ich mich auf den Boden mit dem Rücken gegen die Couch gelehnt, wie früher, als ich ein Teenager war und Mom auf dem Sofa lag.

Als Father McNamee die Eröffnungssequenz des Films hörte, wo Sie – als Zack Mayo – Ihrem betrunkenen Vater sagen, dass Sie Jetpilot bei der Marine werden wollen, fing mein Expriester an, in der Mikrowelle Popcorn zu machen, was mich erstaunte, weil er fast sieben Stunden am Küchentisch gebetet hatte und ich dachte, er versuchte noch immer, mit Jesus ins Gespräch zu kommen.

Es war ein bisschen surreal, Sie nach unseren vielen Unterhaltungen auf dem Fernsehbildschirm zu sehen – zumal ich mir zum ersten Mal seit Moms Tod wieder einen Ihrer Filme anschaute und ich nie auch nur einen einzigen Ihrer Filme ohne sie geguckt hatte. Ich dachte, es würde mich traurig machen und dass ich Mom vermissen würde, aber als ich Sie diesmal sah, war ich stolz, Sie zu kennen, wenn das irgendeinen Sinn ergibt. Ich hatte *Ein Offizier und Gentleman* schon zigmal gesehen, aber jetzt schaute ich mir den Film zum ersten Mal als Ihr Freund an. Es war eine völlig neue Erfahrung, was in mir die Frage aufwarf, ob Sie, Richard Gere, sich überhaupt mal einfach so einen Film angucken können, weil Sie ja wahrscheinlich inzwischen so gut wie jede Schauspielerin und jeden Schauspieler in Hollywood kennen und immer, wenn Sie sich einen Film anschauen, nicht Fremde sehen, die so tun, als ob, sondern Leute, mit denen Sie gearbeitet und daher Gespräche geführt und wahrscheinlich sogar in einer Bar etwas getrunken haben.

Father McNamee setzte sich neben mich auf den Boden und stellte eine große Schüssel Popcorn zwischen uns. Er trank seinen Whiskey aus einer Kaffeetasse, und ich sagte: «Nein danke», als er mir einen Schluck anbot, weil ich den Film bei vollem Bewusstsein erleben wollte und von Whiskey manchmal müde werde.

Ein paar Körner Popcorn hingen in seinem Bart.

Wir sahen zu, wie Sie zum Piloten ausgebildet werden, Richard Gere, wie Sie Liebe machen, wie Sie Freundschaften schließen, wie Sie Motorrad fahren, wie Sie tanzen, wie Sie so tun, als ob Sie ein rastloser, gestörter Mann sind. Doch als Ihr Geheimversteck mit Schuhen und Koppelschlössern in der abgehängten Decke auffliegt und der wütende Louis Gossett jr. Sie zwingen will, die Ausbildung hinzuschmeißen – indem er Sie unzählige Liegestütze machen lässt, Ihnen mit einem Wasserschlauch ins Gesicht spritzt und Sie dabei auf vielerlei Arten beleidigt, während alle anderen ein freies Wochenende haben –, da sagt der wütende Mr. Gossett jr., wie Sie sich erinnern werden, zu Ihnen: «Ganz tief, in deinem Innersten drin, da weißt du, dass all die anderen Jungs und Mädchen besser sind als du. Ist doch so, Mayo, nicht, ist doch so?»

In dem Moment hatte ich irgendwie das Gefühl, Sie und ich wären uns sehr ähnlich.

Der kleine wütende Mann in meinem Bauch trat und boxte und schrie: *Du Narr! Du bist nicht annähernd wie Film-*

star Richard Gere, auch nicht wie die Figur, die er in dem Film spielt, denn die ist reine Fiktion, die kann gar nicht mit dir identisch sein, du Schwachkopf! Du bist bloß ein dummer Mann, der so tut, als ob er den Unterschied nicht erkennen würde, weil er nichts aus seinem Leben gemacht hat und auch nichts mehr draus machen wird und deshalb die Fiktion der Wirklichkeit vorzieht. Hier ist deine Wirklichkeit: Jeder ist besser als du! Jeder! Du konntest nicht mal deine Mutter am Leben halten, Schwachkopf!, und während der kleine Mann in meinem Bauch trat und boxte und schrie, stellte ich ihn mir plötzlich als meine persönliche Miniausgabe von Louis Gossett jr. vor.

Im Film brüllen Sie: «Nein, Sir! Nein, Sir!», wie Sie bestimmt noch wissen, und ich merkte, dass ich genau das mit Ihnen zusammen gebrüllt hatte, im wirklichen Leben, in Moms Wohnzimmer, denn Father McNamee sah mich an und sagte: «Alles in Ordnung?»

Ich nickte. Ein paar Tränen liefen mir über die Wange, ehe ich sie wegwischen konnte, und dann sahen wir zu, wie der wütende Louis Gossett jr. Sie zwingen will, die Ausbildung hinzuschmeißen, Sie zu Liegestützen verdonnert und Sie schließlich so weit bringt, dass Sie schreien: «Ich kann sonst nirgendwo hingehen. Ich hab sonst nichts anderes!»

Ich weiß noch, dass Mom immer weinte, wenn Sie das sagten, und vielleicht weinte sie ja deshalb, weil sie so viele Jahre lang nichts anderes hatte als ihr Haus und mich. Sie wollte immer mehr. Sie wollte, dass ihr Märchen wahr wurde, doch stattdessen bekam sie Hirnkrebs, obwohl sie eine gute Frau war, die nie etwas Unrechtes getan oder irgendwem Schaden zugefügt hatte, niemals.

Father McNamee und ich saßen da, bis der Film zu Ende war – bloß dass ich auf den Bildschirm starrte, ohne die Bilder und Töne in meinen Kopf dringen zu lassen.

Ich hatte mich irgendwie tief in eine dunkle Ecke im Innern meines Schädels zurückgezogen, in den staubigen, selten betretenen Dachboden meines Geistes, und ich dachte an Mom. Dass sie nicht mehr hier bei mir war. Wo sie wohl sein mochte – wie es wirklich im Himmel war.

Sie fehlt mir.

Sie fehlt mir *sehr*.

Und obwohl ich weiß, dass es egoistisch ist, wünschte ich, sie wäre jetzt bei mir, statt Wendy und Father McNamee, und würde mit mir zusammen den Film gucken, mich sogar oben am Kopf kraulen. Ich wünschte, es hätte sich nichts verändert. Ich wünschte, das Leben wäre fair. Von diesen Gedanken wurde dem wütenden Mann in meinem Bauch schwindelig und speiübel.

«Bartholomew?», sagte Father McNamee und versetzte meinem Arm einen kleinen Stoß.

Ich sah ihn an; er blickte besorgt.

«Geht's dir gut?»

Ich nickte.

Ich schaute über die Schulter zu Wendy, und ihr Kopf war noch immer unter den Kissen vergraben.

«Ich bin müde», sagte ich.

«Dann solltest du vielleicht ins Bett gehen?»

Ich wollte Father McNamee fragen, ob wir mehr tun sollten, um Wendy zu helfen, ob es falsch von mir war zu wünschen, meine Mutter wäre noch hier bei mir und nicht im Himmel, was wir als Nächstes tun würden und was ich mit dem Rest meines Lebens anfangen sollte, aber ich wusste, er würde sagen, dass sich das alles in Gottes Zeit erweisen würde und nicht in unserer Zeit – dass wir einfach abwarten sollten, dass wir geduldig sein mussten. Oder, und das wäre noch schlimmer, er würde sagen, dass er kein Priester mehr war und Gott nicht mehr zu ihm sprach. Da ich also schon wusste, was mein geistlicher Berater im Kern sagen würde, fand ich es sinnlos, die Fragen zu stellen.

Deshalb ging ich nach oben in mein Zimmer, schaltete das Licht aus, ließ mein Bewusstsein ziehen und schwebte rasch davon in die andere Welt.

Ich träumte wieder von meiner Mutter, sie kam zu mir und setzte sich auf meine Bettkante.

«Mom!», sagte ich im Traum und versuchte sofort, sie zu umarmen, aber sie war geisterhaft, und meine Arme griffen glatt durch ihren Körper hindurch.

«Können wir reden?»

Sie lächelte und nickte.

Mom sah so aus, wie sie am Ende ausgesehen hatte, obwohl sie Haare und keine Operationsnarben hatte.

Sie war sie selbst – wie sie gewesen war, bevor der Krakenkrebs sie verändert hatte.

«Was soll ich mit dem Rest meines Lebens anfangen?»

Mom zuckte die Achseln.

«Ich weiß nicht mal, was ich will. Ich habe es nie gewusst, geschweige denn, wie ich es erreiche. Ich weiß eigentlich gar nichts!»

Wir sahen einander ein paar Augenblicke lang an.

Als klar war, dass sie nicht antworten würde, sagte ich: «Ich habe gern mit dir zusammengelebt, Mom. Sehr gern. Du fehlst mir. Ich fühl mich so verloren.»

Doch dann begann sie zu verblassen.

«Wo gehst du hin?», schrie ich. «Verlass mich nicht!»

Sie lächelte noch ein letztes Mal, ehe sie flimmernd verschwand, und ich wachte schweißgebadet davon auf, dass jemand ein *Schhhh*-Geräusch an meinem Ohr machte.

Mein Herz begann zu rasen, weil ich dachte, Mom wäre vielleicht wirklich zurückgekommen oder dass ich ihren Krebstod nur geträumt hatte und jetzt in der Zeit aufwachte, bevor sie starb, aber ich konnte nichts sehen, weil das Licht aus und das Rouleau zugezogen war.

«Wer ist da?», sagte ich schließlich.

«Ich kann sonst nirgends hin», sagte eine Frau durch die Dunkelheit, was eine Abwandlung Ihres denkwürdigsten Satzes in *Ein Offizier und Gentleman* ist. Aber es war nicht Mom, das erkannte ich am Geruch der Frau – einem zarten Hauch von Aprikose, Zitrone und Ingwer, der aus ihrer Kleidung drang.

Nach einigen Augenblicken sagte ich: «Wendy?»

Ich konnte sie im Dunkeln atmen hören.

«Halten Sie mich für eine Versagerin?», sagte sie.

Ich versuchte, Wendys Gesicht auszumachen, doch meine Augen wollten sich nicht fokussieren. Schließlich sagte ich: «Was?

«Halten-Sie-mich-für-eine-Versagerin?»

«Nein.»

«Doch, tun Sie wohl.»

«Wieso sollte ich?»

«Weil ich Menschen helfen soll, ein gesundes Leben zu führen, und trotzdem lasse ich mich körperlich und seelisch von einem Mann misshandeln, weil er Geld, Macht und Einfluss hat.»

«Sie haben vielleicht bloß versucht, Ihren Schwarm zu finden», sagte ich, weil mir einfiel, wie gern sie darüber sprach. «Vielleicht sind Sie einfach an einen schlechten Vogel geraten.»

«Ein schlechter Vogel», wiederholte sie und lachte dann. «Wieso hab ich das gemacht – wenn auch unabsichtlich –, Bartholomew? Überlegen Sie doch mal.»

«Keine Ahnung. Vielleicht weil er gut aussieht und reich ist und souverän wirkt? Vielleicht haben Sie sich was vorgemacht?»

Sie lachte auf so eine sehr leise Art durch die Dunkelheit – was mich beunruhigte.

«Ich würde meine Ausbildung abbrechen müssen, wenn ich Adam verlasse. Das ist die harte, simple Wahrheit. Und wenn ich meine Ausbildung abbreche, sieht meine Zukunft düster aus. Das ist statistisch bewiesen.»

«Wieso müssten Sie Ihre Ausbildung abbrechen?»

«Er zahlt meine Studiengebühren. Bietet mir Verpflegung und Unterkunft und ... alles, was ich brauche.»

«Vielleicht kann auch jemand anders Ihnen das alles bieten?», sagte ich.

«Ich denke nicht.»

«Sie könnten sich einen Job suchen.»

Sie lachte wieder auf eine Art, die mir das Gefühl gab, gleichzeitig recht und unrecht zu haben.

«Wir möchten nicht, dass Sie von ihm misshandelt werden», sagte ich.

«Sie möchten, dass niemand misshandelt wird, nicht wahr?»

«Ja, stimmt.»

«Und doch wird es immer und ewig Menschen geben, die misshandelt werden. Misshandlungen gibt es seit Anbeginn der Zeit – und es wird sie immer geben, egal, ob Ihnen das was ausmacht oder nicht. Sie verstecken sich im Haus Ihrer Mutter und der Stadtbibliothek, damit Sie sich um nichts und niemanden kümmern müssen. Sie spielen das Spiel nicht mal mit. Sie machen es sich schön einfach.»

Wendys Stimme klang jetzt kalt.

«Ich versuche, jedem zu helfen, den ich kenne», sagte ich. «Ich kann nicht jeden kennen. Sie haben recht. Ich habe Grenzen. Aber ich kenne Sie. Und ich will Ihnen helfen. Ehrlich.»

Langes Schweigen entstand.

«Warum?», sagte Wendy.

«Warum was?»

«Warum liegt Ihnen was an mir? Warum wollen Sie mir helfen? Im Ernst. Ich möchte das wissen. Hat das was mit Ihrem Glauben zu tun?»

«Weil Sie ein richtig netter Mensch sind. Sie haben versucht –»

«Ich bin *kein* netter Mensch.»

«Sind Sie wohl.»

Wendy lachte, und es fühlte sich an, als würde mir ein vereister Schneeball ins Gesicht klatschen. «Es war gelogen, dass ich nicht so tolle Noten in der praktischen Ausbildung habe; das hab ich bloß gesagt, damit Sie zu Arnie in die Gruppentherapie gehen. In Wahrheit bin ich die Beste in meinem Kurs. Ich habe Sie zu Arnie geschickt, damit ich nicht mehr mit Ihnen arbeiten muss.»

Ha! Hab ich's doch gesagt, Volltrottel des Jahrhunderts!, schrie der kleine wütende Mann, und mir wurde schlecht.

«Sie haben mich angelogen. Warum?», sagte ich zu Wendy.

«Weil ich kein sehr netter Mensch bin.»

Der kleine Mann in meinem Bauch zog einen Teil meiner Innereien in seinen Mund und fing an, mit seinen scharfen Zähnen darauf herumzukauen, während er seine krallenartigen Zehennägel in meine restlichen Eingeweide grub.

«Warum wollen Sie nicht mit mir arbeiten? *Warum?* Ich muss die Antwort wissen. Ich möchte sie aus Ihrem Mund hören.»

Wendy erwiderte nichts, aber der kleine Mann in meinem Bauch hörte kurz auf zu kauen und sagte: *Weil du ein Idiot bist. Ein Mann, der nur von seiner Mutter geliebt wird, die jetzt tot ist. Ein Schwachkopf! Eine Ansammlung von Atomen, die im Universum recycelt werden sollten. Der letzte Dreck.*

Ich spürte, dass sie sich zu mir beugte, wurde für einen Sekundenbruchteil von ihrem Atem gewärmt, und dann berührten ihre Lippen meine linke Wange und ihre Hand meine rechte.

«Sie sind ein besserer Mensch als ich», flüsterte sie mir ins Ohr. «Und ich hasse Sie dafür.»

Sie ging aus dem Zimmer, und ich spürte noch immer die Wärme ihrer Hand und ihrer Lippen an meinem Gesicht – ihre Worte brannten mir noch stundenlang in den Ohren, während ich auf dem Rücken lag und in die Dunkelheit schaute.

Aus irgendeinem Grund musste ich daran zurückdenken, wie ich von Tara Wilson zuerst reingelegt und dann frühmorgens aus dem Keller der Highschool gerettet worden war; dass sie danach nie wieder mit mir gesprochen hatte. Jedes Mal, wenn wir im Flur aneinander vorbeigingen, tat sie so, als ob sie eine böse und gleichgültige Fremde wäre. Irgendwie wusste ich, dass das Gleiche mit Wendy passieren würde. Die Geschichte wiederholte sich. Es gab tatsächlich Gesetzmäßigkeiten im Universum.

Bei Sonnenaufgang ging ich nach unten, und Wendy war fort.

Sie hatte einen Brief hinterlassen:

Ich werde die Sache mit Adam klären. Bitte mischen Sie sich nicht ein. Ich erkläre hiermit meine Arbeit als Bartholomews Trauerbegleiterin für beendet. Arnie wird ihn kostenlos behandeln, falls Bartholomew seine Therapie fortsetzen möchte, weil Arnies Arbeit finanziell gefördert wird und Bartholomew die passende Testperson ist. Ich möchte keinen von Ihnen je wiedersehen. Bitte respektieren Sie meinen Wunsch.

Wendy

Father McNamee las den Brief und stürmte aus dem Haus, ohne sich auch nur die Jacke zuzuknöpfen. Ich folgte ihm; ich hatte Mühe, Schritt zu halten, weil er so schnell ging.

Ich fragte mich die ganze Zeit, was Wendy mit «Testperson» gemeint hatte und warum ich «passend» war. Das klang nicht gut, fand ich, aber ich wusste, dass jetzt kein guter Zeitpunkt war, um Father McNamee danach zu fragen, weil sein Gesicht gerötet war und er schwer atmete, wie immer, wenn er extrem aufgewühlt war.

Wir klingelten bei Wendys Mutter, aber Wendy war nicht bei ihr gewesen. Father McNamee erklärte die Situation – dass wir versucht hatten, Wendy zu helfen, sie aber mitten in der Nacht gegangen war –, und Edna begann zu weinen.

«Ich war nie eine gute Mutter», sagte sie.

«Beten Sie», sagte Father McNamee. «Beten Sie. Glauben Sie. Hoffen Sie.»

Dann neigte Father McNamee den Kopf und sprach ein stilles Gebet, ehe er das Kreuzzeichen machte, sich umdrehte und ging.

(Ich fragte mich, ob er das instinktiv getan, es vorgespielt hatte, oder ob er und Jesus sich wieder vertragen hatten.)

«Father McNamee?», rief die Frau hinter ihm her. «Warten Sie! *Bitte!* Ich weiß nicht, was ich machen soll!»

Ich stand da auf dem Bürgersteig und wollte die Frau trösten, wusste aber nicht, wie.

«Was soll ich machen?», schrie sie.

Es war offensichtlich, dass Father McNamee nicht umkehren würde, also trabte ich hinter ihm her.

«Edna ist sehr durcheinander», sagte ich.

Er antwortete nicht.

Nach ein paar Blocks merkte ich, dass wir auf dem Weg zu Adams Haus waren. Ich hatte noch immer Mühe, mit Father McNamee Schritt zu halten, der jetzt heftig schwitzte und laut atmete.

Als wir ankamen, trommelte Father McNamee mit der Faust gegen die Tür, drückte den Klingelknopf und brüllte: «Aufmachen!»

«Wendy will nicht mit Ihnen reden», sagte Adam durch die Sprechanlage.

«Sie ist noch jung, Sie Dreckskerl!», schrie Father McNamee in das graue, lautsprecherähnliche Quadrat. «Sie ist halb so alt wie Sie!»

«Sie müssen gehen. Wendy will bei mir sein. Sie hat sich

entschieden. Und ich rufe die Polizei, wenn Sie nicht auf der Stelle verschwinden.»

«*Wendy!*», brüllte Father McNamee so laut in die Sprechanlage, dass ich Angst bekam. «Er ist es nicht wert! Lauf weg, solange du noch kannst, bevor dieses Vieh das Beste in dir totprügelt und –»

«Ich rufe jetzt die Polizei», sagte Adam. «Sollten Sie noch da sein, wenn sie kommt, zeige ich Sie wegen der Blutergüsse an, mit denen Wendy aus Ihrer Obhut zurückgekommen ist.»

«*Wendy!*», kreischte Father McNamee.

Leute auf der Straße waren stehen geblieben, und ich konnte ihre Blicke auf uns spüren. Ein Mann hatte angefangen, uns mit seinem Handy zu filmen. Ich fragte mich, ob er Father McNamees Wut ins Internet posten würde.

Alles ging zu schnell.

Die Polizei würde gleich kommen.

Der kleine Mann hackte sich mit einem Eispickel durch meine Eingeweide.

Adam war wesentlich glaubwürdiger als Father McNamee und ich. Man musste ihn nur ansehen. Und er war noch dazu Arzt. Wendy würde seine Geschichte bestätigen, weil sie sein Geld für ihre Ausbildung brauchte. Die Cops würden ihm seine Version garantiert abnehmen. Das wusste ich. Und die Wahrheit jagte mir Angst ein.

«Wir müssen hier weg», sagte ich zu Father McNamee. «Wir müssen sofort verschwinden.»

Er sah mich an, und seine Augen waren keine Strudel

mehr, die alles um uns herum einsaugten – die Pupillen waren kleiner als zwei winzige schwarze Schneeflocken. Es sah aus, als ob er kurz davor war, blind zu werden.

Sein Finger rutschte vom Klingelknopf.

Ich blickte hoch und sah Wendy oben am Fenster. Unsere Blicke trafen sich, ehe sie sich abwandte. Sie sah genauso verängstigt aus, wie ich es war.

«So sollte es nicht sein», sagte Father McNamee, aber es war, als würde er mit sich selbst sprechen – als würde er durch mich hindurchsehen. «Was ist los?»

«Wir müssen gehen», sagte ich und zog ihn dann am Arm weg.

Father McNamee ließ sich von mir führen – es war, als wäre er ein ängstlicher kleiner Junge und ich der Vater.

Aus irgendeinem Grund hatte ich plötzlich ein Déjà-vu-Gefühl – als hätte ich das alles schon einmal erlebt.

Nachdem wir sechs oder sieben Blocks gegangen waren, holte er seinen Flachmann hervor und schüttete den Inhalt, gleich dort an der Straßenecke, gierig in sich hinein, bis sich dünne goldene Bäche aus seinen Mundwinkeln ergossen.

Father McNamee zerfiel zusehends.

Ich dachte daran, was Father Hachette über bipolare Störung gesagt hatte.

Und dann fiel mir etwas ein: Wenn ich deprimiert bin, gehe ich immer zum alten Wasserwerk hinter dem Kunstmuseum und schaue zu, wie der Fluss vorbeifließt. Das hilft.

Ich hatte etwas Geld in der Tasche, deshalb hielt ich ein Taxi an, bugsierte Father McNamee hinein, zog Father

McNamee heraus, und wir schauten lange zu, wie der Fluss vorbeifloss, starrten einfach aufs Wasser und horchten dem Rauschen.

Gegen Mittag brach ich das Schweigen und sagte: «Father, geht es Ihnen gut? Ich mache mir Sorgen.»

«Hat Gott zu dir über Wendy gesprochen?»

«Nein», sagte ich, und das stimmte. Ich hielt nach Ihnen Ausschau, Richard Gere, aber Sie waren nirgends zu sehen.

Father McNamee spähte in die Sonne und sagte: «Vielleicht war Wendy doch nicht Teil des Plans. Was glaubst du?»

«Was für ein Plan?», fragte ich.

«Gottes Plan. Für dich. Für uns. Für jetzt. Was mit dem Tod deiner Mutter begann. Das hier. Der Kreislauf, in dem wir gerade feststecken. Die Tangente, die uns weg von der Vergangenheit und ins Jetzt geführt hat.»

Ich wusste nicht, was ich sagen sollte.

«Glaubst du, Er hat einen Plan für uns alle, Bartholomew?», fragte er.

Mom sagte immer, Gott hätte einen Plan für jeden, aber ich erwiderte nichts, weil mir nicht ganz wohl dabei war, Father McNamees Fragen zu Gott zu beantworten.

«Was hörst du, Bartholomew?» Father McNamee legte eine Hand hinters Ohr und neigte den Kopf. «Jetzt im Augenblick. Lausche. Hörst du irgendwas? Was hörst du?»

«Den Fluss fließen?», sagte ich blinzelnd.

Er hob das Ohr ein wenig höher und sagte dann: «Der Fluss. Was sagt das Rauschen?»

Ich zuckte die Achseln.

«Könnte das unser brennender Dornbusch sein, Bartholomew?»

Ich wusste noch immer nicht, was ich sagen sollte.

Wir lauschten eine Stunde lang, hörten aber nur das unaufhörliche Rauschen des Flusses.

Ich hatte das Gefühl, Father McNamee erwartete von mir, dass ich irgendetwas Tiefschürfendes sagte, und die ganze Zeit über beschimpfte der kleine Mann in meinem Bauch mich als Schwachkopf und sagte, ich solle bloß meine große Klappe halten. Ich steckte irgendwo in der Mitte zwischen Father McNamees Hoffnungen und den Zweifeln des kleinen Mannes fest.

«Wir sind verloren», sagte Father McNamee schließlich und ging dann los.

Ich folgte ihm stundenlang schweigend, und als wir zu Hause ankamen, war Abendessenszeit, aber keiner von uns ging in die Küche.

Father McNamee fiel im Wohnzimmer auf die Knie, noch in seiner Jacke. Er faltete die Hände und senkte den Kopf, aber dann sagte er: «Was soll das bringen?», stieg die Treppe hoch und schloss sich in Moms Schlafzimmer ein.

Ich ging in mein Zimmer und schrieb Ihnen diesen Brief. Ich hoffte noch immer, Sie würden mir wieder erscheinen, damit wir reden könnten, aber Sie taten es nicht.

Ihr bewundernder Fan
Bartholomew Neil

10

DU KENNST DOCH DIE THEORIE DEINER MUTTER, NICHT?

Lieber Mr. Richard Gere,

ist Ihnen eigentlich klar, dass Tibets Probleme mit China in dem Jahr eskalierten, in dem Sie geboren wurden?

1949.

Genau das Jahr, in dem Sie – Richard Gere, Freund des Dalai Lama und Verteidiger Tibets – geboren wurden.

Das Jahr, in dem China ein kommunistisches Land wurde; kurz danach marschierten die Chinesen in Tibet ein, vielleicht als Sie gerade Ihre ersten Worte sprachen.

Wie deuten Sie diese Tatsache?

Zufall?

Synchronizität?

Was würde C. G. Jung dazu sagen?

Glauben Sie an Vorsehung?

Oder dass das Universum einen Rhythmus hat?

Das müssen Sie, wenn Sie an den Dalai Lama glauben, der reinkarniert wurde und dazu berufen ist, ein spiritueller Lehrer zu sein!

Zwei völlig unzusammenhängende Ereignisse – Ihre Geburt und Chinas Übergang zum Kommunismus –, von denen niemand hätte ahnen können, dass sie einmal auf sehr bedeutsame und vielleicht sogar vom Schicksal bestimmte Weise miteinander verknüpft werden sollten.

Was hat der Dalai Lama dazu zu sagen?, frage ich mich.

Haben Sie ihn je gefragt?

Bevor sie krank wurde, sagte Mom oft: «Immer wenn etwas Schlechtes passiert, passiert auch etwas Gutes – und das sorgt auf der Welt für Harmonie.»

Immer wenn wir zu viel Gutes erlebten, sagte Mom: «Mir tun die leid, die jetzt zum Ausgleich dafür arm dran sind», weil sie glaubte, unser Gutes bedeutete, dass jemand anderes irgendwo auf der Welt etwas Schlechtes erlebte. Es deprimierte sie regelrecht, wenn wir mal sehr großes Glück hatten. Mom konnte den Gedanken nicht ertragen, dass andere leiden mussten, damit wir das Leben genießen konnten.

Glauben Sie das?

Dass jemand nur gewinnen kann, wenn ein anderer verliert, und jemand nur reich werden kann, wenn viele andere arm bleiben, und jemand nur als heller Kopf betrachtet werden kann, wenn noch viel mehr Leute als durchschnittlich oder unterdurchschnittlich intelligent betrachtet werden, und jemand nur für extrem schön gehalten werden kann, wenn es auch eine Fülle von normal aussehenden Leuten und extrem hässlichen Leuten gibt? Gut ist nicht ohne schlecht zu haben, schnell nicht ohne langsam, heiß nicht ohne kalt, oben nicht ohne unten, hell nicht ohne dunkel, rund nicht ohne eckig, Leben nicht ohne Tod – und somit ist Glück nicht ohne Unglück zu haben.

Vielleicht ist Tibet nicht ohne China zu haben?

Bartholomew Neil nicht ohne Richard Gere?

Mom sagte oft, wenn uns irgendetwas Schlechtes passierte, sie sei dankbar dafür, weil das bedeutete, dass jemand anderes etwas Gutes erlebte.

Wie damals, als sie ihr Portemonnaie mit dem Geld für eine Woche Lebensmittel verloren hatte und es noch ein paar Tage bis zur nächsten Rente waren. Sie sagte: «Tja, da werden wir diese Woche wohl ein bisschen hungern müssen, Bartholomew, aber derjenige, der mein Portemonnaie findet, wird gut essen. Vielleicht braucht er das Geld dringender als wir. Vielleicht findet die Mutter eines unterernährten Kindes unser Geld, und das Kind kriegt diese Woche frisches Obst zu essen. Wer weiß?»

Oder wie damals, als Mom und ich zur Feier ihres sechzigsten Geburtstags in ein Fischrestaurant gingen. Sie liebte in Ingwer gegarte Butterkrebse über alles, und immer bei besonderen Anlässen gönnten wir uns so richtig was – zum Beispiel eben bei runden Geburtstagen –, machten einen drauf, warfen uns in Schale, aßen in einem teuren Restaurant, benutzten sogar unsere Notfallkreditkarte, was wir nur ganz selten taten, weil wir es uns eigentlich nicht leisten konnten und Mom immer sagte, die Zinsen könnten uns unser Haus kosten, wenn wir nicht aufpassten. Doch während wir beim Essen waren, einen Abend lang so taten, als ob wir reich wären, und in einem Restaurant tafelten, das in einem altmodischen Schiff am Ufer des Delaware River untergebracht war, während wir so taten, als ob wir ein großartiges und wunderbares und feudales Leben führen würden, als ob wir reiche, wichtige Leute wären, die, ohne groß nachzudenken, bei Kellnern Essen bestellen konnten, das vom Grund des Meeres heraufgeholt worden war, brach eine Bande bedrohlicher, verwahrloster Jugendlicher in unser Haus ein. Sie sprühten mit Farbdosen widerliche Sprüche und pornographische Bilder an unsere Wände. Sie verstopften sämtliche Abflüsse und drehten die Hähne auf, sodass das Wasser überlief. Und sie zerschlugen alles, was wir an Spiegeln, Geschirr und Gläsern besaßen. Spritzten Senf und Ketchup über die Couch. Schütteten Milch auf die Teppiche. Schmissen Aufschnitt an die Decke, sodass sie mit Mortadella und Schinken und Salami übersät war und alles später auf uns runterregnete. Warfen unsere Kruzifixe in die Toilette und pinkelten auf unseren Herrn und Erlöser.

Es ergab keinen Sinn.

Es war pervers.

Ekelerregend.

Abscheulich.

Jenseits aller Vorstellungskraft.

Warum?

Ich weiß noch, wie wir vom Restaurant nach Hause kamen und sahen, dass der Holzrahmen der Haustür am Rand zersplittert war, die Tür einen Spalt aufstand. Wir wussten gleich, dass etwas Schreckliches passiert war.

Es war, als würde man an sich selbst herabschauen und ein gähnendes Loch an der Stelle sehen, wo einmal der Bauch war, und feststellen, dass auch die Beine nicht mehr da sind – als hätten Mom und ich jeder eine scharfe Handgranate geschluckt.

Als wir den Schaden sahen, seufzte Mom bloß und rief die Polizei an, aber die kam nicht sofort, und als Stunden später Beamte eintrafen, stellten sie bloß ein paar allgemeine Fragen, bevor sie sagten: «Wir nehmen Ihre Anzeige zu den Akten.» Father McNamee war dagegen innerhalb von Minuten da, nachdem Mom ihn angerufen hatte, bewaffnet mit einem Telefonbuch und mehreren Flaschen Wein. Er mobilisierte ein Dutzend Gemeindemitglieder, und eine Aufräumparty begann. Das Wasser wurde aufgewischt, die Scherben zusammengefegt, die Bettwäsche gewaschen und die Betten desinfiziert, und die Wände wurden sogar frisch gestrichen, mit Farben und Pinseln, die jemand wie durch ein Wunder in unserem Keller gefunden hatte. Father McNamee wusch unsere Kruzifixe in heiligem Wasser und sagte, während er mit einem Q-Tip den Zwischenraum zwischen Jesu Rückgrat und dem Kreuz säuberte: «Herr, ich hoffe, du bekommst gern den Rücken gekratzt!» Ich weiß noch, dass die Männer und Frauen aus der Gemeinde die Nacht durcharbeiteten und die ganze Zeit Wein tranken, plauderten, ja sogar sangen.

Es machte fast Spaß.

Als die Sonne aufging, machte Mom für alle Frühstück, und eine Nachbarin brachte Teller, weil wir ja keine mehr hatten. Ehe wir aßen, fassten wir uns alle im Kreis an den Händen, und Father McNamee sprach ein Gebet, in dem er Gott für die Chance dankte, beweisen zu können, dass es auch gute Menschen gibt, die füreinander da sind, unabhängig vom Ausmaß der Tragödie, und er bat ihn, diese Nacht in unser Gedächtnis einzubrennen, und dann frühstückten wir wie eine Familie.

Mom und ich hatten noch nie so viele Leute auf einmal zu Besuch gehabt.

Als alle gegangen waren, sagte Mom: «War das nicht eine schöne Geburtstagsparty?»

«Woher sollen wir wissen, dass das nicht noch einmal passiert?», fragte ich.

«Hat es dir nicht gefallen, Bartholomew? Ich hätte gern noch einmal so eine Party. Ich fand's schön, mit all den Leuten meinen sechzigsten Geburtstag zu feiern.»

«Woher sollen wir wissen, dass nicht noch einmal grässliche Schlägertypen bei uns einbrechen?», wiederholte ich.

«Das können wir doch gar nicht wissen», sagte Mom, fast so, als hätte sie nichts dagegen, wenn es noch einmal passierte – als würde sie es sich vielleicht sogar *wünschen*. «Wir wissen nichts. Aber wir können wählen, wie wir reagieren, wenn uns etwas Bestimmtes widerfährt. Wir haben immer eine Wahl. Merk dir das!»

Ich erinnere mich, dass ich Angst hatte – als ob ich nicht sein könnte wie Mom und es auch nie sein würde. Dass ich vielleicht ein suboptimales menschliches Wesen war. Weil es mir schwerfiel, das, was uns passiert war, zu feiern. Ich glaubte nicht unbedingt, dass die Aufräumparty das Gewaltvergehen wettmachte, das wir hatten erleiden müssen.

«Was sage ich dir immer wieder, seit du ein kleiner Junge warst? Immer wenn uns etwas Schlechtes widerfährt», sagte Mom, als sie mich in mein frisch bezogenes Bett brachte, weil sie meinte, ich bräuchte dringend Schlaf, nachdem ich die ganze Nacht auf gewesen war, «passiert etwas Gutes – häufig jemand anderem. Und das ist das Glück des Augenblicks. Wir müssen daran glauben. Wir müssen. Wir müssen. Wir müssen.»

Sie gab mir einen Kuss auf die Nase, zog das Rouleau herunter und schloss die Tür hinter sich.

Ich konnte riechen, wie die Farbe trocknete, und ich konnte nicht schlafen, weil ich immerzu daran denken musste, wie irgendwelche Leute in mein Zimmer eindrangen und es verwüsteten.

Wieso machte jemand so was?

Wieso ließ Mom das so unberührt?

Würde es wieder passieren, obwohl Father McNamee versprochen hatte, eine neue Tür mit einem solideren Schloss einzubauen?

War es irgendwie meine Schuld – so, als hätte ich es vielleicht verdient, dass mein Zuhause geschändet wurde, weil ich Mitte zwanzig war und noch immer nichts in meinem Leben zustande gebracht hatte, außer mit Mom zusammenzuleben? Wenn ich einen Job hätte, würden wir vielleicht in einer besseren Gegend wohnen. Wenn ich ein normaler

Mensch wäre, würde ich vielleicht nicht negative Energie und Pech anziehen.

Solche Sachen passieren bloß Schwachköpfen!, schrie der kleine Mann in meinem Bauch. *Natürlich ist es deine Schuld! Gescheitere Männer haben nicht solche Probleme!*

Aber dann beschloss ich, Moms Rat zu befolgen, und dachte an all die schlimmen Sachen, die an dem Abend passiert waren, und gliederte sie in individuelle Handlungen auf.

1. Jemand nahm unser Haus ins Visier.
2. Jemand schlug einen bestimmten Ablauf vor.
3. Die Tür wurde eingetreten.
4. Dutzende vulgäre Schimpfwörter wurden wahllos auf die Wände gesprüht (jedes einzelne zählte als individuelle schlimme Sache).
5. Über hundert Teile Porzellan und Glas und Spiegel wurden zerschmettert (jedes einzelne zählte).
6. Dutzende Male wurden andere Örtlichkeiten als die Toilette als Toilette benutzt (jedes einzelne Mal zählte).
7. Milch und Gewürze und Aufschnitt wurden verschwendet (jede Packung und jedes Gramm zählte).
8. Ich bin sicher, die Eindringlinge fluchten während obiger Handlungen (jeder Fluch zählte).
9. Sie missbrauchten den Fußboden als Aschenbecher und ließen im ganzen Haus Bierflaschen stehen (jedes Bier und jede Zigarette zählte).

10. Auf Jesus zu pinkeln, musste als mehrere schlimme Handlungen zählen, vielleicht eine pro Milliliter Urin? (Außerdem: Zählte das vielleicht auch als unzüchtige Entblößung?)

Als ich die Zahl der einzelnen bösen Handlungen abschätzte, die die Leute in unserem Haus verübt hatten, überstieg die Summe locker zweihundert, und wenn Mom mit ihrer Theorie richtiglag, so bedeutete das vielleicht, dass Fremden auf der ganzen Welt über zweihundert gute Sachen passiert waren oder bald passieren würden oder sich ein paar unglaublich tolle Glücksfälle (kostbarer als zahlreiche schlimme Sachen) ereignet hatten oder sich irgendwann ereignen würden, um die vielen schrecklichen Ereignisse auszugleichen, die uns widerfahren waren.

Und ich überlegte, was das für gute Sachen sein könnten: Vielleicht würde ein krankes Mädchen in Zimbabwe eine gespendete Medizin bekommen, kurz bevor es in ein tödliches Koma gefallen wäre; vielleicht würde ein Bettler in San Francisco in einer Mülltonne hinter einem Fünf-Sterne-Restaurant ein noch warmes Steak finden und es bei Vollmond verspeisen; vielleicht würde eine junge Frau in Tokyo der Liebe ihres Lebens begegnen, weil sie beim Joggen die Augen geschlossen hat und vor sich hinsummt und so gegen die Fahrertür eines langsam dahinrollenden Autos stößt, und ihr zukünftiger Seelengefährte sitzt am Steuer und lädt sie aus schlechtem Gewissen wegen des Vorfalls auf einen Kaffee ein; vielleicht würde einem

Grundschüler in Paris plötzlich die mathematische Formel einfallen, sodass er drum herumkommt, wegen einer schlechten Note zu Hausarrest verdonnert zu werden; vielleicht würde eine Russin in einem sibirischen Gefängnis daran denken, wie ihre gütige Großmutter immer mit ihr Schlitten fuhr, und noch einmal davon absehen, einer anderen Insassin eine Gabel in die Halsader zu stoßen; vielleicht würde ein Mann in Argentinien seine Autoschlüssel, die er beim Sonnenbaden auf einer Wiese verlor, wiederfinden und seinen Sohn noch rechtzeitig vom Fußballtraining abholen können, ehe ein potenzieller Kidnapper, der auf dem Platz nach unbeaufsichtigten Kindern sucht, auf den Kleinen aufmerksam wird; vielleicht würde ein gigantischer Asteroid, der auf die Erde zusteuert, durch einen explodierenden Stern vom Kurs abgelenkt, sodass er die Menschheit heute in siebentausend Jahren nicht mehr auslöschen kann …

Ich weiß nicht mehr, ob das genau die Beispiele waren, die mir einfielen, als ich Mitte zwanzig war, aber Sie können sich ungefähr ein Bild machen – und während ich im Bett saß und an die vielen guten Sachen dachte, die überall auf der Welt passieren mussten, um die schrecklichen, schlimmen Sachen, die Mom und mir widerfahren waren, auszugleichen, begriff ich auf einmal, warum Mom an das Glück des Augenblicks glaubte. Wenn man daran glaubte – oder vielleicht auch nur so tat, als ob –, nahm man das, was passiert war, nicht mehr als so schlimm wahr, egal, ob man damit richtiglag oder nicht.

Und was ist die Wirklichkeit anderes als die Art und Weise, wie wir sie wahrnehmen?

Was sonst spielt letztlich eine Rolle, wenn wir allein mit unseren Gedanken im Bett liegen?

Und trifft es statistisch gesehen nicht zu – ob wir nun an Glücksfälle glauben oder nicht –, dass Gutes und Schlechtes auf der ganzen Welt gleichzeitig passieren müssen?

Babys kommen genau im selben Moment zur Welt, in dem Menschen sterben; Menschen gehen fremd, während Brautpaare einander tief in die Augen schauen und sagen: «Ja, ich will»; Menschen unterschreiben Arbeitsverträge, während andere entlassen werden; ein Vater geht mit seinem Sohn zu einem Baseballspiel, während ein anderer Vater beschließt, nie wieder nach Hause zu seinem Sohn zurückzukehren und weit weg zu ziehen, ohne eine Adresse zu hinterlassen; ein Mann rettet eine Katze vor dem sicheren Erstickungstod in einer Plastikabfalltüte, während ein anderer Mann auf der anderen Seite der Welt einen Sack voll mit Kätzchen in einen Fluss wirft; ein Chirurg in Texas rettet das Leben eines kleinen Jungen, der von einem Auto überfahren wurde, während ein Mann in Afrika mit einer Maschinengewehrsalve einen Kindersoldaten tötet; ein chinesischer Diplomat badet im kühlen Wasser eines tropischen Meeres, während sich ein tibetischer Mönch aus politischem Protest verbrennt – all diese Gegensätze geschehen, ob wir nun an das Glück des Augenblicks glauben oder nicht.

Trotzdem, nach der Schändung unseres Hauses fiel es mir erst mal schwer, zu glauben und mich fröhlich zu geben wie

Mom – vielleicht weil ich schon immer ein Skeptiker war, vielleicht weil ich nicht so stark bin, wie sie es war. Vielleicht weil ich dumm bin, schwachköpfig, naiv, volltrottelig.

Am Tag danach war ich sehr unruhig, also ging ich zu St. Gabriel, wo Father McNamee in seinem Büro dabei war, individuelle Glückwunschkarten an alle Gemeindemitglieder zu schreiben, die in den kommenden Wochen Geburtstag hatten.

Ich bat ihn, mir zu versprechen, dass niemand je wieder in unser Haus einbrechen würde.

«Du kennst doch die Theorie deiner Mutter, nicht? Über das Glück des Augenblicks?», sagte er.

«Ja.»

«Glaubst du, da ist was dran?»

«Gestern Nacht hab ich versucht, so zu tun, als ob ich es glauben würde.»

«Und?»

«Es hat geholfen. Zugegeben. Für ein paar Stunden. Aber ich mach mir noch immer Sorgen, dass –»

«Bete.»

«Wofür?», fragte ich. «Dass nie wieder in unser Haus eingebrochen wird?»

«Nein. Was mit *Sachen* passiert, ist nicht wichtig. Du musst verstehen, dass die Ereignisse auf dieser Welt nicht das *An sich* sind, sondern bloß flüchtige, unbedeutende Variablen. Hinter alldem steht ein höherer Zweck – ein Grund. Vielleicht sehen oder verstehen wir diesen Grund noch nicht – vielleicht ist unser Menschenverstand unfähig, ihn voll und ganz zu erfassen – aber dennoch führt er uns zu etwas Größerem.»

«Wie meinen Sie das, Father?»

Er lachte auf eine gute Art, und nachdem er einen Umschlag angeleckt und zugeklebt hatte, sagte er: «War es nicht schön zu sehen, wie unsere Herde gestern Abend zur Stelle war? Die Leute hatten andere Dinge zu tun, weißt du. Aber als sie hörten, was euch widerfahren war, folgten sie ihrem Herzen und waren augenblicklich bereit zu helfen.»

«Und?», sagte ich, weil ich nicht wusste, wie mich das weiterbringen könnte.

«Du wolltest gestern Nacht in einem geschändeten Haus schlafen, nicht wahr?»

«Nein.»

«Tja, die Leute haben dafür gesorgt, dass du es nicht musstest.»

«Ich glaube, ich versteh nicht ganz, wie –»

«Auch das ist das Glück des Augenblicks. Auch das ist Teil der Philosophie deiner Mutter.»

«Aber wie soll uns das vor zukünftigen Vandalen schützen?», fragte ich.

«Du übersiehst das Entscheidende», sagte Father McNamee. Er schmunzelte und lachte leise – als wollte er mir jeden Moment wie einem kleinen Jungen die Haare zerzausen, obwohl ich ein erwachsener Mann war.

«Was ist denn das Entscheidende?»

«Eines Tages wirst du es verstehen, Bartholomew. Ohne dass ich es dir erklären muss. Versprochen.»

Richard Gere, ich glaube nicht, dass ich es jetzt besser verstehe als damals.

Trotzdem, ich frage mich, was bei Moms Tod Gutes passiert sein könnte, um das ungeheuer Schlimme des hungrigen Hirnkrebskraken, der ihr Leben beendete, aufzuwiegen. Ich habe versucht, so zu tun, als ob das Glück des Augenblicks irgendwas extrem Schönes hervorgebracht hätte, als sie starb, weil Mom voller Liebe war – so voller Liebe, dass es ausgereicht hätte, sehr, sehr viel Schlechtes auszulöschen. Aber es fällt mir derzeit schwer, an ihre Philosophie zu glauben.

Father McNamee sagte nichts, als ich ihn am Abend nach der Beerdigung auf unserem Strandspaziergang danach fragte. Und so manisch, wie er sich in letzter Zeit aufführt, traue ich mich nicht, ihn noch einmal zu fragen oder auch nur «das Glück des Augenblicks» zu erwähnen, weil ich den Eindruck habe, dass er sich mit dem So-tun-als-ob selbst schwertut, zumal er Moms Philosophie gar nicht mehr zur Sprache bringt.

Aber dass Sie im selben Jahr geboren wurden, in dem China eine Bedrohung für Tibet wurde, gibt mir trotzdem Hoffnung. Wer weiß, vielleicht wurden Sie gerade deshalb gezeugt, um das Schlechte, was die chinesische Regierung Tibet antun würde, zumindest ein wenig auszugleichen. Mir kommt das vor wie ein Beweis. Zu bedeutsam, um Zufall zu sein. C. G. Jung würde das auch so sehen.

Und wenn Sie eine Art Antwort auf Chinas Plan wären, in Tibet einzumarschieren, würde mir das helfen, an Moms

Philosophie zu glauben, was mir Hoffnung gibt für meine Zukunft ohne Mutter und für das Leben im Allgemeinen.

Ich fand folgendes Dalai-Lama-Zitat im Internet der Stadtbibliothek: «Bedenke: Nicht zu bekommen, was man will, ist manchmal ein großer Glücksfall.» Und das scheint mir mit Moms Mantra übereinzustimmen.

Ein tibetanisches Sprichwort lautet: «Jede Tragödie sollte als Quelle der Kraft genutzt werden.» Ganz gleich, welche Schwierigkeiten sich uns entgegenstellen, wie schmerzhaft die Erfahrung auch ist – wenn wir die Hoffnung verlieren, ist das die eigentliche Katastrophe.

Was meinen Sie?

Können wir hier einen gemeinsamen Nenner finden, Richard Gere?

Vielleicht wird unsere Korrespondenz das Gute sein, das Moms Tod bewirkt hat?

Vielleicht werden Sie mir helfen, die «nächste Phase meines Lebens» in Angriff zu nehmen, wie Wendy es von mir wollte, als sie noch da war – bevor wir hinter ihr Geheimnis kamen?

Es sind schon seltsamere Dinge passiert, nehme ich an.

Und das ist das einzige hoffnungsvolle Ergebnis, das ich momentan zu bieten habe. Daher ist es wichtig für uns, weiter so zu tun, als ob, auch wenn wir nicht hundertprozentig glauben können.

Ihr bewundernder Fan
Bartholomew Neil

11

ICH VERSTAND NICHT, WELCHE ART VON MATHEMATIK MAX HIER ANWANDTE, ABER ER SCHIEN SO AUFGEREGT, DASS ICH IHN NICHT UNTERBRECHEN WOLLTE

Lieber Mr. Richard Gere,

nachdem Wendy fort war, hörte Father McNamee auf zu beten und fing an, noch mehr zu trinken als vorher.

Jameson direkt aus der Flasche – etwa eine Flasche am Tag.

Er nannte das sein «irisches Läuterungsritual».

Manchmal hörte ich, wie er sich spätabends auf dem Klo übergab, obwohl er nie eine Schweinerei hinterließ. Die Klospülung ging wieder und wieder. Und das Brechen erinnerte mich an meine Mutter in den Wochen vor ihrem Tod, nach den Behandlungen – aber leider konnte ich Mom in letzter Zeit gar nicht mehr um Rat fragen, weil sie mich nicht mehr in meinen Träumen besuchte.

Ich versuchte öfter, mit Father McNamee durch die verschlossene Schlafzimmertür zu sprechen, fragte ihn, ob er Hilfe brauchte, aber er sagte nur: «Mir geht's gut. Hab bloß gerade ein Tief. Muss einfach allein sein.»

Genau wie bei Wendy, als sie auf der Couch lag, kümmerte ich mich, so gut ich konnte, um Father McNamee und stellte ihm überbackene Käsesandwiches oder Ramen-Nudeln vor die Tür. Manchmal aß er mitten in der Nacht alles auf, und manchmal ließ er das Essen unangetastet kalt werden, sodass ich es am nächsten Morgen wieder wegräumte.

Vor jeder Mahlzeit klopfte ich an seine Tür und fragte, ob er mit mir zusammen in der Küche essen wollte, doch dann sah er mir bloß für einen Sekundenbruchteil schweigend in die Augen, ehe er sich wieder abwandte. Manchmal lag er im Bett; dann wieder stand er am Fenster und starrte mit leerem Blick nach draußen.

Er wollte abends nicht reden oder mit mir einen Spaziergang machen oder auch nur beim Morgenkaffee der Symphonie der Vögel lauschen.

Nach zwei, drei Tagen in dem Stil begann ich, mir langsam Sorgen zu machen.

Ich ging zu Father Hachette, um ihn um Hilfe zu bitten.

Er war im Kirchenbüro von St. Gabriel und spielte am Computer Patience, wobei er ziemlich gelangweilt dreinblickte. Sobald Father Hachette mich sah, sagte er: «Warum warst du nicht in der Messe, Bartholomew? Das hätte deine Mutter zu Tode betrübt.»

(Finden Sie es geschmacklos, dass er den Ausdruck *zu Tode betrübt* verwendete, um die theoretische Enttäuschung meiner verstorbenen Mutter zu beschreiben?)

Wahr ist, Mom hätte nicht gewollt, dass ich die Messe versäume, und da ich keine gute Antwort parat hatte, versuchte ich, das Thema zu wechseln. «Father McNamee geht es nicht gut.»

«Edna hat mir von eurem Versuch erzählt, ihre Tochter zu retten», sagte Father Hachette. «Ziemlich dramatisch. Ziemlich dramatisch, *in der Tat.*»

«Warum lächeln Sie?», fragte ich.

«Ich lächele nicht», sagte er, obwohl er sogar ganz eindeutig grinste, als würde er ein Geheimnis kennen und hätte Spaß daran, es mir nicht zu verraten.

Seine gelben Zähne sahen aus wie versteinerte Maiskörner, und die Falten in seinem Gesicht wirkten noch tiefer als sonst – so ausgehöhlt, dass ich mich fragte, ob er sie mit einem Wattestäbchen säubern musste.

Der kleine wütende Mann in meinem Bauch wachte auf und legte los.

«Machen Sie sich keine Sorgen um Wendy?», fragte ich.

«Ehrlich gesagt, ich habe sie und Adam besucht. Edna hat mich begleitet. Wir vier hatten erst gestern ein sehr gutes Gespräch.»

«Ach ja?»

«Ich habe mit ihnen gebetet. Wir hatten eine produktive Aussprache. Wendy hat anschließend bei mir gebeichtet, hier in der Kirche. Sagen wir einfach, um dein Gewissen zu beruhigen, Bartholomew, es geht wieder aufwärts für unsere gemeinsame Freundin. Also mach dir ihretwegen nicht allzu viele Sorgen.»

Es war schwer vorstellbar, dass Father Hachette etwas schaffen konnte, was Father McNamee nicht gelungen war. Außerdem hätte er mir nicht erzählen dürfen, dass Wendy gebeichtet hatte, das wusste ich, weil Beichten vertraulich ist. Es war, als wollte er angeben – als wollte er mich glauben machen, dass er ein besserer Priester war als Father McNamee. Father McNamee hätte nie so angegeben. Niemals. Und er hätte auch nicht das Vertrauen eines Gemeindemitglieds missbraucht.

«Geht es ihr wirklich gut?», fragte ich, weil ich fand, dass eigentlich Adam hätte beichten müssen, nicht Wendy, und weil ich gern gewusst hätte, was genau Wendy Father Hachette erzählt hatte. Hatte sie erwähnt, was für verletzende Dinge sie in ihrer letzten Nacht in unserem Haus gesagt hatte? Wie viel wusste Father Hachette wirklich?

«Sie kämpft mit ihrer Seele. Adam auch. Die beiden haben allerhand zu klären.»

«Er ist böse, wissen Sie. Er schlägt sie. Haben Sie ihre Blutergüsse gesehen?»

«Menschen sind nicht böse oder gut. Die Sache ist komplizierter. *Viel* komplizierter.»

«Was soll daran kompliziert sein, wenn ein Mann eine Frau immer wieder schlägt?»

Father Hachette blickte nach unten auf seinen Schreibtisch, nahm eine Zigarette aus einer Packung, klopfte den Filter zweimal auf den Schreibtisch und zündete sie an. «Warum bist du heute hergekommen, Bartholomew?»

Ich begriff, dass er nicht mehr über Wendy sprechen wollte – und, um fair zu sein, vielleicht hatte das was mit dem Beichtgeheimnis zu tun –, also sagte ich: «Wie kann ich Father McNamee helfen, seine Depression zu überwinden?»

Father Hachette zog die Stirn in Falten, blies Rauch aus dem Mundwinkel aus, nach hinten über die linke Schulter. Er sah mir einen unbehaglichen Moment lang in die Augen, und dann sagte er: «Lass mich raten. Er trinkt unmäßig. Er behauptet, Gott hätte ihn verlassen. Er hockt schmollend allein in einem Zimmer und entleert seinen Magen nachts in eine Toilette? So läuft das immer bei ihm. Höchste Höhen, tiefste Tiefen. Das ist sein Muster. Und ich wette, er macht dir Vorwürfe, weil du nicht die Stimme Gottes hörst – ihn nicht mit göttlichen Anweisungen versorgst. Liege ich weit daneben?»

Er lag nicht weit daneben, wie Sie ja wissen, Richard Gere, aber es sah nicht so aus, als würde Father Hachette mir heute helfen.

«Ich verstehe das nicht», sagte ich. «Sie haben gesagt, ich soll zu Ihnen kommen, wenn ich Hilfe brauche. Sie sind sogar extra zu mir nach Hause gekommen, um mir Ihre Hilfe anzubieten. War das eine Lüge?»

«Ich bin froh, dass du gekommen bist, Bartholomew. Aber du musst an *dir* arbeiten. Du musst um deine Mutter trauern und dann ein neues Leben ohne sie beginnen. Gott kann dir helfen, diese Aufgabe zu erfüllen.»

«Aber Father McNamee wollen Sie nicht helfen? Seine Depression interessiert Sie nicht?»

«Da könnte ich genauso gut versuchen, einen Hurrikan mit bloßen Händen zu bekämpfen – auf Wind und Regen einzuschlagen. Nur ein Narr würde das versuchen. Glaub mir. Ich habe einige Erfahrung damit. Father McNamee rappelt sich irgendwann wieder auf. So war das jedenfalls bisher immer.»

«Wieso sind Sie dann zu Moms Haus gekommen und haben Ihre Hilfe angeboten?»

«Ganz ehrlich? Weil ich mir um *dich* Sorgen mache, Bartholomew. Nicht um Father McNamee.»

«Um mich?»

Er nickte bedächtig hinter einer dünnen Linie aus Zigarettenrauch, die sein Gesicht halbierte.

«Warum?»

Father Hachette zog ein paarmal an seiner Zigarette, studierte seine Hände, als ob irgendetwas darauf geschrieben stände, und sagte dann: «Du weißt noch immer nicht, warum Father McNamee bei dir eingezogen ist, nicht wahr?»

«Um mir zu helfen, über Moms Tod hinwegzukommen – mein Leben in den Griff zu bekommen.»

Father Hachette lächelte, und mir fiel auf, wie dünn sein Hals aussah, eingezwängt in den schwarz-weißen Kragen, wie eine Bootsleine, die zu einer rot-weißen Boje führt.

«Und doch bist du es jetzt, der Father McNamee helfen will. Verkehrte Welt, was?»

«Wieso reden Sie so mit mir?»

«Wie rede ich denn mit dir?»

«In Rätseln. Als wäre ich begriffsstutzig. Zu blöd für die Wahrheit.»

Weil du ein Schwachkopf bist!, schrie der kleine wütende Mann.

«Entschuldige, Bartholomew. Weißt du, ich befinde

mich in einer schwierigen Lage. Ich bin im Vorteil, weil ich mehr weiß, als du dir bisher zusammenreimen konntest. Aber es steht mir nicht zu, dir zu sagen, was du wissen solltest.» Er drückte seine Zigarette in einer bronzenen Schale voller Kippen aus. «Hat er Montreal schon erwähnt?»

Der Mann in meinem Bauch erstarrte, als ich das Wort *Montreal* hörte, weil da angeblich mein Vater herstammte.

«Dann hat er also noch nicht mit dir darüber gesprochen», sagte Father Hachette. «Hmmm.»

Ich wollte Father Hachette fragen, was Montreal zu bedeuten hatte.

Der kleine Mann in meinem Bauch brüllte jetzt: *Mach den Mund auf, du Idiot! Er hat Informationen, die du brauchst! Aber du sitzt einfach da wie ein Volltrottel und kriegst die Zähne nicht auseinander. Frag ihn nach Montreal! Frag nach deinem Vater!* Er verpasste meiner Milz ein paar Stöße mit seinen krallenartigen Zehen.

Aber es gelang mir nicht, meinen Mund zu bewegen, Richard Gere. Ich hoffte die ganze Zeit, Sie würden mir erscheinen, um mich vielleicht zu coachen, aber Sie tauchten nicht auf, und ich fragte mich, ob es daran lag, dass ich Katholik bin und Sie Buddhist sind. Vielleicht schränken katholische Kirchen Sie in der Fähigkeit ein, mir zu erscheinen – wie eine Art konfessionelles Kraftfeld.

«Eins kann ich dir sagen», sagte Father Hachette, als er begriff, dass ich den Mund nicht aufmachen würde. «Father McNamee verdient deine Hilfe vielleicht nicht, aber er braucht sie auf jeden Fall. Er muss gerettet werden. Deshalb ist er zu dir gezogen. Das Drama gehört zu seinem spirituellen Prozess. Er ist ein schwieriger Mann. Aber er ist ein Mann Gottes. Jedenfalls so gut er kann.»

«Und was soll ich jetzt machen?»

«Beten.»

«Bloß beten?»

«Und geduldig sein.»

«Soll ich auf Gottes Stimme lauschen?», fragte ich und hoffte, er würde sagen, das wäre illusorisch, lächerlich, und mir dadurch die Verantwortung nehmen.

Father Hachette lächelte, neigte den Kopf zur rechten Seite, drohte mir dreimal mit dem Zeigefinger und sagte: «Immer.»

Wir sahen einander eine gefühlte Stunde lang an. Er bemitleidete mich anscheinend, und ich fing an, ihn zu hassen, obwohl es eine schlimme Sünde ist, einen Priester zu hassen – sogar eine Todsünde, glaube ich.

Der Mann in meinem Bauch tobte sich an meinem Verdauungstrakt aus. Er war fuchsteufelswild.

«War das alles?», sagte ich zu Father Hachette, als das Schweigen unerträglich wurde.

«Ach so, das hätte ich fast vergessen. Versuch, ihn dazu zu bringen, die hier zu nehmen.» Father Hachette griff in seine Schublade und holte ein orangefarbenes Fläschchen heraus. Er schüttelte es, und die Tabletten darin klangen wie eine wütende Klapperschlange.

«Was ist das?», fragte ich, als ich das Fläschchen entgegennahm.

«Ein Stimmungsstabilisierer. Lithium. Die Dosierung steht auf dem Etikett.»

Ich nickte.

«Sag Father McNamee, dass ich ihn vermisse. Ich bete täglich für ihn und auch für dich, Bartholomew. Ich weiß, du bist unzufrieden mit mir, und ich wünschte, ich könnte es dir leichter machen, aber in Anbetracht der ungewöhnlichen Umstände kann ich nicht mehr für dich tun. Du wirst es schon bald verstehen.»

«Danke», sagte ich und ging.

Wieder zu Hause, klopfte ich an Moms Zimmertür und sagte: «Father Hachette betet für Sie, Father McNamee. Er hat mir Medizin für Sie mitgegeben.»

Die Tür flog auf.

Father McNamees Augen waren wieder kleine schwarze Schneeflocken.

Er riss mir das orangefarbene Fläschchen aus der Hand, stürmte den Flur hinunter zur Toilette, kippte die Tabletten ins Klo, drückte die Spülung, ging dann zurück in sein Zimmer und schloss die Tür hinter sich.

Er hatte ausgesehen wie ein wahnsinniger Stier, der durch den Flur preschte, auf irgendein imaginäres rotes Tuch zu.

Er kam mir vor wie ein völlig anderer Mensch.

«Warum haben Sie das gemacht?», sagte ich zu der Tür.

«Ich nehme keine Medikamente!»

«Warum nicht?»

«Davon muss ich dauernd pinkeln. Und ich werde dick davon – das heißt, dicker.»

Nach einer größtenteils schlaflosen Nacht ging ich in die Morgenmesse, um die geschwänzte Samstagabendmesse wettzumachen. Anschließend fragte Father Hachette, ob ich Father McNamee dazu hatte bringen können, seine Pillen zu nehmen, und als ich ihm erzählte, was passiert war, nickte er bloß und lächelte dann wissend in sich hinein.

Ansonsten passierte nicht viel, bis ich zu der Gruppentherapie mit Arnie und Max ging, und da hatte ich zum ersten Mal das Gefühl, dass Gott vielleicht wirklich anfing, zu mir zu sprechen – wenn auch nur über Umwege.

Ich kam früh im gelben Raum an, vor Max. Arnie trug eine Krawatte und eine Weste mit passender Hose – fehlte bloß das Sakko, und ein Dreiteiler wäre perfekt gewesen –, und er schien sich zu freuen, mich zu sehen.

«Wie schön, dass Sie beschlossen haben, Ihre Therapie fortzusetzen, Bartholomew», sagte er. «Bitte nehmen Sie Platz.»

Ich setzte mich auf die gelbe Couch.

Arnie setzte sich in seinen gelben Sessel.

«Wie ich höre, arbeiten Sie nicht mehr mit Wendy», sagte er auf eine Art, die mir verriet, dass er noch einiges mehr gehört hatte.

Ich nickte.

«Wurde es ein wenig zu persönlich?», fragte er, aber in einem netten Ton.

Ich nickte wieder, weil das am einfachsten war.

«Tut mir leid, das zu hören. Wendy ist eine *junge* Therapeutin. Sie lernt noch.»

«Geht es ihr gut?»

«Wendy?», sagte er, was komisch war, denn wen hätte ich sonst meinen können? «Es geht ihr gut. Aber darüber sollten Sie sich keine Gedanken machen. Sie sollte *Ihnen* helfen, nicht umgekehrt. Sie hat mich ein wenig über Ihre Behandlung und Ihre Fortschritte informiert, aber vielleicht möchten Sie es mir selbst erzählen?»

«Was genau erzählen?»

«Wo Sie mit Wendy aufgehört haben. Woran Sie gearbeitet haben. Ihre Interaktionen mit ihr. Solche Sachen. Wie Sie mit Ihrer Trauerarbeit weitergekommen sind.»

«Wollen Sie mein Lebensziel hören?», fragte ich.

«Ihr was?»

«Mein Lebensziel. Wendy hat gesagt, es wäre wichtig, Lebensziele zu haben. Wollen Sie wissen, welches meines ist?»

«Gern», sagte Arnie und faltete die Hände über einem Knie.

«Ich will mit einer Frau in meinem Alter in einem Pub etwas trinken – einer Frau, die eines Tages meine Ehefrau werden könnte. Ich glaube, dass ich jetzt, mit neununddreißig Jahren, bereit bin zu meinem ersten Date – zumindest möchte ich das glauben. In der Vergangenheit konnte ich mir das kaum vorstellen – vor allem als meine Mom noch da war. Meinen Sie, dass dieses Lebensziel für mich erreichbar ist, obwohl ich noch nie ein Date hatte und auch nicht viel Übung darin habe, mit Frauen aus Gründen der Geselligkeit Alkohol zu konsumieren?»

«Unbedingt», sagte Arnie ohne das geringste Zögern. «Das ist ein gutes, erreichbares, altersgemäßes, gesundes und durch und durch positives Lebensziel, das Sie auf jeden Fall verwirklichen sollten. Wie kann ich Ihnen dabei helfen?»

Ich war so begeistert darüber, dass Arnie mir helfen wollte, der Jungthekarin den Hof zu machen, dass ich ihm schon alles über meine heimliche Schwärmerei erzählen wollte, als plötzlich die Tür aufflog.

«Mist, verdammter!», sagte Max, als er den Raum betrat.

«Willkommen zurück in der Wortfestung, Max», sagte Arnie. «Schön, dass Sie wieder dabei sind.»

Max zeigte auf mich und sagte: «Ich bin gekommen, um dich zu retten. Wir müssen hier die Biege machen, *jetzt sofort*!»

«Was?», sagte ich. Max wirkte aufgewühlt und entschlossen. Ich war noch nie gerettet worden, und ich muss zugeben, dass Max' brennende Besorgnis schmeichelhaft war – auch wenn ich noch nicht verstand, *wovor* ich eigentlich gerettet werden sollte.

«Na, na, Max», sagte Arnie. «Wir haben darüber gesprochen, was passiert ist. Sie müssen an der Studie nicht teilnehmen, wenn Sie nicht –»

Max packte meinen Arm und zog mich auf die Beine. «Vertrau mir einfach. Arnie ist ein verdammter Lügner. Er ist noch nicht mal ein Mensch! Er will uns in einen beknackten Raum sperren, irgendwo ganz weit weg, und uns filmen. Wir müssen abhauen, *jetzt sofort*!»

«Lassen Sie mich das erklären, Bartholomew», sagte Arnie. «Max reagiert vielleicht ein bisschen irrational.»

«Sie können mich mal, Arnie! Sie und Ihre Scheißwortfestung. Ihr mieses Gelb. Aus mir machen Sie keine Dreckslaborratte. Und ich dachte, Sie würden sich für uns interessieren. Schämen sollten Sie sich. Wenn Sie überhaupt so was wie Gefühle haben! Ich hab Ihnen vertraut! Hab Ihnen alles erzählt! Sogar über Alice! Verdammter Mist!»

Max packte mein Handgelenk, zog ganz fest, und ich stolperte hinter ihm her.

«Bartholomew, wollen Sie sich nicht wenigstens meine Version der Geschichte anhören? Max ist offensichtlich aufgewühlt, und vielleicht sollten Sie ihm momentan nicht unbedingt blind vertrauen.»

«Fuck you, Arnie!» Max zerrte mich aus dem gelben Raum, die Treppe hinunter, durch die Gasse und auf die Walnut Street.

Arnie kam hinter uns hergelaufen und sagte: «Das ist nicht fair. Krieg ich nicht mal eine Chance, das alles zu erklären? Bartholomew, Sie wissen doch gar nicht, was passiert ist. Ich kann Ihnen helfen, Ihr Lebensziel zu erreichen.»

Max sagte bloß immer wieder: «Fuck you, Arnie. Arnie. Fuck you», als wäre das eine magische Formel, die uns auf der Flucht beschützen könnte.

«Bartholomew», sagte Arnie. Er fasste meine Schulter, zog mich herum und blickte mir in die Augen. «Finden Sie nicht, Sie sind es mir schuldig, mich wenigstens anzuhören? Sind Sie das nicht sich selbst schuldig?»

«Er ist ein Lügner!», brüllte Max, packte wieder meinen Arm und zog mich die Walnut Street hinunter. «Dem Dreckskerl kannst du nicht vertrauen. Auf gar keinen Fall!»

Da er der Bruder der Jungthekarin war und ich schon so schreckliche Erfahrungen mit Wendy und Therapie im Allgemeinen gemacht hatte, beschloss ich, mit Max mitzugehen; mit Arnie konnte ich gegebenenfalls auch später noch reden, dachte ich, und außerdem könnte mir Max sehr viel eher helfen, mein Lebensziel zu erreichen, nämlich mit seiner Schwester ein Bier trinken zu gehen, weil er ja mit ihr verwandt war.

«Tut mir leid», sagte ich zu Arnie.

«Na schön. Sie wissen, wo Sie mich finden, Bartholomew. Wenn Sie zur Räson gekommen sind», sagte Arnie, und dann ließ er endlich davon ab, uns zu folgen. «Sie brauchen Hilfe. Hilfe, die Max Ihnen unmöglich geben kann.»

«Fuck you, Arnie!», brüllte Max über die Schulter.

Ich fragte mich, woher Arnie wissen wollte, was ich brauchte, wo wir uns doch vorher erst ein einziges Mal begegnet waren und kaum miteinander gesprochen hatten. Wir hatten die meiste Zeit Max zugehört. Arnie kannte mich eigentlich gar nicht.

Ich hatte einen komischen Gedanken – seit Moms Tod kennt mich außer Ihnen, Richard Gere, eigentlich niemand. Niemand auf dem ganzen Planeten. Nicht mal Father

McNamee weiß so viel über mich wie Sie. Und ansonsten ist da wirklich niemand.

Finden Sie das seltsam?

Traurig?

Erbärmlich?

Interessant?

«Wo gehen wir hin?», sagte ich zu Max, sobald wir weit genug von Arnie weg waren.

«In den Pub.»

«Was ist zwischen dir und Arnie passiert?»

«Diese verfluchte Geschichte erfordert Bier. Richtig viel Bier.»

Wir landeten in demselben Pub, in den Max mich schon einmal mitgenommen hatte, tranken an einem kleinen Tisch in einer freien Ecke Guinness und starrten auf gerahmte Fotos von der extrem grünen, felsigen und häufig nebeligen irischen Landschaft. Max leerte ein großes Glas in einem Zug, schob seine dicke Brille höher auf die Nase, rülpste laut und bestellte zwei weitere Guinness, obwohl ich noch keinen Schluck getrunken hatte.

«Du brauchst garantiert ein zweites, sobald du diese verfluchte Geschichte gehört hast», sagte Max. «Glaub mir!»

Ich nahm einen cremigen Schluck und ließ ihn erzählen.

Laut Max hatte Arnie ihn angerufen und gefragt, ob er Lust hätte, an einer Studie teilzunehmen. «Was für eine Scheißstudie?», fragte Max, und Arnie erklärte, Therapeuten würden Patienten manchmal in eine kontrollierte Umgebung stecken, um ihr Verhalten zu studieren und ihr Wissen über die Menschheit zu vermehren und gleichzeitig den Testpersonen zu helfen. Damit hatte Arnie Max' Schwachpunkt getroffen, weil er gesagt hat, es gäbe da auch eine Katze zum Streicheln.

Anscheinend sollte Max sich mit Arnie in West Philly an so einem noblen College treffen, wo er dann in ein Riesengebäude gebracht wurde, das aussah wie ein Krankenhaus, aber gar kein Krankenhaus war, weil Arnie es ein Versuchslabor nannte, woraufhin Max aus vielerlei Gründen das kalte Gruseln kriegte, was ich weiter unten genauer erklären werde.

Max wurde in ein Büro gebracht und einem Mann vorgestellt, der einen weißen Laborkittel trug und fragte, ob er Max Fragen stellen und seine Antworten mit einem Digitalrecorder aufnehmen dürfte, während er schon die Kamera einschaltete, die auf einem Stativ montiert war.

Max fragte, wann er die versprochene Katze sehen könnte, und der Arzt meinte, das wäre «das Dessert».

Sie stellten Max alle möglichen scheinbar beliebigen Fragen, von denen er die meisten nicht beantworten wollte, weil sie viel zu persönlich waren. Max sagte, sie hätten gefragt, ob er in letzter Zeit mit irgendwelchen Männern oder Frauen Sex gehabt hätte, und Max sagte: «Moment mal! Das geht zu weit! Was soll der Mist, Mann?» Und es schien sie gar nicht zu stören, dass er die Fragen nicht beantwortet hatte, was ziemlich merkwürdig war, weil sie Max ständig sagten, er würde seine Sache prima machen, obwohl er richtig sauer wurde und nicht mehr antworten wollte und auf seinem Stuhl ins Schwitzen geriet. «Mir gefällt das nicht. Wo ist die verdammte Katze?», fragte Max immer wieder, und sie versprachen jedes Mal, dass Max ganz kurz davor wäre, die Katze streicheln zu können. Max sagte, dann hätten sie ihm immer seltsamere Fragen gestellt, zum Beispiel, ob er schon mal Suizidgedanken gehabt, auf Kritik extrem reagiert, lebhaft geträumt hätte und ob er *wirklich* an Außerirdische glauben würde, was ihm eine Angst einjagte wegen dem, was seiner Schwester passiert war. Der Arzt meinte, ihn interessierte besonders Max' Überzeugung, dass seine Katze Alice telepathisch begabt gewesen war.

Max bestellte noch zwei Bier, weil er sein zweites ausgetrunken hatte.

Ich hatte gerade mal die Hälfte von meinem ersten geschafft, deshalb standen kurz darauf zweieinhalb große Gläser Guinness auf meiner Seite des Tisches.

«Was ist mit deiner Schwester passiert?», fragte ich.

Schon bei der Erwähnung der Jungthekarin trocknete mir der Mund aus – es fühlte sich an, als hätte jemand mir heißen Sand in die Kehle geschüttet.

«Bei dem Teil der Geschichte bin ich noch nicht!», schrie Max. Dann erzählte er, dass sie mit ihm über einen langen Flur gegangen waren, der keine Fenster oder Türen oder sonst was hatte – bloß weiße Wände und Lampen an der Decke. Am Ende des Flurs war so ein komischer Kasten an der Wand. Der Arzt berührte den Kasten mit der Spitze seines rechten Zeigefingers, der Kasten leuchtete grün auf, und eine Stimme sagte: «Identifiziert. Tür öffnet. Hallo, Dr. Biddington», woraufhin die Tür automatisch entriegelt wurde und mit einem zischenden Geräusch aufglitt, als wäre die Innenluft druckkontrolliert, wie ein Flugzeug oder ein Unterseeboot. Der Arzt ging hinein. Arnie und Max folgten. Drinnen waren keine Fenster und keine Uhren und kein Fernseher. Alles war weiß – Stühle, Teppiche, Wände, Tische, einfach alles. An der Decke hingen schwarze Kugeln, und als Max wissen wollte, wofür die waren, erfuhr er, dass da Kameras drin waren.

«Miau!», hörte Max, und eine mittelgroße kurzhaarige gefleckte Katze tauchte auf und fing an, zu schnurren und sich an Max' Bein zu reiben. Der Arzt meinte, Max könnte der Katze jeden Namen verpassen, der ihm gefiel, und sie sah Alice verdammt ähnlich – viel zu ähnlich. Sie hatte sogar einen schwarzen Fleck um eines ihrer Augen. Max beschlich der Verdacht, sie hätten seine tote Katze geklont, was ihm riesige Angst einjagte, weil: «Was für Perversos gehen hin und klonen tote Katzen von anderen Leuten?» Dann beschlich ihn der Verdacht, er könnte in einem Raumschiff sein, weil Raumschiffe innen immer überall weiß sind. Und der lange Flur kam ihm vor wie eine Einstiegsrampe, wie wenn man in ein Flugzeug steigt. Und falls er sich in einem Raumschiff befand, waren Arnie und Dr. Biddington bestimmt keine Menschen, sondern Aliens, fürchtete er.

Max fragte, was sie wollten, warum sie ihn hergebracht hatten.

Der Arzt sagte: «Hätten Sie vielleicht Lust, hier mit der Katze ein paar Wochen zu leben – sagen wir ... drei Wochen?»

Max sagte, er würde nicht mal im Traum dran denken.

Und dann fing Arnie an, ihn zu beschwatzen, sagte, sie würden ihm zehnmal so viel Geld zahlen, wie er in einem ganzen Jahr als Kartenabreißer verdienen würde, und er könnte die Katze anschließend behalten, und sie würden ihm kostenlos Tabletten geben, die seine Angst lindern würden, und das Essen wäre gourmetmäßig, und er müsste dafür nur einundzwanzig Tage am Stück mit der Katze in dem Raum bleiben, ohne einen Fuß vor die Tür zu setzen oder Kontakt mit dem Rest der Welt zu haben.

«Wir würden Sie beobachten», hatte Arnie gesagt. «Und Ihnen von Zeit zu Zeit Fragen stellen. Aber mehr nicht. Sie müssten überhaupt nichts machen, außer mit der Katze spielen.»

Ich war erstaunt und fragte mich, ob Max' Geschichte wirklich wahr sein konnte.

Ich sagte: «Die wollten bloß, dass du mit der Katze in dem Raum warst?»

«Ja, Mann», sagte Max und nickte, die Augen weit aufgerissen. «Krass unheimlich, oder?»

«Wieso wollten die dich dafür bezahlen, drei Wochen lang mit einer Katze zu spielen?»

«Ich hab keinen verdammten Schimmer. Jedenfalls, als ich da so wie unter Schock rumstand und der Scheißklon von Alice mir um die Beine schnurrte, da wurde mir klar, dass der Raum eindeutig ein Raumschiff war. Mathematik. So bin ich draufgekommen. Mit Mathematik.»

«Mathematik?», sagte ich.

«Verflucht, ja», sagte Max und nickte zufrieden. «Drei Wochen wären nämlich gerade genug Zeit, um zu einer anderen Galaxie zu reisen, wenn sie mit dem beknackten Raumschiff auf Hyperwarpgeschwindigkeit gehen.»

Ich verstand nicht, welche Art von Mathematik Max hier anwandte, aber er schien so aufgeregt, dass ich ihn nicht unterbrechen wollte. Vielleicht verstehen Sie ja, was er meinte, Richard Gere, weil Sie sehr viel schlauer sind als ich.

«Auf einmal ergab alles einen Sinn. Und da wusste ich ... dieser Arnie ... ist ... ein gottverdammter ... Alien», sagte Max mit dramatischen Pausen. «Ein Alien mit einer Scheißschwäche für Gelb. Die sind überall, weißt du. Und ich lasse verdammt noch mal nicht zu, dass du oder ich das Gleiche durchmachen, was meine Schwester durchgemacht hat. Nichts da. Kommt nicht in Frage. Nicht mit mir.»

«Hast du *Alien* gesagt?», fragte ich Max.

«Glaubst du nicht an Aliens? Das Universum ist so verflucht riesig. Die Wahrscheinlichkeit ist auf Seiten der Aliens. Die existieren! Wie kannst du das *nicht* glauben?»

«Ich weiß nicht», sagte ich. «Ich habe eigentlich nie großartig darüber nachgedacht.»

Was ich wirklich wollte, war, mehr über die Jungthekarin zu erfahren, deshalb sagte ich: «Max, hast du mal C. G. Jung gelesen? Hast du mal *Synchronizität* gelesen?»

«*Synchronicity*? Das ist doch ein Album von Police, oder? Da ist ‹King of Pain› drauf, glaub ich.»

«Nein, das ist ein Buch von Carl Gustav Jung. Es handelt von Zufällen und davon, dass es keine gibt. *Unus mundus.*»

«Unus-was-dus? Ich kapier kein Wort. Und was hat das mit Aliens zu tun? Oder dem verdammten Raumschiff, in das ich um ein Haar drei Wochen lang eingesperrt worden wäre?»

«Lass mich ausreden», sagte ich. «Bevor wir uns kennenlernten, habe ich deine Schwester in der Stadtbibliothek gesehen. Sehr oft. Man könnte sagen, ich habe eine gewisse Verbindung zu ihr gespürt. Ich beobachte sie schon seit Jahren bei der Arbeit in der Bibliothek und –»

«Meine Schwester? Elizabeth?»

«Ich wollte sie die ganze Zeit ansprechen, habe mich aber nie getraut.»

«Wieso?»

«Darum geht es nicht», sagte ich, weil ich Max nicht erzählen wollte, dass ich in seine Schwester verliebt war. Ich wusste nicht, wie er diese Information aufnehmen würde.

«Worum geht's denn dann?», sagte Max.

«Meine Mutter ist vor einigen Wochen gestorben, und deshalb habe ich eine Trauerbegleiterin namens Wendy bekommen, die mir geraten hat, zu Arnie zu gehen, der mich rein zufällig mit dem Bruder der Jungthekarin in eine Gruppe getan hat. Überleg doch mal. *Wie groß ist die Wahrscheinlichkeit?*»

«Wer zum Henker ist die Jungthekarin?»

«Die Frau, die ich schon seit Jahren kennenlernen will! *Deine Schwester!*»

«Scheiße, Mann.»

«Synchronizität!»

«Du willst echt meine Schwester kennenlernen?»

«Mehr als alles andere auf der Welt!»

«Du brauchst doch keine Dreckssynchronizität, um meine Schwester kennenzulernen. Ich nehm dich jetzt sofort mit zu ihr. Null Problemo. Dann kann sie dir gleich selbst erzählen, wie sie von den verdammten Aliens entführt worden ist.»

Richard Gere, ich konnte mein Glück nicht fassen.

Es war nahezu unmöglich, nicht an die Philosophie meiner Mutter zu denken – das Glück des Augenblicks.

Ein weiterer Beweis dafür, dass das Schlechte von Moms Tod direkt etwas Gutes zur Folge haben würde, nämlich meine Bekanntschaft mit der Jungthekarin.

Vielleicht war Arnie tatsächlich ein Alien gewesen, der Max mit einem Trick auf sein Raumschiff hatte locken wollen, aber das Gute, das das potenziell Schlechte seines Täuschungsmanövers ausglich, ereignete sich just in diesem Moment, keine Frage.

Ich war mir in meinem ganzen Leben noch nie einer Sache so sicher gewesen.

Es war mir einerlei, was die Jungthekarin zu mir sagte, Hauptsache, ich konnte endlich mit ihr reden. Sie hätte die amerikanische Unabhängigkeitserklärung sechsundsiebzigmal hintereinander runterleiern können, ohne mich auch nur einmal anzusehen, meine Augen wären von ihren vollen Lippen gebannt gewesen. Und jetzt musste ich nicht mehr so viel Angst davor haben, wie ein komischer Kauz zu wirken oder vielleicht kein Wort rauszubringen, wenn ich sie kennenlernte, denn Max wäre ja bei mir.

Max ist sehr gesprächig.

Max würde erklären, warum ich da war, mir einen legitimen Grund verschaffen, mit der Jungthekarin im selben Raum zu sein.

Max würde mir eine natürliche Brücke bauen – einen Anlass für die Jungthekarin und mich, miteinander zu reden, selbst wenn wir am Ende über Aliens sprechen würden.

Meine Phantasie würde wahr werden.

Ich würde mein Lebensziel erreichen.

Während ich zur Wohnung der Jungthekarin ging, eskortiert von ihrem leiblichen Bruder – wobei mir die zunehmende Menge an Abfall und Glasscherben auf dem Bürgersteig ebenso auffiel wie die steigende Häufigkeit leer stehender, mit Brettern vernagelter Häuser –, dachte ich über all die scheinbar unzusammenhängenden Ereignisse nach, die der Reihe nach passieren mussten, um mich in genau diese Situation, in genau diesen Moment in Raum zu Zeit zu bringen.

Ich fragte mich: Gab es für so etwas wirklich eine mathematische Berechnung?

Vielleicht hatte ja irgendeine geheime staatliche Behörde eine Gleichung für das Leben der Menschen ausgearbeitet –

nach dem Motto: Setz einfach die Variablen deiner Existenz ein, und du kriegst das garantierte Ergebnis.

vaterlos + dick
+ arbeitslos + hässlich
+ Mom ist deine einzige Freundin
x Mom stirbt
– du gehst auf die 40 zu

---

misshandelte Trauerbegleiterin + manisch-depressiver Priester
+ in Jungthekarin verliebt
x Therapeut möglicherweise Alien
+ Guinness in Irish Pub

= da, wo ich jetzt gerade bin!

Ist das verrückt?

Ich war noch nie besonders gut in Mathe.

Trotzdem …

Wer konnte das Glück des Augenblicks leugnen?

Wer?

Es war so offensichtlich.

Sie erschienen mir für ein paar Schritte, Richard Gere, und Sie lächelten, als wären Sie stolz. Sie machten das Daumen-hoch-Zeichen, und ich sah Ihnen an, dass Sie sich für mich freuten.

Sei einfach du selbst, sagten Sie aufmunternd zu mir. Und dann lachten Sie dieses gute Richard-Gere-Filmstar-Lachen. *Und sei selbstbewusst. Frauen lieben Selbstbewusstsein. Merk dir das. Lass ihr Märchen wahr werden. Was deine Mutter sich immer gewünscht, aber nie bekommen hat. Wie in meinen Filmen, aber diesmal im richtigen Leben. Denk nicht zu viel drüber nach. Vertrau deinen Instinkten. Durchbrich den Teufelskreis. Ich glaube an dich, Bartholomew Neil. Richard Gere glaubt an dich! Auch der Dalai Lama glaubt an dich. Das hat Seine Heiligkeit mir persönlich gesagt.*

Ich hatte das Gefühl, das Schicksal endlich auf meiner Seite zu haben, und so wurde ich mit jedem Schritt, den ich machte, immer selbstbewusster.

Danke, dass Sie da sind, Richard Gere.

Sie sind ein wahrer Freund.

Ihre Freundschaft macht aus mir einen besseren Menschen.

Und es ist schön, all das mit jemandem zu teilen.

Ihr bewundernder Fan
Bartholomew Neil

12

TEKTIT ENTSTAND NACH ANSICHT DER WISSENSCHAFT DURCH DEN EINSCHLAG GROSSER METEORITEN AUF DER ERDOBERFLÄCHE VOR MILLIONEN VON JAHREN

Lieber Mr. Richard Gere,

bestimmt fragen Sie sich, warum ich in meinem letzten Brief nicht die Einzelheiten meiner ersten Begegnung mit der Jungthekarin geschildert habe, die ich von jetzt an Elizabeth nennen werde, weil sie nicht Jungthekarin genannt werden möchte.

«So jung bin ich gar nicht», sagte Elizabeth hinter dem braunen Haarvorhang, als sie erfuhr, dass ich sie Jungthekarin nannte. «Und eine richtige Bibliothekarin bin ich auch nicht.»

Ihre Stimme war ... zögerlich und verletzt und schön und vielleicht wie bei einem Vogel mit gebrochenem Flügel, der ungestört und ganz allein in der Wildnis singt, in dem Glauben, niemand hört zu, falls das irgendeinen Sinn ergibt, was es wahrscheinlich nicht tut.

Wie sich herausstellte, arbeitete sie ehrenamtlich in der Stadtbibliothek – vielleicht weil sie auf ein Zeichen wartete, aber dazu später mehr.

Also, ich habe viel über alles nachgedacht, was passiert

ist, und Tatsache ist, das Ganze scheint irgendwie unglaublich. Wenn ich Ihnen haargenau erzählen würde, wie alles ablief, könnten Sie mich glatt für einen Lügner halten; Sie könnten vielleicht sogar denken, ich wäre verrückt geworden oder hätte mir die Geschichte bloß ausgedacht, um mich wichtiger zu machen, als ich in Wirklichkeit bin. Und wenn Sie mich, nachdem ich alles erzählt habe, tatsächlich für einen Lügner halten, dann ist das eben nicht zu ändern.

Ich habe mir ein paar Tage Zeit gelassen, um die Dinge zu verarbeiten, ehe ich sie zu Papier bringen würde.

(Ich fürchte, Sie halten meine jüngsten Entscheidungen für falsch, weil Sie mir seit Tagen nicht erschienen sind. Warum? Drehen Sie gerade einen wichtigen Film? Sind Sie vielleicht beim Dalai Lama? Und planen mal wieder ein Benefizdinner für ein freies Tibet? Vielleicht besuchen Sie tibetische Mönche, die nach einem missglückten Selbstverbrennungsversuch auf der Brandverletztenstation irgendeines fernen Krankenhauses leiden, und falls ja, richten Sie den Mönchen bitte aus, ich hoffe, ihre Bemühungen werden Früchte tragen und dass sie nicht allzu große Schmerzen haben.)

Trotzdem …

Sie werden nicht glauben, was jetzt kommt, weil ich es selbst kaum glauben kann: Ich schreibe Ihnen aus dem Norden von Vermont – allerdings weiß ich nicht, in welchem Ort wir sind.

Max und die Jungthekarin sind zusammen in einem Motelzimmer mit zwei Einzelbetten – ich weiß das, weil

Max den Motelmanager mehrmals fragte, ob das Zimmer zwei separate Betten «mit reichlich Abstand dazwischen» hätte, weil «das da meine Schwester ist, Mann» –, Father McNamee ist in unserem Zimmer und betet, und ich sitze hier bibbernd auf einem Holzstuhl auf dem von Schneewehen umringten Parkplatz neben unserem Mietwagen und schreibe Ihnen unter den Abermilliarden Sternen, aus denen die Milchstraße besteht, die ich eben erst bemerkt habe, weil der Motelmanager die große Leuchtreklame mit dem Schriftzug FREUNDLICHES FAMILIENMOTEL/GASTFREUNDLICHE RASTSTÄTTE in riesigen weltallgrünen Neonlettern ausgeschaltet hat.

Max hat darauf bestanden, dass ich einen glänzenden, bräunlich goldenen Tektit-Kristall an einer Lederkordel um den Hals trage, während ich spätabends draußen auf dem Land sitze, weil der mich angeblich vor einer Entführung durch Aliens schützt.

Wie, kann ich nicht genau sagen.

Max hat ihn auf einer Website namens SCHLAGT ZURÜCK! SCHÜTZT EUCH VOR ALIENS! JETZT! gekauft.

Das Risiko, von Aliens entführt zu werden, erhöht sich anscheinend drastisch, je weiter man von einer größeren Stadt entfernt ist, und deshalb tragen Max und Elizabeth selbst jeder drei Tektit-Kristalle um den Hals, aber Max meinte, man muss sich zu drei hocharbeiten, weshalb ich erst mal mit einem anfangen sollte. Father McNamee hat gesagt, er würde auf den Schutz des Allmächtigen vertrauen, und trägt deshalb keinen Anti-Alien-Tektit-Kristall.

Max meinte auch, dass ich, wenn ich lange genug in den Nachthimmel des nördlichen Vermont schaue, garantiert irgendwann ein Ufo sehen würde – «Achte auf Lichtkugeln, die rasend schnell über den Himmel jagen und dann ganz plötzlich stehen bleiben und auf der Stelle schweben», sagte Max, bevor er mich hier draußen, wo ich Ihnen schreibe, allein ließ, weil er irrsinnig müde war und offenbar schon genug Ufos gesehen hatte –, aber ich interessiere mich eigentlich nicht für das Weltall oder extraterrestrische Lebensformen, besonders seit Max mir so schreckliche Sachen über diese Wesen von ganz weit weg und ihre Pläne für uns erzählt hat.

Father McNamee meinte, Jesus, Gott, der Heilige Geist, Satan, Engel und Dämonen sind im Grunde alle Außerirdische, weil sie nicht «von dieser Welt» sind. Aber mehr wollte er zum Thema Aliens nicht sagen. Na ja, er hat auch noch gesagt, es wäre offiziell nicht falsch von einem Katholiken, den speziellen Anti-Alien-Tektit-Kristall zu tragen, weshalb ich kein schlechtes Gewissen habe, obwohl Mom das wahrscheinlich weder befürwortet noch die Notwendigkeit dazu eingesehen hätte. Es war einfach nett, von einem Freund ein Geschenk zu bekommen. Ob Sie es glauben oder nicht, Richard Gere, das war das erste Mal überhaupt, dass ich von jemand anderem als Mom etwas geschenkt bekommen habe. Das Leben wird wirklich besser.

Ich denke nicht, dass Mom an Aliens glaubte, aber wir haben uns nie darüber unterhalten.

Es ist auch das allererste Mal, dass ich den Großraum

Philadelphia verlassen habe (wenn man South Jersey zum Großraum Philadelphia dazuzählt, was die meisten tun), und so aufregend es auch ist, nach Norden zu fahren und sogar bald das Land zu verlassen, es ist gleichzeitig auch beängstigend, vor allem weil ich endlich meinen leiblichen Vater kennenlernen werde, der angeblich noch am Leben ist und in Montreal wohnt. Father McNamee hat sich mit ihm in Verbindung gesetzt, aber das erzähle ich Ihnen demnächst ausführlich.

Die letzten paar Tage waren überwältigend, und ich habe wirklich so lange gebraucht, um meine Gedanken zu ordnen, damit ich sie Ihnen einigermaßen verständlich darlegen kann.

Nachdem ich die Jungthekarin – Elizabeth, meine ich – kennengelernt hatte, kam ich abends nach Hause und traf Father McNamee kniend im Wohnzimmer an, was eine Verbesserung war, weil er nicht betrunken in Moms Zimmer war oder sich in die Toilette erbrach.

Als er ein Auge öffnete, war es nicht winzig wie eine schwarze Schneeflocke, sondern fing wieder an, wie das Atemloch eines Wals zu saugen – und da wusste ich, dass das Unwetter in seinem Kopf weitergezogen war.

«Ich brauche einen Pass», sagte ich.

«Was?»

«Ich brauche einen Pass.»

Father McNamee studierte einen Moment lang mein Gesicht und sagte: «Woher wusstest du, dass wir nach Montreal fahren?»

«Montreal?»

«Montreal», sagte er. «Ja. Meine Heimatstadt.»

«Ich fahre nach Ottawa, nicht nach Montreal.»

«Ottawa?»

«Ottawa.»

«Nein, du meinst sicher Montreal.»

«Ottawa.»

Father McNamee blickte perplex.

«Wie lange braucht man, um einen Pass zu bekommen?», fragte ich.

«Du wirst es nicht glauben, aber ...» Father McNamee griff in die Tasche seines Pullis und holte zwei Pässe heraus.

«Ist das ein Pass für mich?»

«Und einer für mich. Weißt du noch, wie wir in der Stadt Fotos von uns haben machen lassen?»

Er hatte gesagt, die Fotos wären für die Kirchenunterlagen. Das war ein paar Wochen vor Moms Tod. Ich glaube, ich hatte auch irgendwas unterschrieben.

«Warum willst du nach Ottawa?», fragte er.

«Warum haben Sie Pässe für uns machen lassen?»

«Es wird Zeit, dass du deinen Vater kennenlernst. Er lebt in Montreal.»

«Mein Vater ist den Märtyrertod gestorben», sagte ich. «Er wurde vom Ku-Klux-Klan umgebracht.»

«Das war bloß eine Gutenachtgeschichte, die deine Mutter dir erzählt hat, damit du nicht darüber nachdenken musstest, warum du all die Jahrzehnte keinen Vater hattest. Sie hat nur so getan, als ob, um dich zu schützen.

Dein Vater lebt. Und er hat sich mit uns verabredet; wir treffen uns im St.-Josephs-Oratorium in Montreal, vor dem konservierten Herz des heiligen Bruders André, das als Reliquie ausgestellt ist.»

«Was? Warum?», sagte ich. «Mein Vater ist wirklich am Leben? Sie haben Kontakt zu ihm gehabt? Da ist ein konserviertes Herz ausgestellt?»

Ich war mir nicht sicher, welche von den Fragen absurder war.

«Ja, Bruder Andrés Herz ist in einem Glas konserviert, und dein Vater lebt. Wir treffen ihn da, weil der heilige Bruder André ein großer Heiler war. Und du und dein Vater brauchen Heilung.»

Ich wusste nicht, ob ich Father McNamee glauben sollte. Ich konnte mir nicht vorstellen, dass mein Vater wirklich noch lebte. Falls ja, wieso hatte er sich dann nicht schon längst mit mir in Verbindung gesetzt? Wieso hatte Mom mich angelogen?

Mom hatte nie gelogen.

Niemals.

Schon gar nicht bei so wichtigen Dingen.

Selbst der kleine Mann in meinem Bauch war diesmal auf meiner Seite – er trat weder, noch boxte er noch sonst was, er verschränkte bloß selbstgefällig die Arme und benutzte meinen Magenboden als Hängematte, weil wir beide wussten, dass Father McNamee sich irrte.

«Erzähl mir, wieso du glaubst, du solltest nach Ottawa fahren, Bartholomew», sagte Father McNamee.

Ich dachte an C.G.Jungs Synchronizität, während ich Father McNamee in die Küche folgte, wo er uns Kaffee eingoss.

«Also?», sagte Father McNamee.

Ich erzählte ihm erst einmal alles, was ich Ihnen, Richard Gere, in meinem letzten Brief erzählt habe.

Father McNamee schmunzelte, als ich Max' Theorie erwähnte, Arnie wäre ein Alien, und obwohl ich ihm ansah, dass er Arnie nicht für einen Alien hielt, widersprach er nicht und unterbrach mich auch in keiner Weise, was nett war.

(Höfliches Zuhören ist eine seltene Fähigkeit, finden Sie nicht?)

Dann erzählte ich weiter:

«Als wir zu Max' und Elizabeths Wohnung kamen, fielen mir als Erstes die getönten Fensterscheiben auf. Sie waren mit einer Art Folie beklebt, sodass sie aussahen wie Spiegel und niemand von außen hereinschauen konnte», sagte ich zu Father McNamee.

Als ich Max auf die Fenster ansprach, sagte er: «Basisschutzmaßnahme gegen Entführung durch Aliens.»

Er öffnete die Tür und brüllte: «Elizabeth! Ich hab jemand Verfluchten mitgebracht. Er ist überprüft! Du musst dich nicht verstecken! Vertrau mir!»

Wir betraten einen Wohnraum. Eine alte karierte Couch war so zerschlissen, dass an manchen Stellen die gelbliche Füllung herausschaute. Vor der Couch stand ein zerkratzter niedriger Tisch aus Holz, unter dem ein Flechtteppich lag, dessen Farben schon seit langem weggestaubsaugt worden waren. Der Fernseher war sehr alt – nicht flach und elegant, sondern ein wuchtiger, sperriger Klotz.

«Warte genau hier, Mann», sagte Max. «Setz dich.»

Ich setzte mich auf die Couch.

Max ging ins Nebenzimmer, das wohl die Küche war, denn ich konnte die Seite eines avocadogrünen Kühlschranks sehen, der aussah, als gehörte er in ein Museum für historische Küchengeräte.

«Elizabeth, was soll der Mist? Wir haben Besuch!»

Ich hörte Getuschel.

«Er ist kein Mann in Schwarz. Er trägt überhaupt nie Schwarz. Ich bin schon zweimal mit ihm ein verdammtes Bier trinken gegangen! Ich habe ihn vor Arnie gerettet, und wenn Drecksarnie ein Alien ist und Bartholomew entführen wollte, na dann überleg doch mal! Ich schwöre, dass Bartholomew menschlich ist. Wann hast du schon mal gehört, dass ein Alien auf der Scheißerde gelandet ist, um einen anderen Alien zu entführen? Das ist total unlogisch!»

Wieder wurde getuschelt, ehe Max sagte: «Scheiße, es reicht!», und dann zog er Elizabeth am Handgelenk ins Wohnzimmer. Er bugsierte sie auf die Couch und sagte: «Bartholomew, mein Freund – darf ich vorstellen? Elizabeth, meine Schwester. Elizabeth, meine Schwester – darf ich vorstellen? Bartholomew, mein Freund.»

Elizabeth legte die Hände flach auf die Oberschenkel und starrte auf sie hinab, das Gesicht hinter den langen braunen Haaren versteckt. Sie trug eine enge rote Hose, einen braunen Schlabberpulli und schwarze Military-Stiefel.

«Du kennst Bartholomew aus der Stadtbibliothek», sagte Max. «Er nennt dich die verdammte Jungthekarin.»

«Eigentlich bloß die Jungthekarin», sagte ich mit neu entdecktem Richard-Gere-Selbstvertrauen. Tat so, als ob.

Lässig wie ein Filmstar.

Normalerweise wäre ich kurz vor einem Herzanfall gewesen, aber in Anbetracht der wilden Zufälle, die zu genau diesem Augenblick geführt hatten, schien alles vom Schicksal bestimmt, was meine Unzulänglichkeiten bedeutungslos machte.

«Warum?», sagte sie. «Was hat das zu bedeuten? Die Jungthekarin?»

«Das ist bloß ein Spitzname, den ich mir ausgedacht habe», sagte ich.

«So jung bin ich gar nicht. Und eine richtige Bibliothekarin bin ich auch nicht. Ich mach das bloß ehrenamtlich.»

«Scheiße, Elizabeth. Sei nett, okay? Bartholomew ist mein Freund. Er will dich kennenlernen. Wann wollte dich das letzte Mal jemand kennenlernen, echt ey?»

«Warum willst du mich kennenlernen?», fragte sie. «Und bitte, nenn mich Elizabeth.»

«Ich –», sagte ich, aber mir fiel keine Antwort ein, die mich nicht wie ein Perverser hätte klingen lassen.

«Er will dich schon seit Jahren kennenlernen! Verdammt krass, oder?»

«Warum?», wiederholte sie.

Ich spürte, wie mir der Schweiß ausbrach. Meine Schläfen fühlten sich feucht an, meine Achselhöhlen heiß. Und dann war es, als ob Sie, Richard Gere, in mich gefahren wären und für mich sagten: «Na ja. Du bist mir aufgefallen. Du bist irgendwie etwas Besonderes.»

«Ich bin nichts Besonderes.»

«Doch, bist du.»

«Inwiefern bin ich denn etwas Besonderes?», fragte Elizabeth. Sie hatte mir den Rücken zugedreht und blickte jetzt zur Wand, mit hängenden Schultern.

«Na ja, zunächst einmal mag ich, dass du die Bücher immer so behutsam einräumst – wenn du sie zurück an ihren Platz in den Regalen stellst. Du bist immer ganz sanft. Du tippst auf jedes Buch einmal mit dem Zeigefinger, als wolltest du es dafür belohnen, dass es demjenigen, der es ausgeliehen hatte, ein schönes Leseerlebnis beschert hat, und es ermuntern, die Menschen weiterhin zu bereichern. Und mir gefällt auch, dass du alte Bücher nicht einfach so wegwirfst, sondern sie genau unter die Lupe nimmst, um absolut sicher zu sein, dass sie nicht mehr zu retten sind. Du gibst sie nicht leichtfertig auf, und ich glaube, das ist eine schöne und seltene Eigenschaft bei einer Frau – bei einem *Menschen*, meine ich. Das bewundere ich wirklich. Die meisten Leute nehmen sich nicht die Zeit, solche kleinen Dinge zu tun, geschweige denn, sie zu genießen. Meine Mutter hat die kleinen Dinge immer genossen, aber jetzt ist sie tot.»

«Du beobachtest mich, wenn ich so was mache?», sagte

sie und warf mir durch einen glatten Vorhang aus braunen Haaren einen Blick über die Schulter zu.

«Ja», sagte ich. «Das ist für mich immer das Schönste am ganzen Tag, wenn du in der Bibliothek bist. Du bist wirklich die beste Bibliothekarin, die sie haben.»

«Ich hab doch schon gesagt, dass ich bloß ehrenamtlich arbeite. Ich werde nicht mal bezahlt.»

«Das ist mir egal.»

Sie stand auf und huschte in die Küche.

«Oh Mann», sagte Max und folgte ihr.

Ich hörte sie in der Küche tuscheln.

Als sie wiederkamen, sagte Elizabeth: «Erzähl ihm von unseren Problemen, Max.»

«Das ist persönlich!»

«Wir werden zwangsgeräumt», sagte Elizabeth. «Toll, was?»

«Das ist eine *Familien*angelegenheit, verdammt.»

«Ist doch jetzt egal, wer es weiß», sagte Elizabeth zu Max. Zu mir sagte sie: «Wir sind pleite.»

«Tut mir leid, das zu hören», sagte ich.

Max sah mich an und schüttelte den Kopf.

«Was wollt ihr jetzt machen?», fragte ich Elizabeth.

«Wir haben gerade noch genug Geld, um nach Ottawa zu fahren», sagte Elizabeth. «Also fahren wir nach Ottawa. So verrückt sich das auch anhört. Was danach kommt, keine Ahnung.»

«Wir müssen nicht nach scheiß Ottawa», sagte Max.

«Ich hab's dir aber versprochen», sagte Elizabeth.

«Was ist denn in Ottawa?», fragte ich.

«Das verfluchte Katzenparlament», sagte Max.

«Was?», sagte ich.

«Das ist so ein Ort, wo Katzen nach Lust und Laune herumstreunen können, gleich neben dem, was im Grunde das Weiße Haus von Kanada ist. Einer der scheißbesten Plätze auf der Welt, obwohl ich bloß was drüber gelesen habe. Ich will schon seit über zehn Jahren dahin. Das ist mein verfluchter persönlicher Wunschtraum.»

«Ich hab Max versprochen, zu seinem vierzigsten Geburtstag mit ihm das Katzenparlament zu besuchen», sagte Elizabeth. «Wir haben ein Auto gemietet. In ein paar Tagen geht's los. Sobald wir offiziell zwangsgeräumt sind. Und was wir danach machen, wissen wir nicht. Aufregend, was?»

Elizabeths Sarkasmus war beängstigend – sie war wie ein in die Enge getriebenes Tier, das wild um sich schlug, ihre Worte wie Krallen.

«Wieso werdet ihr zwangsgeräumt?», fragte ich.

«Uns ist das verdammte Geld ausgegangen, weil wir für die Reise nach Ottawa gespart haben. Wir haben die Scheißmiete nicht mehr bezahlt.»

«Und wenn du diese Studie bei Arnie machen würdest? Hat er dir nicht mehr Geld geboten, als –»

«Er ist ein Drecksalien, schon vergessen?»

«Ach ja, stimmt», sagte ich.

«Wir haben gerade genug Geld für die Fahrt zum Katzenparlament», sagte Elizabeth. «Wir haben keinen Schimmer, wie es danach weitergeht.»

Max sah mich nervös an und zog die Augenbrauen hoch. Er hielt sich eine Hand vor den Mund und flüsterte: «Scheiß drauf, Mann!»

«Hat mein Bruder dir von meiner ... Entführung erzählt?»

Ich sagte nichts.

«Glaubst du an Entführungen durch Aliens, Bartholomew?»

Ich wusste, was sie von mir hören wollten, also sagte ich: «Ja.»

Ich glaubte *nicht* an Entführungen durch Aliens, aber mir war klar, dass ich in dem Moment daran glauben musste – dass das für Max und Elizabeth von entscheidender Bedeutung war. Wenn sie je meine Freundin werden sollte, musste ich ihnen das in diesem Augenblick unbedingt bieten.

«Wir können ihm vertrauen, Elizabeth. Er ist ein guter Mensch», sagte Max, was mich zum Lächeln brachte. «Ich hab ihn beim Guinness überprüft. Echt, Mann!»

«Also gut. Dann erzähl es ihm, Max», sagte Elizabeth. «Erzähl ihm meine Geschichte. Na los. Mal sehen, was er sagt. Vielleicht kann er uns sogar retten, wie der Prinz aus dem Märchen. Also?»

Ich schluckte schwer, weil Elizabeth vom Märchenprinzen gesprochen hatte, Richard Gere, genau wie Vivian Ward in *Pretty Woman*.

Synchronizität.

Unus mundus.

«Okay», sagte Max und fing dann an, die Geschichte zu

erzählen, wie seine Schwester an einem Sommerabend am Delaware River entlangging, als sie über dem Wasser einen weißen Energieball sah, der zu pulsieren und zu strahlen schien – «als wäre der allerschönste Stern, den du je gesehen hast, zur Erde runtergeschwebt, so sanft, wie ein Flugschirmchen von einer verdammten Pusteblume im Wind tanzt».

Es war so faszinierend, dass sie ihm stundenlang gedankenlos folgte, völlig gebannt von seiner Schönheit, aber sie kam einfach nicht näher an ihn heran – egal, wie schnell sie ging, die riesige Lichtkugel blieb immer gleich weit von ihr entfernt. Sie ging eine halbe Ewigkeit, ohne müde oder hungrig zu werden. Und dann – zack, peng – war sie an genau derselben Stelle, wo sie das helle Licht zuerst gesehen hatte, als hätte sie sich keinen Meter bewegt. Sie blickte auf die Uhr ihres Handys und sah, dass keine Zeit vergangen war. Sie war sogar ziemlich sicher, dass es gut fünf Minuten *vor* dem Moment war, an dem sie das Licht gesehen hatte. Und da keimte in ihr der Verdacht auf, dass sie vielleicht dabei war, verrückt zu werden.

In der Nacht konnte sie nicht schlafen. Elizabeth überlegte krampfhaft, was in der Zeit, in der sie dem wunderschönen Licht am Himmel folgte, passiert war, doch je mehr sie ihr Gedächtnis anstrengte, desto mehr verschwand alles in den dunklen vergessenen Teil ihres Verstandes – fast wie ein Traum, der am Morgen noch lebhaft in Erinnerung ist, aber schon mittags völlig vergessen. Sosehr sie es auch versuchte, sie konnte sich an keine Einzelheit erinnern, aber sie wurde den Verdacht nicht los, dass weitaus mehr geschehen war, als dass sie einfach nur ein Licht am Himmel gesehen hatte.

Sie wurde furchtbar nervös und hatte ein unerträgliches Engegefühl in der Brust; Elizabeth fürchtete schon, sie hätte einen Herzinfarkt.

Am nächsten Tag ging sie in die Notfallambulanz, und nachdem ein paar Untersuchungen ergeben hatten, dass mit Herz und Kreislauf alles in Ordnung war, befolgte sie den ärztlichen Rat und ließ sich in eine psychiatrische Klinik einweisen. Dort bekam sie Medikamente und Bettruhe, ja sogar obligatorische Gesangsstunden verordnet, und Therapeuten sprachen mit ihr ausführlich über ihre Kindheit, Jugend und auch ihr Erwachsenenleben.

Nach ein paar Wochen in der psychiatrischen Klinik kehrte die Erinnerung zurück, und sie wusste wieder, was wirklich passiert war.

An jenem schicksalhaften Abend war sie in ein Ufo gezogen worden, und zwar von einer Art Traktorstrahl, der sie von dem Spaziergang am Fluss in ein ganz in Weiß gehaltenes wissenschaftliches Gehirnlabor teleportiert hatte. Da waren Weltraumwesen mit länglichen Köpfen und leuchtenden schwarzen Augen und kleinen Körpern – ihre Arme und Beine waren dünn wie Salamisticks, und ihre Haut war grün und fleckig wie die von Fröschen.

Sie wurde mit Stricken, die aus Strom waren, auf einen Operationstisch geschnallt, und trotz der Experimente, die an ihr vorgenommen wurden, spürte sie keinen Schmerz und hatte auch keine Angst dabei. Die Münder der Aliens bewegten sich nicht, aber im Kopf hörte sie ihre Stimmen, die tief und sonor waren. Die Aliens sagten: «Es ist bald vorüber. Es hat keinen Sinn, sich zu wehren. Entspann dich einfach. Wir machen das alles zum Wohle deiner Spezies. Wo wir herkommen, bist du so etwas wie eine ‹Heldin der Wissenschaft›, weil dein kurzes Unbehagen zu vielen großartigen Fortschritten führen wird, die Millionen Wesen in der ganzen Galaxie zugutekommen werden. Sei unbesorgt. Du wirst in Kürze auf deinen Planeten zurückgebracht.»

Max fügte an der Stelle ein «Scheiße, Mann!», hinzu, wobei er die Augen besonders weit aufriss und heftig nickte.

Ich sah Elizabeth an, die anscheinend meine Reaktion auf die Geschichte beobachtete, doch als unsere Blicke sich trafen, zuckte sie die Achseln, was irgendwie seltsam war.

Weil sie in der Werbefirma, wo sie arbeitete, so viele Wochen ausfiel und ihrem Boss auch nicht Bescheid gesagt hatte, dass sie sich in einer Klinik von der Entführung durch Aliens erholte, war sie ihren Job los, sodass sie von ihren Ersparnissen lebte und anfing, ehrenamtlich in der Stadtbibliothek zu arbeiten, weil sie schon immer Geschichten geliebt hatte.

«Und ich bin dann auch von Worcester hierhergezogen, Mann!», sagte Max.

Elizabeth sah mich durch den braunen Haarvorhang an und sagte: «Irre Geschichte, was?»

In Moms Küche sagte ich zu Father McNamee: «Und dann hat Max mich gefragt, ob ich nicht Lust hätte, mit ihnen zum Katzenparlament in Ottawa zu fahren. Und Elizabeth meinte, ihr wäre egal, ob ich mitkomme oder nicht. Was glauben Sie, hat das zu bedeuten, dass ich das erlebe und Sie schon die Pässe haben?»

«Ich habe keine Ahnung», sagte Father McNamee. «Aber ich möchte die beiden kennenlernen. Gott macht nichts zufällig. Darauf kannst du Gift nehmen.»

Am nächsten Tag nahm ich Father McNamee mit zu Max' und Elizabeths Wohnung. Er erzählte ihnen vom St.-Josephs-Oratorium in Montreal und dass er geplant hatte, mich meinem Vater genau an der Stelle vorzustellen, wo Father McNamee zum ersten Mal seine Berufung gespürt hatte, Priester zu werden, damals als Jugendlicher. Er erklärte ganz einfach, Gott hätte aufgehört, zu ihm zu sprechen, und er glaubte, wenn er mich wieder mit meinem Vater vereinte, würde das Gott gefallen und Ihn bewegen, erneut zu ihm zu sprechen. «Vielleicht sollten wir zusammen fahren», sagte Father McNamee.

«Wir sind eigentlich nicht religiös», erklärte Elizabeth, was irgendwie peinlich war, weil Max und Elizabeth anzumerken war, dass sie Father McNamee für absolut verrückt hielten. «Wir wollen uns bloß das Katzenparlament ansehen, weil Max Katzen liebt. Das ist in Ottawa. Nicht in Montreal.»

«Verfluchtes Katzenparlament!», warf Max ein.

Vielleicht spürte Father McNamee, dass er den Kampf

verlieren würde, denn er sagte: «Also, ich habe Geld, um die Reise zu finanzieren», was mich verblüffte, «und wenn ihr uns mit nach Ottawa fahren lasst und dafür mit uns nach Montreal fahrt – die Städte liegen nur zweieinhalb Autostunden auseinander –, teile ich das Geld mit euch.»

«Wie viel Geld?», fragte Elizabeth.

«Genug, um den Mietwagen, Benzin, Hotels und Essen für uns alle vier zu bezahlen», sagte Father McNamee.

«Wieso wollen Sie das alles bezahlen?», fragte Elizabeth.

«Ihr seid mit Bartholomew befreundet. Er mag euch beide sehr. Das ist für mich Grund genug.»

«Ich bin nicht mit ihm befreundet», sagte Elizabeth. «Ich kenne ihn erst seit gestern.»

«Aber ich bin mit ihm befreundet», sagte Max. «Und eine größere Zahl von Leuten verringert das Scheißrisiko, von Aliens entführt zu werden, Elizabeth. Das ist eine verdammte Tatsache. Außerdem sind wir pleite. Du hast selbst gesagt, du wüsstest nicht mal, ob unser verfluchtes Geld für die Reise reichen würde.»

Elizabeth blickte zur Wohnzimmerdecke und schluckte mehrmals.

«Es ist nur so ein Gefühl», sagte Father McNamee, «aber ich glaube wirklich, dass das Schicksal es so will. Und ich bin überzeugt, dass Max und Bartholomew schon fest entschlossen sind. Meint ihr nicht, das könnte schön werden?»

«Scheiße, ja!», sagte Max.

«Es ist dein Geburtstag», sagte Elizabeth zu Max. «Es ist dein Geschenk.»

Und dann war die Sache – erstaunlicherweise – irgendwie abgemacht.

Heute Morgen beluden wir den gemieteten Ford Focus und starteten in Richtung Norden.

Elizabeth und Father McNamee wechselten sich am Lenkrad ab, weil Max und ich keinen Führerschein haben.

Als wären wir kleine Kinder, denen er eine Gutenachtgeschichte erzählt, schilderte Father McNamee uns das Leben des heiligen Bruders André Bessette, der mit zwölf Jahren Waise wurde, schwach und häufig krank war, ungebildet, aber inbrünstig an die Kraft des heiligen Joseph glaubte. Viele sprachen Bruder André Heilkräfte zu, der das aber stets bestritt – und sogar erbost reagierte, wenn die Leute behaupteten, er könnte Wunder wirken. Er sagte, der heilige Joseph hätte die Wunder gewirkt. Und doch kommen noch immer Menschen aus aller Welt in der Hoffnung auf Heilung zu dem von ihm erbauten Oratorium. «Sein Herz ist dort ausgestellt», sagte Father McNamee. «Mich hat diese Geschichte begeistert, als ich jung war – sie begeistert mich noch immer.»

«Sein richtiges Herz?», fragte Elizabeth, ohne darauf einzugehen, was Father McNamee zuletzt gesagt hatte.

«Ja.»

«Ja, Mann!», sagte Max und biss dann die Zähne zusammen.

«In den siebziger Jahren wurde es gestohlen, ist aber dann wieder aufgetaucht.»

«Wieso sollte jemand sein Herz stehlen?», fragte ich.

«Ich habe nicht die geringste Ahnung», sagte Father McNamee.

«Wie ist es wieder aufgetaucht?», fragte Elizabeth.

«Wenn ich mich recht entsinne, wurde es in einem Keller gefunden», sagte Father McNamee.

Elizabeth schwieg auf dem Vordersitz, versteckt hinter ihren Haaren, während ich sie im Seitenspiegel beobachtete, doch ich meinte, sie leise seufzen zu hören.

Lange Zeit sagte niemand etwas.

Wir fuhren immer weiter Richtung Norden – schauten alle vier aus den Fenstern auf den schmutzigen Schnee, der von Räumfahrzeugen am Straßenrand aufgetürmt worden war, bis wir müde waren und dringend etwas zu essen und einen Ort zum Schlafen brauchten.

Und so kommt es, dass ich jetzt auf einem Motelparkplatz oben in Vermont sitze und Ihnen schreibe, mein Atem silbrig in der Luft und meine Hand rot vor Kälte.

Ich befingere meinen neuen Kristall, während ich zum Himmel schaue und nach schwebenden Lichtkugeln suche, aber ich habe noch keine entdeckt.

Max hat mir den Tektit-Kristall beim Abendessen gegeben. Wir aßen in einem Diner namens Green Mountain Food. Er langte über den Tisch und hängte ihn mir zum Schutz um den Hals, während die Musikbox den Elvis-Song «Don't Be Cruel» spielte.

Elizabeth sagte, Tektit entstand nach Ansicht der Wissenschaft durch den Einschlag großer Meteoriten auf der Erdoberfläche vor Millionen von Jahren.

«Also, dieses Mistding», sagte Max, womit er sich von den Diner-Gästen ringsum strafende Blicke einhandelte, «verbindet dich mit dem, was außerhalb der Erdatmosphäre ist, weil es mit dem großen Unbekannten da oben in Kontakt war.» Er zeigte nach oben und sagte: «Einschlagtheorie. Die beknackten Meteoriten trafen mit solcher Wucht auf die Erde, dass alle möglichen Materialien bis ganz oben ins Weltall flogen und dann wieder auf unseren verdammten Planeten regneten wie zurückkehrende Astronauten aus Stein.»

Max ließ die Fäuste auf den Tisch knallen, um den Meteoriteneinschlag auf der Erde zu simulieren.

«Und die Verbindung zum Weltall bedeutet Schutz», sagte Max und drohte mir dabei mit seinem dicklichen Zeigefinger. «Glaub mir. Ich kenn mich mit so Zeug aus – viel besser als jeder verfluchte Normalbürger.»

Ich merkte, dass es Max wichtig war, so zu tun, als ob das stimmte, und dass Elizabeth hoffentlich mitspielte – und deshalb nickte ich rasch und tätschelte den glänzenden bronzefarbenen Stein, den ich um den Hals hängen hatte.

«Ja, Mann!», sagte Max nickend. «Das Drecksding schützt.»

Ich nickte Max zustimmend (oder zumindest verständnisvoll) zu.

Dann aßen wir schweigend – aber zusammen, wie eine Familie. Ich könnte Ihnen nicht sagen, wann ich zuletzt mit mehr als zwei anderen Menschen zu Abend gegessen hatte. Vielleicht nachdem diese Jugendlichen in unser Haus eingebrochen waren, alles demoliert und unsere Betten als Toiletten benutzt hatten.

Es tat gut, einfach Menschen um mich zu haben – wie wenn man an einem bitterkalten Winterabend in eine warme Wolldecke gewickelt ist und eine Tasse heißen Kakao in den Händen hält.

Ich wünschte, Sie wären dabei gewesen, Richard Gere. Es hätte Ihnen gefallen – na ja, zumindest, dass wir das Essen teilten.

«Abendmahl?», sagte ich zu Father McNamee, als er einen heimlichen Schluck aus seinem Whiskeyflachmann nahm.

«Allerdings.» Er lächelte Max und Elizabeth an.

Und dann waren die einzigen Geräusche nur noch das Geklapper von Besteck auf weißen Tellern und die Oldies, die leise im Hintergrund liefen, und das Geplauder anderer Gäste über das Wetter und über Lokalpolitik und Sport und Klatsch und Tratsch und über das Essen, das sie sich schmecken ließen.

Father McNamee summte immer noch «Don't Be Cruel», als der Song längst zu Ende war – er summte ihn auf der ganzen Fahrt zum Motel, während er am Steuer des Ford Focus saß, und er summt ihn wahrscheinlich auch jetzt noch in seinem Bett.

Bevor ich nach draußen auf diesen Parkplatz ging, um Ihnen zu schreiben, Richard Gere, erzählte mir Father McNamee in unserem Zimmer, dass meine Mom Elvis toll fand und sogar einmal auf einem Konzert von ihm war, bevor ich geboren wurde.

Er sagte «Don't Be Cruel» war einer ihrer Lieblingssongs. Das hatte ich gar nicht gewusst.

Ihr bewundernder Fan
Bartholomew Neil

13

SIE MOCHTEN LIEBER BLATTSALAT ALS MÖHREN

Lieber Mr. Richard Gere,

als wir zur kanadischen Grenze kamen, mussten wir mit unserem Ford Focus in einer Schlange warten und dann am Kontrollhäuschen der Grenzpolizei halten. Es sah aus, wie wenn man sich einer Mautbrücke nähert, bloß dass da keine gigantische Metallkonstruktion war, die zwei Stücke Land miteinander verbindet, und auch kein Wasser – nein, da waren mehrere Autoschlangen und Häuschen, an denen man vorbeifahren musste, bloß eben ohne Maut zu bezahlen.

Als wir unser Häuschen erreichten, verlangte ein großer schnurrbärtiger Mann – mit einer tiefen, rauen Stimme –, alle unsere Pässe zu sehen.

Father McNamee reichte sie ihm, und der Mann sah sich jeden einzelnen länger als nötig an und spähte immer mal wieder durch Father McNamees Fenster ins Wageninnere, um sich zu vergewissern, dass unsere Gesichter mit den Fotos übereinstimmten. Unser kanadischer Kontrolleur trug eine offiziell aussehende Uniform und machte einen schlecht gelaunten Eindruck.

«Geschäfts- oder Privatreise?», sagte er schnell, wobei er kaum den Mund öffnete. Die Art, wie er die Stirn runzelte, ließ vermuten, dass es eindeutig eine falsche Antwort gab und er davon ausging, dass wir sie geben würden, was mich nervös machte.

«Kommt drauf an, wie man es betrachtet, ehrlich gesagt», erwiderte Father McNamee.

Elizabeth saß auf dem Beifahrersitz und starrte zum Seitenfenster hinaus, sodass der Kontrolleur ihr Gesicht nicht sehen konnte.

«Was ist los mit ihr?», fragte der Kontrolleur.

«Sie fühlt sich in solchen Situationen leicht unwohl, mehr nicht», sagte Father McNamee

«Wo wollen Sie hin?»

«Montreal und dann Ottawa. Das St.-Josephs-Oratorium ist unser Hauptziel.»

«Katzenparlament», sagte Max vom Rücksitz und verkniff sich mühsam den Kraftausdruck. «Verfluchtes Katzenparlament», flüsterte er fast unhörbar, doch mit einem intensiven Blick.

«Ich war früher Priester», schob Father McNamee rasch nach, was mich vermuten ließ, dass er Max hatte fluchen hören und sich bei dem Grenzbeamten anbiedern wollte, da viele Kanadier katholisch sind, jedenfalls laut Father McNamee.

«Was machen Sie jetzt beruflich?», sagte der Grenzbeamte.

«Ich bin im Ruhestand», sagte Father McNamee.

«Können Priester in den Ruhestand gehen?»

«Hören Sie, ich muss bloß einen kurzen Trip in Ihr schönes Land machen. Man könnte sagen, es ist eine Art Wallfahrt. Eine sehr notwendige.»

Der Grenzbeamte musterte Father McNamee ein paar Sekunden lang und presste die Lippen so fest zusammen, dass sie weiß wurden.

Father McNamee lächelte ihn an.

«Was ist mit Ihnen, Miss?», sagte er. «*Miss?* Würden Sie mich bitte ansehen?»

«Was?», sagte Elizabeth, ohne den Mann anzusehen.

«Was machen Sie beruflich?»

«Ich habe bis vor kurzem ehrenamtlich in der Stadtbibliothek gearbeitet.»

«Und jetzt?»

Elizabeth erwiderte nichts.

«Sie da hinten?», sagte er und deutete mit der Nase auf mich.

«Ja?», sagte ich.

«Was macht ihr zwei beruflich?»

«Ich arbeite seit Ewigkeiten in einem Dreckskino», sagte Max, und ich konnte den Zorn in seiner Stimme hören. Er klang sehr ungeduldig. Ich merkte ihm an, wie gereizt er war. «Echt, Mann!»

«Kein Grund zu vulgären Ausdrücken, Mister. Mäßigen Sie sich. Und Sie?»

Ich blickte auf und konnte spüren, dass der Grenzbeamte mich durch seine verspiegelte Sonnenbrille ansah.

«Ich habe mich um meine Mutter gekümmert», sagte ich wahrheitsgemäß.

«Das ist kein Job», sagte er. «Oder?»

«Was anderes hab ich nie gemacht.»

«Was machen Sie jetzt?»

Ich wusste nicht, was ich darauf antworten sollte, also schwieg ich.

«Also keiner von euch vier hat einen richtigen Job», sagte er schließlich, und ich merkte ihm an, dass er uns nicht ausstehen konnte – dass er uns alle für Schwachköpfe hielt.

Du bist ein Schwachkopf!, schrie der kleine Mann in meinem Bauch.

«Was haben Sie da bloß für eine spezielle Crew im Wagen, Father?», sagte der Mann.

«Eine ganz spezielle Crew. Die speziellste, die man haben kann! Es sind Gottes spezielle Kinder. Das kann ich Ihnen versichern.»

Die Stirn des Grenzbeamten war ganz zerfurcht.

«Ihre Mutter ist Ihre primäre Einnahmequelle, Mister Zwei?», fragte er und zeigte dann auf mich.

Ich brauchte eine Sekunde, um zu begreifen, dass er mit Mister Zwei mich meinte, aber dann sagte ich: «Sie war meine Mutter.»

«Kümmern Sie sich jetzt nicht mehr um sie?», fragte er. «Was ist passiert? Hat Ihre Mutter Sie gefeuert?»

«Sie ist gerade an einem Gehirntumor gestorben», sagte Father McNamee. «Und unsere Reise machen wir ein wenig zu ihrem Gedenken. Sie sind ein bisschen unsensibel, meinen Sie nicht?»

Father McNamees Nacken war rot geworden, und ich merkte ihm an, dass er wütend war.

Ich konnte sehen, wie seine Augen sich in der Sonnenbrille des Mannes spiegelten; sie saugten wieder, wie große Strudel.

Der Grenzbeamte klatschte unsere Pässe gut ein Dutzend Mal in seine Handfläche, als würde er überlegen, was er mit uns machen sollte.

Schließlich sagte er: «Willkommen in Kanada», und gab Father McNamee unsere Pässe.

«Puh!», sagte Father McNamee, als er sein Fenster hochkurbelte und losfuhr. «Ich dachte schon, er würde uns durchsuchen. Und ich habe rund ein halbes Dutzend nicht verzollte Flaschen Jameson im Kofferraum!»

Wir fuhren zehn Minuten oder so, ohne dass ein weiteres Wort fiel. Ich merkte, dass der Kontrolleur uns alle extrem nervös gemacht hatte. Aber wir sprachen nicht darüber; wir starrten einfach aus unseren Fenstern.

«Schöner Mist, *hä?*», sagte Max, was die Spannung endlich auflöste, und dann lachte er über seinen eigenen Witz.

Elizabeth stöhnte auf.

Als niemand etwas sagte, fügte Max hinzu: «Wir sind in Dreckskanada, *hä?*»

Father McNamee lachte, als er den Witz endlich verstand, und als ich fragte, was denn so lustig wäre, sagte Father

McNamee, die Kanadier würden ihre Sätze häufig mit *hä?* beenden.

«Das ist ein Klischee, das die Einheimischen sicher beleidigend finden», sagte Elizabeth.

«Schöner Mist, *hä?*», sagte Max noch einmal mit einer komischen Stimme und stupste mich mit dem Ellbogen an.

Ich lachte, obwohl ich wusste, dass Elizabeth mir das übel nahm.

Dann sagte lange niemand mehr etwas.

«Der Grenzbeamte war nicht nett», sagte ich zu meinem Spiegelbild in der Fensterscheibe.

Niemand antwortete.

Wir fuhren durch die öde schneebedeckte Landschaft, vorbei an zahllosen Silos, die mit französischen Namen beschriftet waren, und je weiter wir in unseren nördlichen Nachbarn hineinfuhren, desto mehr hatte es den Anschein, als wäre die Welt gar nicht rund, sondern eine riesige Tischplatte, aus der irgendein Riese ein Diorama namens Kanada gemacht hatte, und ich dachte die ganze Zeit über die Fragen nach, die der Grenzbeamte gestellt hatte.

Können solche Fragen uns als Menschen definieren – unseren Wert bemessen, unseren Anstand und ob wir als Besucher gefährlich sind oder nicht?

Wo wollen Sie hin?

Was machen Sie beruflich?

Geschäfts- oder Privatreise?

Ergeben die Antworten, ob unser Leben von Bedeutung ist und ob wir würdig sind, in Kanada hereingelassen zu werden?

Ob wir gefährlich sind?

Was für einen Zweck hatte es überhaupt, irgendwelche Fragen zu stellen, zumal, wo wir doch ganz einfach hätten lügen und irgendwas antworten können, was uns gerade in den Sinn kam?

Jeder Kriminelle, der etwas taugt, käme mit ein paar geschickten Lügen mühelos durch die Grenzkontrolle, aber Leute wie ich scheitern unweigerlich, sobald man sie sich selbst überlässt.

Ich wünschte, wir hätten gesagt, wir wären Ärzte auf dem Weg zu einem unterirdischen Geheimlabor in den Nordwest-Territorien, um dort nach Mitteln gegen Hirnkrebs zu forschen – dass wir auf offizieller Weltrettungsmission wären und keine Zeit hätten, belanglose und dämliche Fragen zu beantworten.

«Treten Sie zur Seite, Grenzbeamter, denn wir haben bedeutende Dinge vor, die Sie erstaunen werden.» Wenn Father McNamee das gesagt hätte, wären wir richtig stolz gewesen. «Wagen Sie es nicht, uns aufzuhalten, denn Sie wollen doch wohl nicht den Fortschritt der gesamten Menschheit blockieren!»

Sie, Richard Gere, hätten sich in der Situation locker und elegant mit schauspielerischem Können durchlaviert. Sie hätten den Grenzbeamten betört und sehr viel leichteres Spiel gehabt. Aber die Wahrheit ist: Sie hätten überhaupt nicht schauspielern müssen, weil der Grenzbeamte Sie auf der Stelle als berühmten Filmstar erkannt hätte – er hätte Sie in Kanada willkommen geheißen, ohne eine einzige Frage zu stellen. Er hätte Sie höchstens um ein Autogramm gebeten oder gefragt, ob Sie sich mit ihm zusammen fotografieren lassen würden, den Arm um seine Schultern gelegt und lächelnd, als wären Sie beide seit Jahrzehnten dicke Freunde.

Wie kommt es, dass die Leute, die sehr gut darin sind, schwierige Fragen zu beantworten, nie schwierige Fragen gestellt bekommen, während Leute wie ich immerzu gezwungen werden, scheinbar unmögliche Dinge zu tun?

Am schlimmsten für mich war folgende Erkenntnis: Wenn Father McNamee nicht bei uns gewesen wäre, hätte der Grenzbeamte uns nicht nach Kanada reingelassen – er hätte uns wahrscheinlich festgenommen und ins Gefängnis gesteckt, weil Max, Elizabeth und ich bei dem Frageteil der Grenzüberquerungserfahrung vor lauter Panik kein Wort herausbekommen hätten und der Beamte nicht verstanden hätte, warum wir uns so – wie er es nennen würde – seltsam benahmen.

Idiot!, schrie der kleine Mann in meinem Bauch, und diesmal glaubte ich ihm.

Ansonsten passierte eigentlich nichts mehr, bis wir in Montreal ankamen.

Father McNamee hatte für uns Zimmer in einem schicken Hotel reserviert, wo wir in der Tiefgarage parkten und auf dem Dach schwimmen konnten, weil da ein beheizter Pool war, der zur Hälfte draußen und zur Hälfte drinnen war. Max und ich sahen ihn uns an, gingen aber nicht schwimmen, weil ich nicht schwimmen kann – ich habe sogar Angst vor Wasser – und weder Max noch ich eine Badehose dabeihatte.

Als wir so auf der Dachterrasse standen und zuschauten, wie die Wärme aus dem Pool und hinauf in die Winterluft stieg, sagte Max: «Wie zum Henker sollen wir das alles hier bezahlen? Elizabeth und ich sind pleite! Das Hotel muss ein verfluchtes Vermögen kosten!»

«Father McNamee hat gesagt, Gott wird für uns sorgen», sagte ich.

«Glaubst du wirklich an Gott, Mann?», fragte Max.

«Ja», sagte ich. «Glaubst du wirklich an Aliens?»

«Scheiße, ja», sagte Max.

«Was macht ihr, wenn wir beim Katzenparlament waren?»

«Keinen Schimmer», sagte Max. «Wir haben alle unsere Klamotten mitgenommen. Unsere Schlüssel in der Wohnung gelassen. Die verdammte letzte Monatsmiete nicht bezahlt. Wir sind Drecksobdachlose.»

«Habt ihr keine Angst?»

«*Verflucht*», sagte Max, nickte und zog die Augenbrauen hoch.

«Ich habe auch Angst.»

«Wieso hast du denn Angst, Mann?»

«Weil ich nicht weiß, was ich ohne Mom machen soll. Ich weiß nicht mal, wie meine Rechnungen bezahlt werden. Für

Strom und Wasser und Kabelanschluss und all die anderen Rechnungen, um die Mom sich immer gekümmert hat.»

«Bezahlst du den Mist nicht?»

«Nein.»

«Irgendwer bezahlt den Mist aber. Sonst hätten sie dir längst alles abgedreht. Nichts ist gratis.»

«Wer denn?»

«Verdammt, woher soll ich das wissen?»

Jedes Mal, wenn ich in der Vergangenheit darüber nachgedacht hatte, tat mir plötzlich der Kopf weh.

Sobald ich wüsste, wer meine Rechnungen bezahlte, würde ich einem realen Menschen Geld schulden. Da ich kein Geld hatte, war ich nicht unbedingt wild darauf, das Geheimnis zu lüften, um ehrlich zu sein.

Ich drehte mich um und sah mir die Stadt Montreal an.

«Es ist ganz schön bemerkenswert, dass wir zusammen hier sind. Das musst du zugeben», sagte ich. «Sogar außergewöhnlich.»

Max nickte.

«Ich hätte nie gedacht, dass ich mal nach Kanada komme.»

«Scheiße, ich auch nicht.»

Wir standen auf einer betonierten Terrasse mit dem Rücken zum Pool und blickten über eine anderthalb Meter hohe Mauer.

«Ich schätze, für viele ganz normale Leute wäre das hier nichts Besonderes», sagte ich.

Max nickte wieder, und dann sagte er: «Was glaubst du,

warum wir so beschissen anders als alle anderen geworden sind? Denkst du je darüber nach? Leute wie du und ich und Elizabeth – wieso gibt es uns überhaupt, Mann?»

Ich dachte darüber nach und dann – nachdem ich meinen ganzen Verstand nach der Antwort auf Max' erste Frage durchforstet und keine gefunden hatte – sagte ich als Antwort auf die zweite: «Andauernd.» Nach gut einer Minute kam mir ein Gedanke, und ich sagte: «Vielleicht braucht die Welt Leute wie uns?»

«Aber wozu? Wir machen doch nichts! Ich reiß bloß Karten in einem Dreckskino ab! Das kann jeder!»

«Na ja, wenn es keine schrägen, seltsamen und ungewöhnlichen Leute gäbe, die schräge Sachen oder rein gar nichts machen, könnte es auch keine normalen Leute geben, die normale, nützliche Sachen machen, oder?»

«Erzähl keinen Mist, Mann!» Max blinzelte mich an.

«Das Wort *normal* würde völlig an Bedeutung verlieren, wenn es kein Gegenteil hätte. Und wenn es keine normalen Leute gäbe, würde die Welt wahrscheinlich vor die Hunde gehen – weil normale Leute all die normalen Sachen machen, wie den Supermarkt mit Lebensmitteln beliefern und die Post austragen und Ampeln aufstellen und dafür sorgen, dass unsere Toiletten funktionieren, und Gemüse anbauen und Flugzeuge sicher fliegen und sicherstellen, dass der Präsident der Vereinigten Staaten saubere Anzüge hat und –»

«Können Sie mir kurz helfen?», sagte eine Stimme. «Bei der Kälte will ich nicht rausspringen!»

Als wir uns umdrehten, lag ein Wasserball zu unseren Füßen.

Eine Familie war unter der Glasabtrennung hindurch in den Außenbereich des Pools geschwommen.

«Verdammt», sagte Max mehr oder weniger im Flüsterton, während er den leuchtend bunten Ball zu dem Mann kickte.

Der Mann fing den großen Ball mit beiden Händen, senkte ihn, damit wir sein Gesicht sehen konnten, und sagte: «Danke!»

Er wirkte wie eine jüngere Version von Ihnen, Richard Gere. Attraktiv, selbstbewusst, viele Muskeln an Bauch und Brust und Armen. Ziemlich langes Haar, das – obwohl es nass war – aussah, als hätte es reichlich Geld und Mühe gekostet, es zu stylen und zu pflegen. Er erinnerte mich auch an die menschlichen Unterwäschemodels in den Reklamebeilagen, die aus der Sonntagszeitung fallen. Seine Frau trug einen grünen Bikini, und obwohl keine Cindy Crawford, war sie genauso schön wie Carey Lowell, die ziemlich hinreißend ist, wie Sie ja wissen. Sie hatten einen Jungen und ein Mädchen in ihrer Mitte – vielleicht fünf und sieben Jahre alt, beide blond, mit perlweißen Zähnen, die Sorte Kinder, die man aus dem Fernsehen kennt, wo sie viel lächeln, während sie Frühstücksflocken essen –, und sie alle warfen den Wasserball hin und her, lachten und versuchten, mit der Zunge Schneeflocken zu fangen, wodurch ich erst merkte, dass es tatsächlich schneite.

Der Dampf, der von ihrer nackten Haut aufstieg, sah aus,

als würden sich ihre Seelen erheben und über ihren Köpfen in einem ausgelassenen harmonischen Tanz vereinen, von dem mir richtig weh in der Brust wurde.

«Verdammt!», flüsterte Max wieder, während er sich mit dem Zeigefinger die riesige Brille hoch auf die Nase schob, und es war, als würde er damit genau das sagen, was ich schon so oft gedacht habe: *Was stimmt mit uns nicht? Warum sind wir so seltsam? Warum scheint das da – diese ganz normale Familie im Pool – so richtig zu sein und das, was wir sind, im Vergleich dazu so falsch?*

Obwohl meine Mom und ich nie im Winter draußen auf einem Hoteldach mit Blick über eine fremde Stadt schwimmen waren, weckte die Szene in mir Sehnsucht nach Mom, und ich bat Gott in einem schnellen Gebet, mir Mom wenigstens noch ein einziges Mal im Traum erscheinen zu lassen.

Der Mann, der aussah wie eine jüngere Version von Ihnen, Richard Gere – er blickte immer wieder zu uns rüber, und ich merkte erst nach einer Weile, dass die vier allmählich nervös wurden, weil wir sie so anstarrten.

Zwei unförmige, hässliche fremde Männer in unmodischen Schuhen und Jacken, die andere anstarren, so etwas schreit ja geradezu nach einer Fehlinterpretation, oder?

«Gehen wir», sagte ich.

Max nickte und folgte mir.

Er brauchte keine Erklärung.

Max wusste, was ich wusste – wahrscheinlich, weil er ein ganz ähnliches Leben geführt hat wie ich, wenn auch unter völlig anderen Umständen.

Bildlich betrachtet sind wir – und unsere Geschichten – dieselben.

Wir gingen jeder auf unser Zimmer, duschten und zogen uns fürs Abendessen um.

Father McNamee führte uns in ein kleines schickes Restaurant in der Altstadt von Montreal. Er fragte, ob er für uns alle bestellen dürfte, und als wir zustimmten, überraschte er mich, indem er es auf Französisch tat.

«Französisch, *hä?*», sagte Max, der große Augen machte und beeindruckt nickte – als hätte Father McNamee einen Zaubertrick vorgeführt –, sobald der Kellner gegangen war.

«Ich hoffe, ihr seid einverstanden», sagte Father McNamee. «Das hier ist in gewisser Weise für uns ein letztes Abendmahl.»

«Wie meinen Sie das?», fragte ich.

«Alles wird sich ändern, wenn du morgen deinen Dad kennenlernst», sagte Father McNamee mit einer richtig beklommenen Miene. «Danach wird nichts mehr so sein wie vorher.»

Ich nickte, aber bloß, weil ich nicht schwierig sein wollte.

Es schneite draußen, und wir sahen durch das beschlagene Fenster zu, wie die Flocken fielen.

Der Kellner kam mit Rotwein und Gläsern. Father McNamee probierte den Wein, befand ihn für gut, und der Kellner schenkte uns allen ein.

«Auf Neuanfänge, so seltsam sie auch sein mögen», sagte Father McNamee, und dann hob er sein Glas.

Wir stießen an und tranken.

Baguettes und französische Zwiebelsuppe – kleine runde braune Schalen, bedeckt mit blubberndem Käse – kamen als Nächstes.

Father McNamee brach ein Baguette in vier Stücke, reichte jedem eins und sagte: «Wir vier sind an entscheidenden Punkten in unserem Leben angelangt. Auf das Wunder, dass wir einander gefunden haben und jetzt genau hier zusammen sind – was in der Tat bemerkenswert ist!»

Elizabeth und Max sagten nichts, sondern bissen in ihr Brot und fingen an zu kauen.

«Am besten schmeckt es, wenn man es in die Suppe tunkt», sagte Father McNamee und stieß das Baguette durch den Käse in seiner Schale, bis das Brot braun wurde und ganz weich.

Wir anderen machten es genauso.

«Wie fühlst du dich damit, dass du deinen Vater kennenlernst, Bartholomew?», fragte Father McNamee, während er seine Suppe betrachtete.

Ich wusste nicht, was ich antworten sollte.

In meinem Kopf und meinem Herzen war mein Vater jahrelang tot gewesen, und ein Teil von mir, ganz tief unten in meinem Innern, wo der kleine Mann lebt, wollte es auch so belassen.

Ein anderer Teil von mir glaubte noch immer nicht, dass es überhaupt möglich war, meinen Vater kennenzulernen, obwohl Father McNamee sich seiner Sache offenbar sehr sicher war. Und er hatte mich noch nie belogen.

«Dreckskatzenparlament in zwei Tagen, oder?», sagte Max.

«Ja», sagte Father McNamee, nickte und blickte durchs Fenster auf die dick eingemummelten Leute, die auf dem Bürgersteig vorbeigingen.

Der Kellner kam zurück und sagte: *«Lapin.»*

Vier Teller wurden vor uns hingestellt.

Fleisch bedeckt mit hellbrauner Soße, Erbsen und Möhren.

«Bon appétit», sagte der Kellner und ging wieder.

Wir fingen alle an zu essen, und das Fleisch war zart und schmackhaft und schien wie Butter in meinem Mund zu zergehen.

«Was ist das?», fragte Elizabeth, nachdem sie geschluckt hatte.

«Kaninchen», sagte Father McNamee. «Schmeckt's?»

Elizabeth würgte, spuckte das Essen aus, das sie noch im Mund hatte, und lief aus dem Restaurant.

Ich rannte hinter ihr her.

Sie übergab sich über dem Schnee, der zwischen Straße und Bürgersteig aufgetürmt war, also hielt ich ihre Haare nach hinten und rieb ihr den Rücken, genau wie Mom es immer bei mir gemacht hatte, wenn mir als Kind schlecht war. Das ganze Restaurant beobachtete uns durchs Fenster.

Max und Father McNamee kamen als Nächstes heraus, und Father McNamee sagte: «Geht's wieder?»

Elizabeth nickte und sagte: «Ich brauche bloß etwas frische Luft. Lasst mich bitte allein. *Bitte!*»

Als sie die Straße hinunter verschwand, sagte Father McNamee: «Geh ihr nach, Bartholomew!»

«Ich?», sagte ich.

«Was soll der Mist, Elizabeth!», rief Max. «Das Essen ist umsonst. Kannst du nicht langsam mal drüber wegkommen?»

Father McNamee lächelte, zwinkerte und sagte: «Das ist deine große Chance. Na los.»

Es schneit in der Altstadt von Montreal. Wie schön!, sagten Sie, Richard Gere. Auf einmal waren Sie da, warm eingepackt in einer Lederjacke und einem Schal mit Schottenmuster, und Sie lächelten mich an, und Ihre Augen funkelten wie mein neuer Tektit-Kristall. *Nutze den Zauber des Augenblicks! Stürze dich in die Romantik des Jetzt! Du kannst die Jungthekarin dazu bringen, sich in dich zu verlieben! Sieh dich um. Diese Stadt ist voller Zauber! Nutz das, Dicker!*

«Sie möchte nicht Jungthekarin genannt werden», sagte ich zu Ihnen, während ich hinter Elizabeth herrannte.

Spielt keine Rolle, Dicker. Entscheidend ist, dass du mit der Frau deiner Träume in der Altstadt von Montreal allein sein wirst, während der Schnee sanft um euch herum fällt. Die Liebe ist zum Greifen nah. Du kannst nicht scheitern. Das ist dein großer Augenblick. Der Dalai Lama sagt, sei mitfühlend, und alles wird sich zum Besten fügen. Sei einfach nett. Es ist Zeit für die Liebe. Der Augenblick ist perfekt. Lass ihr Märchen wahr werden!

«Ihr ist schlecht! Sie hat vorhin in eine Schneewehe gekotzt!»

Das ist die Sache mit dem Glück des Augenblicks, nicht?

Das Schlechte, das Gutes bewirken wird.

Die Kehrseite derselben Medaille.

Das Universum schickt dir ein Zeichen. Das Universum hat dich nicht ohne Grund in genau diese Lage gebracht. Das ist jetzt deine Chance, Bartholomew. Das Glück des Augenblicks! Denk an die Philosophie deiner Mutter. Was würde sie dir sagen? Was würde sie uns sagen?

Sie wirkten so stolz auf mich, Richard Gere, und ich fragte mich, wie Sie mich in Kanada gefunden hatten – aber dann fielen mir die Briefe ein, in denen ich Ihnen erzählt hatte, wohin ich fuhr. Dass Sie gekommen waren, um mir zu helfen – erst recht, wo ich weiß, wie beschäftigt Sie sind mit Ihrer Schauspielerei und Ihrer offiziellen Dalai-Lama-Sache –, bedeutete mir so unglaublich viel, dass ich fast anfing zu weinen.

Danke, Richard Gere.

Danke tausendmal.

Mit einem Freund wie Ihnen musste ich jetzt einfach Eindruck auf Elizabeth machen.

Cooler Tektit-Kristall, sagten Sie zu mir, als Sie ihn gegen den Reißverschluss meiner Jacke wippen sahen, während ich Elizabeth auf dem Bürgersteig nachlief, bemüht, möglichst nicht auf Eis auszurutschen.

«Danke», sagte ich.

Sie zwinkerten und nickten, gaben mir mit Ihrem teuer aussehenden Lederhandschuh das Daumen-hoch-Zeichen – und dann verschwanden Sie wie ein Geist.

Als ich Elizabeth einholte, merkte ich ihr an, dass sie noch immer aufgewühlt war, deshalb ging ich sieben Blocks oder so neben ihr her, kam langsam wieder zu Atem und ließ sie ihre schlechte Energie abreagieren, wie ich es schon mal bei Father McNamee getan hatte.

Ich beschloss abzuwarten, bis sie anfing zu reden, bevor ich irgendwas sagte.

Als wir zum Sankt-Lawrence-Strom kamen, blieb Elizabeth stehen und sagte: «Max hat mich gebeten, darauf zu achten, dass du immer deinen Tektit-Kristall trägst.»

«Ja», sagte ich und tätschelte ihn mit meinem Handschuh. «Ich habe ihn nicht abgenommen, seit er ihn mir gegeben hat.»

Sie zog eine weitere Lederkordel aus ihrer Jackentasche und sagte: «Max meint, du sollst den hier auch tragen. Du hast ihn dir verdient, weil du den ersten jetzt seit über vierundzwanzig Stunden trägst, und die Recherche meines Bruders lässt darauf schließen, dass es an Flüssen verstärkt zu Entführungen durch Aliens kommt. Zusätzlicher Schutz wird dir also zugutekommen, meint Max.»

Ich nahm den zweiten Tektit-Kristall und hängte ihn mir brav um den Hals. Mit den Winterhandschuhen war das schwierig, aber ich schaffte es.

Wir standen eine Weile schweigend da.

Dann sagte Elizabeth: «Du hältst mich wahrscheinlich für verrückt, so wie ich mich vorhin aufgeführt habe.»

«Nein», sagte ich.

«Doch.» Sie schielte unter ihren schönen Wimpern zu

mir hoch, durch ihren strähnigen braunen Haarvorhang, der jetzt aus einer selbst gestrickten lila Mütze hing.

Ich biss mir auf die Unterlippe und schüttelte den Kopf.

Wir schauten eine gefühlte halbe Stunde über den Fluss.

Schließlich sagte sie: «Du hältst das vielleicht für eine blöde sentimentale Erklärung, aber ich hatte Kaninchen, als ich klein war. Meine Mom hatte sie gekauft, um sie zu züchten und zu verkaufen, aber der Typ, bei dem wir sie gekauft hatten, hatte uns angelogen, und wir kamen bald dahinter, dass unsere beiden Kaninchen Männchen waren. Mom verlor rasch das Interesse, wie immer, oder war zu faul, ein Weibchen zu besorgen. Sie kümmerte sich nicht mehr um die beiden, tat so, als ob es sie gar nicht gäbe, wahrscheinlich aus gekränktem Stolz, weil es ihr peinlich war, dass jemand sie reingelegt hatte. Also machte ich die vernachlässigten Kaninchen zu Haustieren und schloss sie ins Herz. Liebte sie über alles. Redete mit ihnen. Klaute sogar Futter für sie auf einer Farm in der Nähe. Flüsterte ihnen stundenlang meine Geheimnisse in die langen, samtweichen Ohren.»

Ich wusste nicht, was ich sagen sollte, obwohl das natürlich erklärte, warum sie sich hatte übergeben müssen.

Es machte mich sehr traurig.

«Max hat sie nicht so geliebt wie ich», sagte sie und ging dann weiter, am Fluss entlang.

Ich nickte und folgte ihr.

«Hat es dir die Sprache verschlagen?», sagte Elizabeth.

«Nein.»

«Sag etwas.»

«Etwas.»

«Das ist nicht witzig.»

Ich hatte das gar nicht witzig gemeint, deshalb schämte ich mich. Und dann konnte ich spüren, wie der kleine Mann in meinem Bauch mich auslachte, sich förmlich kugelte, sogar Tränen der Belustigung weinte, weil ich so entsetzlich versagte.

Wir gingen etwa einen Block weit.

Dann sagte sie: «Meine Kaninchen hießen Pooky und Moo Moo. Sie mochten lieber Blattsalat als Möhren. Man denkt immer, dass Kaninchen am liebsten Möhren fressen, aber nicht die zwei. Vielleicht waren sie merkwürdige Kaninchen.»

Ich wusste nicht, was ich sagen sollte.

«Max liebt Katzen», sagte sie.

Irgendwie fand ich meine Stimme wieder und sagte: «Ja, das tut er. War Alice eine gute Katze?»

«Sie war ein Schatz. Aber sie war *Max'* Katze, nicht meine. Pooky und Moo Moo gehörten mir. Es wird nie wieder einen zweiten Pooky oder einen zweiten Moo Moo geben.»

«Mom gehörte mir», sagte ich, ehe ich richtig darüber nachdachte, was ich meinte. «Für mich wird es auch nie wieder eine zweite Mom geben. Sie war einmalig.»

«Du hast deine Mutter wirklich geliebt?»

«Ja. Hast du deine geliebt?»

«Ich habe sie gehasst. Ich habe mir ausgemalt, wie ich sie im Schlaf umbringe. Ihr die Kehle mit einem Steakmesser durchschneide – manchmal hab ich mir vorgestellt, wie ich ihr die Klinge über den ganzen Hals ziehe, ihr ein riesiges rotes Lächeln verpasse. Sorry. Ich weiß, das ist ganz schön krank. Aber, Mensch, wie gern hätte ich meine Mutter umgebracht, als ich klein war!»

«Warum?»

«Aus tausenderlei Gründen. *Unendlich* vielen Gründen.»

Wir gingen einige Blocks weiter, die behandschuhten Hände in den Taschen.

«Meine Mutter hat Pooky und Moo Moo umgebracht und sie mir zu essen gegeben, als ich noch ein Kind war.»

Ich wusste nicht, was ich dazu sagen sollte.

«Als ich fertig war, hat sie mir erst erzählt, was ich da gegessen hatte. Und sie hat dabei gegrinst, als würde sie einen Witz vom Stapel lassen. Du kannst dir nicht vorstellen, wie schuldig ich mich gefühlt hab. Monatelang hatte ich das Gefühl, Pooky und Moo Moo wären noch in mir drin und würden versuchen, aus meinem Bauch zu springen. Aus den Pfoten hat sie Schlüsselanhänger gemacht und mir einen zu Weihnachten geschenkt. Ich hab geschrien, als ich das Geschenk auspackte, und losgeweint. Sie sagte, ich wäre eigenartig und undankbar und verwöhnt und schwach und albern. Dann lachte sie mich aus und sagte zu Max, seine Schwester wäre sentimental. Das Wort hat sie tatsächlich benutzt. *Sentimental.* Als wäre das ein Charakterfehler. Als wäre es schrecklich, Gefühle zu haben. Zuzugeben, dass du etwas vermisst. Etwas gern zu haben. Sogar zu lieben.»

«Wie alt warst du?»

«Sieben.»

«Warum hat sie deine Kaninchen getötet?»

«Wir waren arm. Hatten nichts zu essen. Wir konnten es uns eigentlich nicht leisten, sie zu füttern. Meine Mutter war eine Psychopathin. Ich bin einfach vom Pech verfolgt. Alles Schreckliche passiert mir.»

«Father McNamee wusste nicht, dass –»

«Konnte er ja auch nicht.»

«Es tut mir leid», sagte ich.

«Du hast doch nichts falsch gemacht», sagte Elizabeth.

Ich hatte das Gefühl, in Sachen Romantik furchtbar versagt zu haben, da wir eigentlich über nichts anderes gesprochen hatten als über Elizabeths Kindheitstraumata und ihre pubertären Muttermordphantasien.

Weiß Gott kein romantisches Geplauder.

«Erzähl mir irgendwas Schönes», sagte sie. Elizabeth blieb stehen, wandte sich mir zu und sah mir mit einer beängstigenden Verzweiflung in die Augen. «Bitte! Egal was. Erzähl mir eine einzige schöne Sache. Etwas, das mir das Gefühl gibt, dass die Welt kein schrecklicher Ort ist. Ich bin am Ende, Bartholomew. Mir ist alles egal. Erzähl mir etwas, das mir die Gleichgültigkeit nimmt. Na los. Erzähl mir einfach irgendwas Gutes. Eine gute und wahrhaftige Sache. Wenn du das kannst, dann werde ich vielleicht, nur vielleicht ...»

Sie beendete ihren Satz nicht, sondern seufzte, und ich fragte mich, was sie hatte sagen wollen.

Elizabeth sah mir suchend in die Augen, aber ich hatte

keine Ahnung, was ich darauf sagen sollte, und ich hoffte, dass Sie, Richard Gere, auftauchen würden, um mir zu helfen, weil Sie immer wissen, was man in solchen Situationen am besten zu Frauen sagt, in all Ihren Filmen, aber Sie erschienen nicht.

«Was denn zum Beispiel?», sagte ich, um Zeit zu schinden.

«Irgendwas Nettes über deine Mutter vielleicht.» Ihre Stimme brach, Tränen traten ihr in die Augen. «Irgendwas, das mich vergessen lässt, dass ich vorhin Kaninchen gegessen habe – dass ich kein Zuhause mehr habe. Dass mein Leben ein grausamer, sadistischer Witz war – dass alles bald zu Ende sein wird.»

«Zu Ende?», sagte ich.

Ich fand es schrecklich, sie so traurig zu sehen, aber ich wusste nicht, was ich machen sollte.

«Erzähl mir irgendwas über deine Mutter. Irgendwas Nettes», sagte Elizabeth, ohne auf meine Frage einzugehen. «Was richtig Liebevolles. Du scheinst ein wirklich lieber Mann zu sein, Bartholomew. Also bitte, bitte, bitte. Erzähl was Schönes.»

Ich überlegte – bei den unzähligen netten Sachen, die mir einfielen, wenn ich an meine Mutter dachte, war die Auswahl schwer.

«Die erste schöne Sache, die dir einfällt», sagte sie. «Überleg nicht lange. Red einfach. *Bitte.* Du hast doch bestimmt schöne Erinnerungen an deine Mutter, wenn du sie so geliebt hast. Das müsste doch ganz leicht für dich sein!

Ich muss jetzt irgendwas Schönes hören – sogar irgendwas *Sentimentales.*»

Auf einmal redete ich drauflos, ohne nachzudenken – die Worte strömten aus mir heraus wie Luft –, und ich war total verblüfft, wie viel ich erzählte. Es war, als hätte Elizabeth bei mir die Hähne für heiß und kalt voll aufgedreht, und die Worte sprudelten jetzt nur so aus mir heraus.

«Als ich ein kleiner Junge war, sagte meine Mutter zu mir, wenn ich den Bürgermeister von Philadelphia – das war zuerst Bürgermeister Frank Rizzo und dann Bürgermeister William Green – in einem Brief um die Erlaubnis bitten würde, bis ganz nach oben in den Rathausturm steigen zu dürfen, könnte ich mir Philadelphia vielleicht von der hohen Kuppel aus anschauen, auf der Gründervater William Penn steht. Also schrieb ich einen Brief, nachdem ich mir tagelang überzeugende Argumente überlegt hatte, warum ich die Erlaubnis bekommen sollte. Ich schrieb, wie fleißig ich für die Schule lernte, was für ein guter Sohn ich war, dass ich immer alles brav erledigte, was Mom mir auftrug, dass ich versprach, bei allen Wahlen meine Stimme abzugeben, wenn ich alt genug wäre – ein Versprechen, das ich gewissenhaft gehalten habe, da Mom mir beigebracht hatte, dass es meine patriotische Pflicht als Amerikaner ist, wählen zu gehen –, und dass ich jede Woche in die Messe ging und versuchte, ein guter Katholik zu sein.

Dann schrieb ich den Brief mehrmals neu ab, bis meine Schrift schön genug war, um von einem echten, offiziell gewählten Bürgermeister gelesen zu werden. Mom las ihn noch einmal gründlich durch, und als wir ihn schließlich in den Briefkasten in unserem Viertel warfen, hofften wir inbrünstig, dass der Bürgermeister uns vor lauter Rührung, weil ich so ein lieber Junge gewesen war, ins Rathaus einladen würde.

Ich erhielt gut eine Woche später einen persönlich gehaltenen Brief mit der Erlaubnis, das Rathaus zu besuchen. Mom und ich gingen Hand in Hand die Broad Street hinunter und sahen das Rathaus von der Straße aus größer und größer werden, und als wir drin waren, fuhren wir mit dem Aufzug hinauf in den Turm – das Rathaus war übrigens mal eines der höchsten Gebäude der Welt und bis 1987 das höchste in Philadelphia –, und dann schauten wir von ganz oben über die ‹Stadt der brüderlichen Liebe›. Wir konnten sehen, dass Philadelphia in rechten Winkeln angelegt ist, als hätte ein total pingeliger Stadtplaner ein großes Gitternetz entworfen, damit sich nie jemand darin verlaufen kann, und ich wäre fast geplatzt vor Stolz, so hoch im Himmel zu sein und nach unten zu schauen, denn schließlich hatte ich es mir dadurch verdient, dass ich ein vorbildlicher Junge war.»

Ich konnte die Faszination in Elizabeths Augen sehen, und ich hoffte, dass ich meine Sache gut machte, weil mein Herz pochte und meine Handschuhe durchgeschwitzt waren.

«Erst als ich erwachsen war, kam ich dahinter, dass der Rathausturm für alle zugänglich ist – egal, ob sie brav gewesen sind oder nicht – und dass Mom den Antwortbrief selbst geschrieben und so getan hatte, als käme er vom Bürgermeister.

Als Erwachsener bin ich noch einmal nach oben auf den Rathausturm gefahren, aber es war nichts Besonderes mehr, weil jeder das konnte – ich hatte es mir nicht verdient. Das Gebäude erhob sich nicht mehr majestätisch aus dem Asphalt, als ich die Broad Street hinunterging, auf der Fahrt mit dem Aufzug schlug mein Herz nicht mehr schneller, der Ausblick war nicht mehr so spektakulär, die rechtwinkligen Häuserblocks wirkten nicht mehr so akkurat, und ich wollte auch gar nicht lange oben bleiben, ohne Mom.»

«Sie muss wunderbar gewesen sein», sagte Elizabeth und lächelte.

«Das war sie.»

«Sie fehlt dir.»

«Sehr.»

«Es tut mir leid, dass sie gestorben ist.»

«Es tut mir leid, dass du deine Kaninchen essen musstest und von Aliens entführt worden bist.»

Sie setzte sich auf eine Bank, und ich setzte mich neben sie.

Wir schauten zu, wie der Schnee vom Himmel herab und über den Fluss tanzte.

Ich dachte, Elizabeth würde nach oben in die Nacht blicken und Ausschau nach Ufos halten, aber sie hob kein einziges Mal das Kinn.

Sie interessierte sich an dem Abend nicht für Ufos, und sie hatte auch keine Lust, über Aliens zu sprechen.

Aus Filmen, die ich gesehen hatte, wusste ich, dass das jetzt der Zeitpunkt war, einen Arm um Elizabeth zu legen, und schon allein bei dem Gedanken, ich könnte einen Arm um einen anderen Menschen legen, unsere Rippen könnten sich durch unsere Jacken berühren, wollte mir fast das Herz zerspringen.

Aber ich legte keinen Arm um sie.

Wir blieben einfach weiter nebeneinander auf der Bank sitzen, bis unsere Mützen mit weißem Schnee bedeckt und unsere Nasen rot waren.

Als sie aufstand, stand ich auf.

Wir gingen schweigend zurück zum Hotel, hinterließen zwei Paare Fußspuren, die schon bald unter einer neuen Schicht Schnee verschwinden und dann weggeschaufelt würden, sodass nichts mehr auf unseren gemeinsamen Spaziergang durch die Altstadt von Montreal hindeutete, und ich dachte daran, wie viele Millionen Menschen wohl bedeutungsvolle kleine stille Momente in Montreal gehabt hatten – Momente, die überaus wichtig waren für die Menschen, die sie erlebten, aber bedeutungslos für alle anderen, die je gelebt hatten.

Elizabeth öffnete ihre Hotelzimmertür mit der Plastikschlüsselkarte und sagte dann: «Gute Nacht, Bartholomew.»

«Gute Nacht», sagte ich und blieb im Flur stehen.

Sie sah mir lange in die Augen, eine Hand an der Klinke, die Tür einen Spalt geöffnet.

Dann griff sie in ihre Jackentasche und holte eine weitere Tektit-Kordel hervor.

Als Elizabeth die Lederkordel mit beiden Händen hochhielt, senkte ich den Kopf, und sie legte sie mir um den Hals und nickte.

Ich nickte ebenfalls.

«Max hat gesagt, du sollst die haben, sobald du sie dir verdient hast. Das hast du», sagte sie, und dann ging sie in ihr Zimmer.

Es war seltsam, weil zwei Tektit-Steine sich wie nichts angefühlt hatten, aber das Gewicht von dreien spürte ich.

Drei waren nicht zu schwer, aber fühlbar.

Es war ein Kipp-Punkt.

Ich blieb eine Weile auf dem Flur stehen und überlegte, warum ich mich – nachdem ich den ganzen Tag mit drei Menschen verbracht hatte – so viel einsamer fühlte als je zuvor in meinem ganzen Leben, und trotzdem hatte ich keine Lust, in das Zimmer zu gehen, das ich mit Father McNamee teilte.

Ich wollte bei Elizabeth sein – einfach noch mal fünf Minuten schweigend neben ihr zu sitzen, wäre himmlisch gewesen.

Ich wollte aber auch allein sein, was verwirrend war.

Irgendwie landete ich ganz allein auf dem Dach des Hotels, neben dem dampfenden Pool, der jetzt beleuchtet war, blau und wundersam schimmerte.

Ich blickte über die Stadt und fragte mich, ob mein leiblicher Vater wirklich da draußen war, irgendwo in Montreal.

Ich blickte nach oben und fragte mich, wo Mom war.

Ich setzte mich auf einen Stuhl und spürte die Kälte im Gesicht, während ich zusah, wie die Schneeflocken sich verflüchtigten, sobald sie auf das warme, blaue, chlorierte Wasser im Pool trafen, und ich fragte mich, ob das, was ich da mit ansah, irgendwie eine Metapher für unser Leben sein könnte, als wären wir alle bloß kleine Teilchen, die einer unvermeidlichen Auflösung entgegenfallen, falls das überhaupt einen Sinn ergibt.

Ich blieb eine halbe Ewigkeit dort allein sitzen, fühlte mich wie eine Schneeflocke in dem Moment, wo sie in einen beheizten Pool fällt, fragte mich, ob das wirklich die Bilanz unseres ganzen Lebens im großen Weltenplan sein könnte.

Obwohl Mom mir nicht erschienen war, sprach ich eine Weile mit ihr, erzählte ihr alles, was passiert war – fragte sie, ob mein Vater wirklich noch am Leben sein könnte –, aber die einzige Antwort, die ich bekam, war der Straßenlärm, der von tief unten heraufdrang.

Als ich mit der Schlüsselkarte unser Hotelzimmer öffnete, schnarchte Father McNamee nicht, schlief aber friedlich, also bemühte ich mich, besonders leise zu sein, und machte das Licht nicht an. Das Zimmer stank nach Whiskey, was bedeutete, dass Father McNamee am nächsten Morgen wieder verkatert sein würde.

Ich legte mich ins Bett und starrte an die Decke und dachte, dass ich in Kanada war – wie seltsam das doch schien.

Kanada, hä?

Es kam mir nicht real vor.

Als wäre es vielleicht bloß ein unbekannter Teil von Philadelphia – oder ein bekannter, der sich verkleidet hatte wie zu einem geographischen Halloween, so verrückt sich das auch anhört.

Dann, während Father McNamee schlief, schrieb ich Ihnen im Licht der Minitaschenlampe an meinem Schlüsselbund diesen Brief, den ich unbedingt fertig haben wollte, bevor es Zeit wurde, zum St.-Josephs-Oratorium zu fahren, um uns das konservierte Herz eines Wundertäters anzuschauen und meinen leiblichen Vater zu treffen.

Ihr bewundernder Fan
Bartholomew Neil

14

DAS IST IN DIESEM MOMENT, ANGESICHTS DER UNGLÜCKLICHEN UMSTÄNDE, IN DIE DU GERATEN BIST, DAS VERNÜNFTIGSTE

Lieber Mr. Richard Gere,

als ich an dem Tag aufwachte, an dem wir zum St.-Josephs-Oratorium wollten, schlief Father McNamee noch, also schaute ich aus unserem Hotelfenster und bestaunte die Decke aus frischem Schnee, der in der Nacht gefallen war. Es sah aus, als wäre die Stadt unter feinem weißem Sand begraben worden und drängte jetzt wieder ans Tageslicht, während sich Ströme von morgendlichen Berufspendlern über die Straßen und Bürgersteige ergossen.

Ich lächelte mein Spiegelbild an, das die Stadt in der Fensterscheibe überblendete, spürte eine schöne Leichtigkeit in der Brust, duschte und zog mich dann an.

Ich ließ Father McNamee noch eine Weile weiterschlafen, weil auf dem Nachttisch zwei leere Whiskeyflaschen standen, obwohl es sehr ungewöhnlich für ihn war, länger als bis 6.30 Uhr zu schlafen, egal, wie viel er am Abend zuvor getrunken hatte.

Ich war ein bisschen nervös, weil ich meinen leiblichen Vater treffen sollte, aber da ich es eigentlich für völlig unmöglich hielt, ihn überhaupt zu treffen, war meine Nervosität doch nicht so groß, denn wie kann man sich vor etwas Unmöglichem fürchten?

Father McNamee hatte in letzter Zeit recht unberechenbar gewirkt, und ich wollte mir keine großen Hoffnungen machen. Ich vermutete stark, dass die Idee, meinen Vater in Montreal zu treffen, bloß eine Nebenwirkung seines anhaltendes Kampfes mit dem Wahnsinn war. Die Sache würde wahrscheinlich genauso ausgehen, wie unsere Mission, Wendy zu retten, ausgegangen war.

Ich erlaubte mir allerdings, mir kurz rein theoretisch vorzustellen, meinen Vater zu treffen, und kam zu dem Ergebnis, dass ich, falls es je dazu käme, sagen wir, in einem Paralleluniversum oder so, wahrscheinlich auf ihn böse sein sollte, weil er uns verlassen hatte, vor allem mich als kleinen Jungen, der sehr beeinflussbar gewesen war und ohne Vater wahrscheinlich mehr gelitten hatte, als er gelitten hätte, wenn er einen Vater gehabt hätte – selbst einen unzulänglichen Vater –, und dass ich auf jeden Fall auf ihn böse sein sollte, weil er das Märchen meiner Mutter nicht wahr gemacht hatte, denn das hätte sie verdient gehabt; wenn es je eine Frau verdient gehabt hätte, dann meine Mom.

Vielleicht sollte ich so böse auf ihn sein, wie Elizabeth auf ihre Mutter war – theoretisch –, denn was war schlimmer, den eigenen Sohn verlassen oder der eigenen Tochter ihre geliebten Kaninchen zu essen geben? Eine schwierige Entscheidung.

Aber in der realen Welt, die mein Leben ist, war ich nicht böse.

Wie sollte ich einen Fremden hassen?

Wie sollte ich böse auf einen Mann sein, dem ich nie begegnet war?

Max rief in unserem Zimmer an, und als ich den Hörer abnahm, sagte er: «Wir sind fertig. Wie wär's mit Frühstück? Mir hängt schon der verdammte Magen in den Kniekehlen, Mann.»

«Father McNamee schläft noch», flüsterte ich.

«Gehen wir ohne ihn. Da unten wartet ein Gratisfrühstück auf uns. Mit Muffins und anderen verflucht leckeren Sachen. Aber die Frühstückszeit ist begrenzt, Mann. Steht in der beknackten Broschüre, die neben dem Bett liegt. In Kanada muss man sich fürs Frühstück beeilen.»

«Okay», flüsterte ich.

Ich schrieb Father McNamee einen Zettel, damit er wusste, wo wir waren, und nicht verwirrt wäre, wenn er aufwachte, und dann saßen Elizabeth, Max und ich in der schicken Hotellobby auf kanadischen Lederstühlen und frühstückten Kaffee und Muffins.

«Heute ist der große Tag», sagte Elizabeth.

«Dreckskatzenparlament ist der große Tag!», sagte Max. «Echt!»

Ich nickte, warf einen Blick auf die Uhr an der Wand, sah, dass es nach zehn war, und sagte: «Ich seh mal besser nach, ob Father McNamee inzwischen aufgestanden ist.»

Auf dem Flur vor unserem Zimmer klopfte ich laut an die

Tür, damit Father McNamee wusste, dass ich reinkam, und hoffentlich wach wurde, falls er nicht schon aufgestanden war. Dann trat ich ein.

Er schlief immer noch.

«Father McNamee?», sagte ich. «Father, es ist schon spät.»

Er wachte nicht auf, also rüttelte ich ihn sachte an der Schulter – und auf einmal war mir, als würde ich ersticken.

Father McNamee war eiskalt.

Es fühlte sich an, als wäre er mitten in der Nacht versteinert, weil er kalt und steif und weißer als der frisch gefallene Schnee draußen war.

Der rationale Teil von mir wusste sofort, dass er tot war – ein Teil meines Verstandes war nüchtern und klar und funktionierte ganz prima.

Doch der irrationale Teil von mir übernahm die Führung, fing an, ihn heftiger zu schütteln, und schrie: «Father McNamee, aufwachen! Wir wollen doch heute zum St.-Josephs-Oratorium! Wissen Sie nicht mehr? Sie haben mir versprochen, dass ich meinen Vater treffe, vor dem konservierten Herz des heiligen Bruders André Bessette! Sie haben mir ein Wunder versprochen! Aufwachen! Aufwachen! Aufwachen! Das ist nicht lustig! *Aufwachen! Father!*»

Aber er wachte nicht auf, und der rationale Teil von mir wusste noch immer, dass er nicht aufwachen würde, aber das Problem war, dass der rationale Teil gegen den irrationalen Teil keine Chance hatte und einen aussichtslosen

Kampf führte, wie sich langsam abzeichnete. Ich fing an zu zittern und zu weinen und hatte das Gefühl, in Ohnmacht zu fallen und –

Dann, Richard Gere, erschienen Sie mir genau in dem Moment, und ich glaube, wenn nicht, hätte ich die Situation nicht überstanden.

Sie kamen.

Um mich vor der Irrationalität zu retten.

Sie kamen.

Sie trugen das rot-gelbe Gewand eines buddhistischen Mönchs, und Ihre Augen blitzten besonders heftig.

Bartholomew, sagten Sie, Richard Gere, zu mir. *Für Father McNamee war die Zeit gekommen. So ist der Lauf des Universums. Unser Leben hier auf Erden ist vergänglich. Es ist alles so, wie es sein soll. Atme. Ein. Aus. Und wieder. Ein. Aus. Und wieder.*

Sie führten mir eine gute Atemtechnik vor, indem Sie Ihre Wirbelsäule streckten, aber ich war zu aufgewühlt, um richtig zu atmen.

«Er wollte mich doch heute meinem Vater vorstellen! Wieso sollte Gott uns den weiten Weg nach Montreal fahren lassen, damit ich meinen Vater kennenlernte, wenn Er wusste, dass Father McNamee in der Nacht sterben würde, bevor er seine Aufgabe vollenden kann? Das ergibt doch keinen Sinn! Das ergibt überhaupt keinen Sinn! Father McNamee hat bestimmt einen Brief oder so hinterlassen, in dem er erläutert, was ich jetzt machen soll. Es muss hier irgendwo einen Hinweis geben, der alles erklärt.»

Ich fing an, das Hotelzimmer zu durchsuchen.

Du wirst keinen Brief finden, weil er keinen hinterlassen hat, sagten Sie überzeugt.

«Woher wissen Sie das?»

Richard Gere weiß alles über dein Leben, Bartholomew, weil Richard Gere im Herzen deines Geistes lebt, tief drin, im Zentrum deines Bewusstseins.

«Ich verstehe das nicht», sagte ich, während ich weiter nach einem Brief von Father McNamee suchte – in seinem Koffer, in den Schreibtisch- und Kommodenschubladen, unter dem Bett – vergeblich. «Ich verstehe das nicht! Wieso sollte Gott Father McNamee nur wenige Stunden vor Vollendung seiner Mission sterben lassen? Bevor er mich meinem richtigen Vater vorstellen konnte? Wieso sollte Gott mich in Kanada ganz allein lassen?»

Sie lächelten so, wie Mom mich immer anlächelte, als ich ein kleiner Junge war und die Sorte Fragen an sie richtete, die Kinder vor Rätsel stellt, die aber alle Erwachsenen beantworten können – zum Beispiel, warum singen Vögel, oder warum sehen Bäume am schönsten aus, wenn sich im Herbst ihre Blätter verfärben, oder warum führen wir Kriege, oder warum bekommt man vom Eisessen Kopfweh, oder warum lachen alle immer über mich?

Bist du denn allein? Reist du nicht zusammen mit anderen?

Ich wusste, was Sie damit andeuten wollten – dass das alles vielleicht einen tieferen Grund hatte –, aber ich sagte nichts.

Sind dir buddhistische Koans ein Begriff?, sagten Sie, Richard Gere, zu mir.

«Nein», sagte ich, obwohl ich mich schwach erinnerte, mal irgendetwas darüber in der Stadtbibliothek gelesen zu haben.

Leute im Westen halten Koans oft fälschlicherweise für Rätsel, Tests für den eigenen Intellekt – etwas, das gelöst werden muss. Aber eine richtigere Deutung wäre, dass es sich bei Koans um kurze Geschichten handelt, über die man meditieren soll – sie liefern keine Antwort. Wir können diese Koans genauso wenig «lösen» oder «verstehen», wie wir eine Sternschnuppe oder das Gebrüll eines Löwen oder den Geruch von frischem Tau auf Rosen oder das Gefühl von warmem Sand zwischen den Zehen lösen oder verstehen können. Wir können über all diese Dinge nur gründlich nachsinnen und uns an dem Mysterium erfreuen. Es ist ein Fehler zu glauben, dass es eine korrekte Antwort oder Lösung gibt, aber es ist trotzdem gut, darüber nachzusinnen. Der Dalai Lama würde dem beipflichten. Vertraue mir. Er und ich sind Freunde.

«Was hat das damit zu tun, dass Father McNamee, nur wenige Stunden bevor er mir sagen sollte, wer mein leiblicher Vater ist, gestorben ist?»

Sie lächelten mich an, als wäre ich ein Kind.

Bittest du mich, das Koan zu lösen? Es gibt keine Antwort, Bartholomew. Keine einzige. Aber es ist gut, über die Frage nachzudenken, die im Herzen deiner aktuellen Geschichte wohnt. Ich vermute, du wirst viele Jahre lang darüber nachdenken, und das wird dich klüger machen – es wird dein Erleben deiner aktuellen Wirklichkeit intensivieren.

«Sie sagen also, diese Geschichte – das, womit wir gerade

zu tun haben – ist ein Koan, etwas, worüber man meditieren soll, aber es hat keine Bedeutung?»

Es hat große Bedeutung! Es liefert bloß keine Antwort.

«Sie verwirren mich!»

Nein, du bist gänzlich ohne mein Zutun verwirrt.

«Was soll ich jetzt machen?»

Du rufst einen Krankenwagen, Bartholomew. Das ist in diesem Moment, angesichts der unglücklichen Umstände, in die du geraten bist, das Vernünftigste. Aber vorher nimmst du das Geld und die Kreditkarte aus Father McNamees Portemonnaie.

«Was? Wieso?»

Er wollte, dass du diese Reise machst. Du wirst Geld brauchen, um sie zu beenden. Vertrau mir. Es ist völlig legitim. Father McNamee hatte Geld für diese Reise beiseitegelegt, und er würde wollen, dass du es nimmst und sie zu seinen Ehren zu Ende führst. Prüfe dein Herz, und du wirst feststellen, dass ich die Wahrheit sage.

Ich prüfte mein Herz, und es gab Ihnen recht, Richard Gere.

Ich sah Father McNamees Portemonnaie auf dem Tisch.

Tu's, forderten Sie, Richard Gere, mich auf, und ich tat es, leerte das Portemonnaie, steckte das Geld und die Kreditkarte ein. Und –

Dann sah ich etwas, das mein Herz einen Sprung tun ließ, mich aber auch dermaßen verblüffte, dass sich eine warme, tiefe Ruhe in mir ausbreitete.

Jetzt versteck das leere Portemonnaie in deinem Koffer, damit die Polizei es nicht sieht, sagte die Stimme in meinem Kopf, aber es war nicht mehr Ihre, Richard Gere.

Sie waren fort.

Es war auch nicht die Stimme meiner Mutter oder die des wütenden kleinen Mannes.

War es meine eigene?

Jedenfalls tat ich, was die Stimme mir befohlen hatte, und schob Father McNamees Portemonnaie in eine Kofferinnentasche, die von einem Stapel sauberer weißer Unterhosen etwas verdeckt wurde.

Gut, sagte die Stimme. *Jetzt ruf die Rezeption an und sag der Person, die sich meldet, sie soll so schnell wie möglich einen Krankenwagen kommen lassen.*

Es dauerte ungefähr fünfzehn Minuten – in denen ich still auf dem Bett saß, mit leerem Kopf, in Schockstarre.

Father McNamee wurde unverzüglich für tot erklärt.

Zwei kräftige Männer hatten Mühe, seinen massigen runden Körper auf eine Trage zu laden, aber schließlich hatten sie ihn – schnaufend und schwitzend – an Ort und Stelle festgeschnallt, um ihn mit einem weißen Laken zuzudecken und wegzubringen.

Als Nächstes befragten mich zwei Polizisten in meinem Hotelzimmer. Einer war groß und hatte ein Muttermal auf der Nasenspitze, und der andere war klein und hatte lange Koteletten. Sie hielten jeder einen frisch angespitzten Bleistift und einen Spiralblock von der Größe einer Brotscheibe in Händen, und jedes Mal, wenn ich etwas sagte, schrieben sie wie wild drauflos.

«Unser aufrichtiges Beileid», sagte der mit den Koteletten.

«Leider müssen wir Ihnen ein paar Fragen stellen», sagte der mit dem Muttermal.

«Und wir entschuldigen uns im Voraus, falls die eine oder andere Frage unter den gegebenen Umständen vielleicht respektlos wirkt, aber wir müssen unsere Arbeit machen», sagte der mit den Koteletten.

Ich nickte.

«Weshalb sind Sie mit dem Verstorbenen nach Kanada gekommen?», fragte der mit dem Muttermal.

«Wir waren auf einer Wallfahrt zum St.-Josephs-Oratorium. Und anschließend wollten wir das Katzenparlament besuchen.»

«Das *Katzenparlament?*», fragte der mit dem Muttermal beim Schreiben.

«In Ottawa», sagte ich.

Die Cops wechselten einen Blick.

«Verzeihen Sie meine Frage, aber ist das ein Stripladen?», fragte der mit den Koteletten beim Schreiben.

«Was?», sagte ich.

«Ein ... ähm ... ein Herrenklub. Ein Lokal, wo Frauen dafür bezahlt werden, sich auszuziehen. Stripperinnen.»

«Nein. Das Katzenparlament ist eine Kolonie von streunenden Katzen. Ich glaube, bei den Parlamentsgebäuden.»

Die Polizisten sahen einander wieder an, mit hochgezogenen Augenbrauen, und schrieben dann weiter.

«Haben Sie gestern Abend getrunken?», fragte der mit den Koteletten und deutete mit dem Radiergummi an seinem Bleistift auf die leeren Whiskeyflaschen.

«Ich nicht. Father McNamee hat täglich getrunken.»

«Sie haben ihn heute Morgen tot aufgefunden? Tot in seinem Bett?»

«Ja.»

«Reisen Sie noch mit anderen?»

«Max und Elizabeth sind in der Lobby. Die wissen noch gar nicht, was passiert ist.»

«Soll ich sie für Sie herholen?», fragte der mit dem Muttermal.

Ich sah ihn an, verstand nicht recht, warum er mich das gefragt hatte.

«Sie stehen offenbar unter Schock», sagte der mit den Koteletten. «Sie sollten vielleicht lieber nicht allein sein.»

Ich nickte.

Das klang einleuchtend.

«Max und Elizabeth, sagten Sie? Sind das die Namen, die ich ausrufen lassen soll?», sagte der mit dem Muttermal, und als ich nickte, sagte er: «Alles klar», und ging.

Der mit den Koteletten ging zum Fenster und schaute hinaus.

«Was glauben Sie, woran er gestorben ist?», fragte ich.

«Keine Ahnung. Sieht nach Herzinfarkt aus, sehr wahrscheinlich. Vielleicht Alkoholvergiftung. Für die genaue Todesursache müssen wir die Obduktionsergebnisse abwarten.»

«Was glauben Sie, warum er gestorben ist?» Das rutschte mir heraus, ehe ich mich selbst zensieren konnte.

«Wie bitte?»

«Was glauben Sie, warum er gestorben ist? Wir standen uns sehr nahe. Er hat mich den weiten Weg hierhergebracht.»

«Ich verstehe nicht», sagte der kleine Cop mit den Koteletten, der jetzt nicht mehr jedes Wort von mir auf seinen Spiralblock schrieb.

Ich sah seinen Augen an, dass er besorgt war, so als würde er vielleicht langsam Angst vor mir bekommen – ich hatte diesen Blick schon oft gesehen –, deshalb stellte ich keine weiteren Fragen.

«Solche Dinge sind immer schwierig», sagte er zögernd. «Vielleicht verschieben wir die größeren Fragen lieber auf später. Ein Therapeut ist vermutlich besser in der Lage, Ihnen bei so etwas zu helfen.»

Ich dachte, dass er wahrscheinlich recht hatte, obwohl ich bei Wendy und Arnie so kläglich gescheitert war, und als ich auf meine braunen Schnürsenkel schaute, blickte der Polizist wieder zum Fenster hinaus.

Ein paar Minuten später kam der große Polizist mit Max und Elizabeth zurück.

«Du Scheiße, Mann!»

«Um Himmels willen. Ich kann es gar nicht fassen. Wie geht es dir, Bartholomew?»

Die Polizisten blickten einander wieder an, und dann sagte der mit den Koteletten: «Wir lassen Sie jetzt allein. Aber wir brauchen Ihre Namen, Passnummern und Heimatanschriften.»

Wir nannten ihnen unsere Namen und Adressen – Elizabeth gab ihre und Max' alte Adresse an, ohne zu erwähnen, dass sie zwangsgeräumt worden waren, was ich sehr geistesgegenwärtig fand –, und sie schrieben pflichtbewusst die Angaben in unseren Pässen ab, ehe sie uns ihre Karten gaben und uns baten, uns in vierundzwanzig Stunden bei ihnen zu melden, nachdem wir Father McNamees Angehörige verständigt hätten, damit wir alles Notwendige für die Überführung des Leichnams zurück nach Philadelphia veranlassen könnten.

Dann gingen die Polizisten.

«So eine Scheiße, Mann!», sagte Max und schlug sich einige Male mit der flachen Hand gegen die Schläfe, als würde er versuchen, Ketchup aus einer Flasche zu bekommen.

«Was ist passiert?», fragte Elizabeth.

«Ich weiß es eigentlich gar nicht.»

«Wie ist er gestorben?»

«Ich glaube, er hat sich gestern Abend zu Tode getrunken. Er lag tot in seinem Bett.»

«Und was machen wir jetzt?», sagte sie.

«Keine Ahnung.»

«Ich kann's noch gar nicht glauben, dass Father McNamee wirklich tot ist», sagte Elizabeth.

«Mist, verdammter.»

Max und Elizabeth setzten sich auf mein ungemachtes Bett, und wir schwiegen alle drei eine ganze Weile – es war, als würden wir für Father McNamee eine Schweigeminute einlegen. Wendy hätte vielleicht gesagt, wir würden «das Geschehene verarbeiten, die folgenschwere Information auf uns wirken lassen».

Schließlich sagte Elizabeth: «Sollen wir zum St.-Josephs-Oratorium fahren?»

«Wozu?», fragte ich.

«Father McNamee würde wollen, dass wir hinfahren», sagte sie. «Und vielleicht ist dein Vater ja da?»

«Ja, genau, Mann!»

«Ich glaube nicht, dass wir heute meinen Vater treffen», sagte ich.

«Woher willst du das wissen?»

Ich erzählte es Max und Elizabeth da noch nicht, aber beim Leeren von Father McNamees Portemonnaie hatte ich ein Foto von Mom, ihm und mir gefunden, aus der Zeit, als ich ein kleiner Junge war. Wir waren auf dem gigantischen Riesenrad an der Strandpromenade von Ocean City und drehten uns am Himmel, und als wir am höchsten Punkt waren, hielt Father McNamee die Kamera mit ausgestrecktem Arm und knipste uns drei, wie wir uns ganz eng zusammendrängten. Ich war in der Mitte und blickte panisch, aber Mom und Father McNamee waren lächelnde Buchstützen und wirkten so richtig glücklich, ganz allein am Himmel mit den Armen um mich herum. (Der jüngere Father McNamee hatte erschreckende Ähnlichkeit mit mir heute, während ich dies schreibe.) Das Foto allein hätte mich noch nicht stutzig gemacht, aber dann sah ich Father McNamees Vornamen auf seiner Kreditkarte.

Er hieß Richard.

Richard McNamee.

Es ist schon komisch, dass ich ihn mein Leben lang gekannt, aber nie gehört hatte, wie ihn jemand mit Vornamen ansprach, und auch nie auf die Idee gekommen war, ihn danach zu fragen. Er war immer Father McNamee gewesen. Selbst Mom hatte ihn Father McNamee genannt. Oder einfach nur Father. Ich hatte nie gehört, dass er von irgendwem Richard genannt wurde.

Oder vielleicht hatte ich es ja doch gehört, aber mein Gehirn hatte es einfach nicht registriert.

Finden Sie das seltsam, Richard Gere?

Als hätte irgendein Teil meines Unterbewussten einen Verdacht gehabt und mich beschützt – es meinem Verstand nicht erlaubt, sich jemals zu fragen, wie Father McNamee wohl mit Vornamen hieß?

Jetzt im Rückblick bin ich sicher, dass sein vollständiger Name im wöchentlichen Kirchenblatt stand, aber wer liest das schon?

Mom hatte mich am Ende ihres Lebens Richard genannt. Ich hatte angenommen, sie hätte Sie gemeint, Richard Gere, aber jetzt bin ich ziemlich sicher, dass sie Richard McNamee gemeint hatte, ihre große Liebe – und ich denke, nun weiß ich auch, warum Father McNamee im Lauf der Jahre so oft bei uns zu Abend aß und warum Mom nur bei ihm beichten wollte und warum er immer gleich zur Stelle war, wenn wir Hilfe brauchten – wie nach der Verwüstung unseres Hauses durch die Jugendlichen –, und warum er Mom gleich nach ihrem Tod so viele Messen widmete, obwohl ich die entsprechende Karte nicht ausgefüllt hatte, und warum er am Strand nach ihrer Beerdigung weinte und warum er mit mir eine Wallfahrt zum St.-Josephs-Oratorium machen wollte – dem Ort, wo Wunder geschahen –, weil er höchstwahrscheinlich erkannt hatte, dass schon ein Wunder geschehen müsste, damit ich ihm seine lebenslange Täuschung ebenso verzieh wie die Tatsache, dass ich ohne einen richtigen Vater aufgewachsen war, auch wenn ich in Father McNamee einen ausgezeichneten religiösen Beistand gehabt hatte.

Aber kann ein Priester überhaupt ein ausgezeichneter religiöser Beistand sein, wenn er Sex mit meiner Mom hatte?

Das alles ging mir durch den Kopf, bis er anfing zu dröhnen.

«*Bartholomew?*», sagte Elizabeth.

«Fahren wir zum Oratorium», sagte ich, weil ich fand, dass ich jetzt ganz gut ein Wunder gebrauchen könnte und dass wir, wo wir schon so weit gekommen waren, genauso gut nachsehen könnten, ob das St.-Josephs-Oratorium uns was zu bieten hatte.

Dann nahm ich den Schlüssel des Ford Focus, reichte ihn Elizabeth und sagte: «Wir sollten unsere Sachen packen und machen, dass wir wegkommen. Wir hätten ohnehin längst auschecken müssen.»

«Geht es dir einigermaßen?», fragte Elizabeth.

«Ja. Scheiße, Mann.»

Max und Elizabeth waren sichtlich erschrocken.

Ich nickte, und dann hauten wir ab.

Ihr bewundernder Fan
Bartholomew Neil

15

ARMER, GEHORSAMER, DEMÜTIGER DIENER

Lieber Mr. Richard Gere,

denken Sie vielleicht, ich hätte auf Father McNamees Ableben emotionaler reagieren sollen?

Oder denken Sie vielleicht sogar, ich sollte mich schuldig fühlen, weil ich ihn unmäßige Mengen Whiskey trinken ließ, ohne ihm auch nur einmal zu raten, nicht mehr so exzessiv zu trinken?

Denken Sie vielleicht, ich hätte widersprechen sollen, als er sagte, das Kaninchengericht, das er für uns alle bestellt hatte, wäre unser letztes Abendmahl?

Denken Sie vielleicht, ich bin schwer von Begriff – sogar ein Schwachkopf –, weil ich nicht schon früher das Geheimnis meines leiblichen Vaters durchschaut habe?

Sie könnten mir zu diesem Zeitpunkt unserer Korrespondenz tausend verschiedene Fragen stellen – und das vermutlich zu Recht, zumal ich Ihnen nicht die Art von Antworten geben kann, die «normale Leute» auch nur ansatzweise verstehen lassen könnte, wie mein Verstand funktioniert, aber ungeachtet dessen habe ich viele Fragen an *Sie*, Richard

Gere, Freund des Dalai Lama, Geist meiner Gedanken, Brieffreund, Mentor in Sachen Frauenumwerben und *angeblicher* Freund.

Falls Father *Richard* McNamee der «Richard» war, den Mom meinte, als sie todkrank war – falls er wirklich mein Vater war, und dessen bin ich mir inzwischen so gut wie sicher –, warum sind Sie mir von da an und auch in den darauffolgenden Wochen erschienen?

Habe ich Sie mir nur ausgedacht, wie einen imaginären Freund?

Bin ich verrückt geworden und habe Sie, ähnlich einer Halluzination, mit meiner Phantasie heraufbeschworen?

Oder sind Sie mir wirklich erschienen, weil Sie vielen Leuten, die in Not sind, erscheinen – weil genau das es ist, was Sie machen, wenn Sie keine Filme drehen?

Vielleicht als Teil Ihrer Religionsausübung?

Könnte das was Buddhistisches sein?

Ich weiß, Sie werden wahrscheinlich einfach sagen, bei unserem Fall von Personenverwechslung und der Tatsache, dass Sie mir erschienen sind, handelt es sich lediglich um ein weiteres Koan, etwas, worüber man nachgrübeln kann, das aber niemals eine Antwort oder Lösung liefert.

Das Universum hat Schluckauf, und wir armen Dummköpfe versuchen herauszufinden, warum.

Ich habe mit dem Gedanken gespielt, Ihnen gar nicht mehr zu schreiben, vor allem weil Sie sich in letzter Zeit nicht mehr blicken lassen – und das, obwohl ich Sie gerade jetzt am dringendsten brauche! Aber die Wahrheit ist, dass ich mittlerweile auf diese Briefe angewiesen bin. Das alles aufzuschreiben, meinen Verstand von Worten zu leeren, hat sich als geradezu therapeutisch erwiesen. Es beruhigt mich auf eine Art, wie nichts anderes das kann. Außerdem sind Sie jetzt, wo Father McNamee, mein richtiger Vater, tot ist, die einzige Verbindung, die ich zu Mom habe.

Mom war Ihr größter Fan.

Sie hat die Olympischen Spiele in Beijing für Sie boykottiert.

Zurzeit gibt es in meinem Leben keinen Ersatz für Richard Gere, und deshalb werde ich – unabhängig davon, was ich im Moment von Ihnen halte – unsere Korrespondenz fortsetzen.

Denken Sie, Father McNamee ist im Himmel?

Werden Priester, die ihr Gelöbnis brechen, indem sie mit meiner Mutter schlafen, vom heiligen Petrus durch die Himmelspforte gelassen?

Gilt einer, der sich zu Tode trinkt – noch dazu wenn er ein Abendessen als sein letztes Abendmahl bezeichnet –, als Selbstmörder?

Kommen potenziell selbstmordgefährdete ehebrecherische Priester ins Fegefeuer?

Sogar in die Hölle?

Warum stelle ich einem Buddhisten solche Fragen?

Es ist lächerlich.

Ich denke nicht mal, dass Sie an den Himmel, das Fegefeuer oder die Hölle glauben – oder doch?

Um es in Ihrer religiösen Sprache auszudrücken: Father

McNamee hat ganz eindeutig nicht das Nirwana erreicht, hab ich recht, Richard Gere? Jedenfalls nicht in diesem Leben. Ein Mann, der zwei Flaschen Jameson trinkt und im Schlaf stirbt, hat in der Regel nicht das Nirwana erreicht, schätze ich mal.

Aber er war ein guter Mann, im Großen und Ganzen. Ja, ich denke, darauf können wir uns einigen, wenn wir beschließen, objektiv zu sein, meinen Sie nicht auch?

Er war nicht stolz darauf, dass er mich im Stich gelassen hatte, das wird mir rückblickend klar. Und was immer zwischen Father McNamee und Mom passiert ist, es ist aus Liebe passiert. Reine Sinneslust kennt kein Pflichtgefühl, und Father McNamee hat uns mein Leben lang nie vernachlässigt.

In was für einem Gefühlskonflikt er gesteckt haben muss – einerseits seiner religiösen Berufung zu folgen und andererseits das Foto von Mom und ihm und mir auf dem Riesenrad in Ocean City mit sich herumzutragen, wo er sich traute, den Arm um uns zu legen, weil uns da oben keiner sehen konnte und weil er dort kurzzeitig frei war von seinem Gelübde und seiner Berufung.

Wir fuhren tatsächlich zum St.-Josephs-Oratorium – Max, Elizabeth und ich –, falls Ihr Interesse nicht nachgelassen hat, falls Sie überhaupt noch lesen, Richard Gere.

Elizabeth saß am Steuer, und ich gab die Adresse ins Navigationsgerät ein. Eine roboterhafte Frauenstimme sagte uns, wann wir abbiegen mussten und wie weit es noch bis zur nächsten Straße war, und ein Computerbildschirm, der zeigte, wie wir uns auf einer Karte bewegten, verband uns mit einem Satelliten über uns im Weltall, was nichts anderes als Alien-Technologie ist, wie Max erklärte, als ich fragte, wie das kleine Gerät im Auto überhaupt wissen konnte, wo wir waren.

Die Stimme, die uns navigierte, war eindeutig die einer Maschine, und doch konnte man hören, dass die Maschine eine Frau war, was mir leichte Kopfschmerzen bereitete. Wie können Maschinen ein Geschlecht haben? Die Maschine hatte auch eine amerikanische Aussprache. Wie können Maschinen eine Nationalität haben? Es kann doch keine gute Idee sein, Maschinen wie richtige Menschen sprechen zu lassen, oder? Maschinen menschenähnliche Eigenschaften zu geben?

Das Oratorium steht auf einem Hügel – ein großes weißes Gebäude aus Stufen und Säulen und Türmchen, mit einer gigantischen kupfergrünen Kuppel obendrauf.

Angeblich bewältigen Wallfahrer die vielen harten, kalten Stufen, die zum Eingang führen, auf den Knien, um durch den Schmerz Buße zu tun. Finden Sie das seltsam, Richard Gere? Auch nicht seltsamer als buddhistische Mönche, die sich mit Benzin übergießen und in Brand stecken, das müssen Sie zugeben.

Von außen ist das St.-Josephs-Oratorium schön und eindrucksvoll.

Atemberaubend wäre kein übertriebenes Adjektiv.

Wir schauten vom Parkplatz aus zu ihm hinauf.

«Ach ... du ... heilige ... Scheiße!», sagte Max langsam, in einem zurückhaltenden Ton, und schirmte mit einer Hand die Augen vor der eisigen Wintersonne ab. Und ich sah ihm an, dass er richtig ehrfürchtig war.

«Ein wirklich eindrucksvoller Bau, selbst aus Sicht einer Atheistin», sagte Elizabeth.

Mom würde nicht wollen, dass ich mich in eine Atheistin verliebe, schon gar nicht in eine, die sich selbst auch noch so nannte, das wusste ich – Father McNamee höchstwahrscheinlich auch nicht –, aber sie waren beide nicht mehr da, und ich musste mich jetzt allein in der Welt zurechtfinden, und als ich Elizabeth an dem Morgen ansah, spürte ich, wie mein Herz sich nach ihr sehnte, und ich dachte: Du musst jetzt tapfer sein, Bartholomew, denn diese beiden sind alles, was dir geblieben ist, und du wirst Kraft und Mut brauchen, um sie an deiner Seite zu behalten und die große dunkle Einsamkeit zu bekämpfen, die sich vor dir auftut.

Es waren seltsame neue Zeiten, und aus irgendeinem Grund waren Max und Elizabeth hier bei mir, halfen mir, mich dem Tag zu stellen, halfen mir, um Father McNamee zu trauern, und deshalb beschloss ich spontan, dass ich daran arbeiten würde, die Beziehung zu den beiden zu erhalten, indem ich über unsere kleinen Differenzen hinwegsah. Ich glaubte eigentlich nicht an Aliens, und trotzdem war ich bereit, drei Tektit-Kristalle um den Hals zu tragen. Max und Elizabeth glaubten nicht an Gott, waren aber bereit, sich mit mir zusammen das konservierte Herz eines katholischen Heiligen anzusehen und hoffentlich eine Kerze für den gerade verschiedenen Father McNamee anzuzünden. Vielleicht würden sie sogar mit mir niederknien, während ich für Moms und Father McNamees Seelen betete.

«Glaubst du, du findest deinen Vater da drin?»

Ich lächelte und zuckte die Achseln. «Mal sehen.»

Ich ging los, doch Elizabeth hielt mich an der Schulter fest und sagte: «Warte!»

Als ich mich zu ihr umdrehte, strich sie sich die Haare aus dem Gesicht, sodass ich volle, uneingeschränkte Sicht auf ihre Augen, ihre Nase und ihren Mund hatte. Sie war noch schöner, als ich es mir vorgestellt hatte. Mein Herz raste.

«Vielleicht sollten wir uns diesen Besuch für später aufsparen?», sagte sie. «In Anbetracht dessen, was heute passiert ist – Father McNamee. Das war schon ein furchtbarer Schock, Bartholomew. Wir haben ihn noch gar nicht richtig verarbeitet. Und ich weiß nicht, was schlimmer wäre: wenn wir deinen Vater wirklich finden oder wenn wir ihn nicht finden. Sowohl das eine als auch das andere könnte für einen einzigen Tag zu viel sein, und –»

«Es geht schon», sagte ich, während ich gebannt in ihre Augen schaute, die die sanfte graubraune Farbe von Champignons auf einer Pizza hatten.

Ich sah Max an, dass er genauso besorgt war.

Vielleicht war das hier ja auch das Glück des Augenblicks, wie Mom es nannte. Father McNamees Täuschung und sein Tod waren das Schlechte, das zu etwas Gutem geführt hatte, nämlich, dass Max und Elizabeth jetzt für mich da waren. Es sah ganz so aus, als würde Moms Philosophie sich wieder bewahrheiten – dass meine Mutter noch klüger gewesen war, als ich sie eingeschätzt hatte, während sie hier mit mir auf Erden lebte. Und das will wirklich was heißen, denn ich hatte sie so ziemlich in allem unheimlich hoch eingeschätzt.

Ich sagte zu meinen beunruhigten Freunden Max und Elizabeth: «Mein Vater wird nicht da drin sein. Keine Sorge. Damit hab ich mich heute Morgen abgefunden.»

«Wie kannst du dir da so verdammt sicher sein?», sagte Max.

«Weil Father McNamee mein leiblicher Vater war.»

«Was?», sagte Elizabeth.

«Echt?», schob Max hinterher.

Beide hoben die Augenbrauen.

«Mein Unterbewusstsein hatte seit vielen Jahren den Verdacht, aber ich habe es jetzt erst herausgefunden.»

«Woher weißt du das?», fragte Elizabeth.

«Er hat es mir gesagt», erwiderte ich.

«Wann?», fragte Elizabeth.

«Heute Morgen», sagte ich.

«Aber heute Morgen war er doch schon scheißtot», sagte Max, während etliche Nonnen in schwarzen Trachten aus einem VW-Bus stiegen und anfingen, uns anzustarren.

«Gott segne euch, Schwestern!», rief ich ihnen zu, winkte und lächelte, weil Max' Ausdrucksweise, an die sich mein Ohr inzwischen gewöhnt hatte, während andere sich nach wie vor daran störten, offensichtlich ihre Gefühle verletzte.

«Gott segne euch auch!», rief eine jünger aussehende Nonne zurück, und dann winkten sie fast alle.

«Father McNamee hat mir die Wahrheit aus dem Jenseits zugeflüstert», sagte ich zu Max und Elizabeth.

«Hat das was mit dem katholischen Glauben zu tun?», fragte Elizabeth.

Ich lachte, und auf einmal fühlte ich mich leicht – als hätte ich ein riesiges dunkles Geheimnis rausgelassen, das ganz, ganz lange in mir versteckt gewesen war.

Ich hatte noch immer Angst vor der Zukunft – aber ich fühlte mich irgendwie frei, weil das größte Rätsel meines Lebens gelöst war.

Ich fragte mich, ob ich die Tatsache, dass ich die ganze Zeit Bescheid gewusst hatte, vielleicht unbewusst verheimlicht hatte, um Father McNamee zu schützen. Selbst als kleiner Junge musste ich geahnt haben, dass es einen Riesenskandal in unserer Gemeinde gegeben hätte, wenn herausgekommen wäre, dass Father McNamee mich gezeugt hatte. Nie und nimmer hätte er dann all die guten Werke tun können, die er als Priester nach meiner Geburt getan hatte – fast vier Jahrzehnte selbstlose Taten waren ihm nur deshalb möglich gewesen, weil Mom sein Geheimnis bewahrt hatte. Vielleicht hatte ich bei der ganzen Vertuschung mitgemacht; vielleicht hatte ich einfach mitgespielt, so getan, als ob ich keine Ahnung hätte, wo ich doch sehr wohl Bescheid wusste. Ich bin sicher, Mom hätte das Spiel gern mit mir gespielt – und wenn ich es mir recht überlege, hat sie das auch, indem sie mir erzählte, mein Vater wäre vom

Ku-Klux-Klan ermordet worden und wäre deshalb ein katholischer Märtyrer.

Wir alle hatten das Spiel zusammen gespielt.

«Vielleicht hat es was mit dem Leben zu tun», sagte ich zu Elizabeth, und dann ging ich voraus ins St.-Josephs-Oratorium.

Wir fuhren mit mehreren Rolltreppen in die Hauptkathedrale, Basilika genannt, die riesig war und mir ein bisschen so vorkam wie das Himmelreich.

«Hier sieht's aus wie in einem Drecksraumschiff», flüsterte Max, und ich verstand, was er meinte, weil der Beton sich nach oben hin in gewaltigen Bögen und Kuppeln verlor und über dem Altar sogar ein dekorativer Ring hing, der an ein Ufo erinnerte

Ich sah zu Elizabeth hinüber, und sie hatte die Fäuste geballt.

Es gab auch Holzschnitzfiguren von allen Jüngern, die als lang gestreckte Riesen dargestellt waren wie in einem Zerrspiegel, nur dass sie Gewänder und Frisuren aus biblischen Zeiten trugen. Wir fanden meinen Namenspatron Bartholomäus ohne Probleme, obwohl auf dem Schild Nathanael stand, sein anderer Name. Er hält eine Art Blatt in der Hand und hat das Kinn auf den Zeige- und Mittelfinger der linken Hand gestützt, mit denen er das Peace-Zeichen macht.

«Die sehen aus wie Aliens», flüsterte Max, und ich musste ihm beipflichten, weil sie so lang gestreckt und mager und überirdisch aussahen. «Was zum Henker soll das? Die Jünger Jesu sehen aus wie riesige Aliens!»

«Keine Ahnung», sagte ich.

«Father McNamee hätte es gewusst», sagte Elizabeth.

«Vielleicht», flüsterte ich, und dann schauten wir uns die anderen Apostel an, die alle streng und gestreckt und hölzern und staubig und sogar außerirdisch aussahen.

Jawohl, außerirdisch, tatsächlich.

Ich fragte mich, wie viele Gebete wohl schon von diesem Bauwerk nach oben geschickt worden waren – hinauf zum Himmel, so wie wir heutzutage Informationen zu unseren Satelliten schicken, wenn wir im Auto sitzen und wissen wollen, wo es langgeht.

Wir verließen die Basilika, fuhren mit Rolltreppen nach unten und kamen in eine längliche Säulenhalle voller Kerzen, wo man gegen einen kleinen Geldbetrag eine anzünden und Gebete an den heiligen Joseph schicken konnte.

Ich leistete die geforderte Spende, zündete eine weiße Kerze in einem roten Glas für Father McNamee an und bat den heiligen Joseph, ein gutes Wort beim heiligen Petrus einzulegen, damit der ihn durch die Himmelspforte ließ, obwohl er als Priester mit meiner Mom Sex gehabt, sich zu Tode getrunken und mir verschwiegen hatte, dass er mein Vater war. Aber trotzdem, er hatte vielen Mitgliedern unserer Kirche – und auch vielen Nichtmitgliedern – über die Jahre geholfen.

Father McNamee war ein guter Mann, betete ich zum heiligen Joseph und meinte es auch so.

Sehr viele andere Leute und Wallfahrer zündeten Kerzen an und beteten; manche weinten. Ich kam mir vor wie an einem heiligen Ort, und sogar Max verkniff sich eine Zeitlang das Fluchen, was ich als großes Respektzeichen deutete.

Wir gingen an Wänden vorbei, an denen Hunderte Holzkrücken und Gehstöcke hingen, alle gestiftet von Leuten, die angeblich vom heiligen Bruder André geheilt worden waren, einem schlichten ungebildeten Klosterpförtner, der sein Leben dem heiligen Joseph verschrieben hatte und unerklärlicherweise ein Wunderheiler wurde.

Und dann kamen wir zur letzten Ruhestätte des heiligen Bruders André.

Der Leichnam befindet sich in einem glänzenden schwarzen Marmorkasten unter einem Backsteinbogen. An der Wand zwischen dem Bogen und dem Sarkophag hängt ein Gemälde von einem roten Kreuz. Die lateinische Inschrift bedeutet so viel wie: «Armer, gehorsamer, demütiger Diener Gottes.»

Aber das Herz des heiligen Bruders André war nicht da.

Ich fragte eine Wallfahrerin, wo ich das Herz sehen könnte, und sie schickte mich zu einem Informationsstand. Der Mann dort zeigte mir den Weg auf einer Karte, die mich zwei kanadische Dollar kostete.

Wir nahmen eine weitere Rolltreppe und gelangten schließlich über eine Steintreppe in einen Raum mit Dioramen – Bruder Andrés Schlafzimmer, er als lebensgroße Puppe in seinem Arbeitszimmer, er als lebensgroße Puppe neben einem Stuhl, alles hinter Glas.

«Wie klein er war», sagte Elizabeth. «Kaum zu glauben,

dass so ein zerbrechlich wirkender Mann für das alles hier verantwortlich ist.»

«Ja», pflichtete ich ihr aus ganzem Herzen bei. Der heilige Bruder André sah nicht aus wie ein Mann, der große Dinge vollbringt. Wirklich nicht. Er sah nicht annähernd so aus wie Sie, Richard Gere.

Und dann – als wir uns umdrehten – erblickten wir ihn.

Den Ort, wo Father McNamee mit mir hingewollt hatte.

Wo Father McNamee zum ersten Mal die Stimme Gottes gehört hatte.

Gegenüber den Dioramen war so etwas wie eine Stahlkammer, die mit einem Eisengitter gesichert war. Hinter dem Gitter stützte ein grauer Pfeiler einen quadratischen Glaskasten, der mit kunstvoll gemeißeltem Stein ausgelegt war. In dem Kasten lag ein menschliches Herz. Die Kammer war innen rot beleuchtet, sodass man meinte, in die Brust eines Riesen zu spähen – eines Riesen mit einem gewaltigen Brustharnisch, der sich geöffnet hatte, um ein in Glas eingeschlossenes Herz freizulegen.

«Verflucht!», beendete Max seine Nichtfluchphase.

«Glaubt ihr, es ist echt?», flüsterte Elizabeth.

«Ja», sagte ich.

«Aber wer hat das verdammte Ding rausgeschnitten?»

«Keine Ahnung», sagte ich und versuchte, mir nicht vorzustellen, wie ein menschliches Herz aus einem toten Körper geschnitten wurde – versuchte, nicht an Charles J. Guiteaus seziertes Gehirn zu denken, das im Mütter-Museum für alle Zeit konserviert wurde.

«Was, glaubst du, würden die Aliens denken, wenn sie auf die Erde kämen und dieses ausgestellte Herz sehen würden?», fragte ich Elizabeth. «Wenn sie sehen würden, wie viele Menschen hier das Herz des heiligen Bruders André verehren, Kerzen anzünden und zum heiligen Joseph beten?»

Elizabeth antwortete nicht, aber sie drückte meinen Bizeps durch den Jackenärmel und ging weg.

Max nickte mir zu und folgte seiner Schwester.

Es war fast, als wüssten sie, dass ich allein sein musste – und ich selbst begriff das, sobald sie gegangen waren.

Ich stand da, starrte auf das Herz des heiligen Bruders André und fragte mich, wer er gewesen war.

Angeblich kamen eine Million Menschen zu seiner Beisetzung und gingen in der Eiseskälte des kanadischen Winters langsam an seinem Sarg vorbei.

Wie war das möglich gewesen?

Was unterscheidet Männer wie ihn von Leuten wie Max, Elizabeth und mir?

Vom Rest der Welt?

Father McNamee hätte gesagt, Bruder André war gläubig – sein Glaube reichte einfach nur tiefer als der anderer Menschen.

Und ich fragte mich, ob Glaube nicht eine andere Form von So-tun-als-ob ist.

Ich fragte mich auch, was Father McNamee wohl gesagt hätte, wenn er jetzt bei mir gewesen wäre, vor Bruder Andrés Herz – da, wo er sich erstmals berufen gefühlt hatte.

Hätte er mich um Verzeihung gebeten?

Hätte er gesagt, es tue ihm leid?

Hätte er seine Liebe zu mir – seinem einzigen Sohn – bekundet? Hatte er die Kirche verlassen, um sich zu mir als seinem Sohn zu bekennen und mein Dad zu sein?

Die Antworten auf diese Fragen würde ich nun nicht mehr bekommen, doch während ich so dastand und das Herz eines Wunderheilers betrachtete, hatte ich auf einmal das Gefühl, dass es keine Rolle spielte – dass ich schon irgendwie klarkommen würde, egal, wie sehr mein Leben aus den Fugen geraten war.

Als ich Max und Elizabeth fand, standen sie auf einer Art großem Balkon und schauten hinunter auf Montreal, das atemberaubend war, und nicht bloß wegen der Kälte, die einen vom Innern der Lunge bis in die Finger und Zehen gefrieren ließ.

«Danke, dass ihr mit mir hergekommen seid», sagte ich zu Max und Elizabeth.

«Kein Problem», sagte Max.

Elizabeth lächelte höflich.

Dann blickten wir noch ein paar Minuten länger über das verschneite Montreal, während unser Atem ein und aus strömte.

Es kam mir so vor, als wären wir genau da, wo wir zu diesem Zeitpunkt sein sollten – fast wie vorherbestimmt. Es fühlte sich einfach irgendwie richtig an.

Ich weiß nicht.

Aber vielleicht.

Ich dachte darüber nach und beschloss, dass ich nicht versuchen würde, die großen Rätsel des Lebens zu lösen – zumal ich im Augenblick mit so allerhand fertigwerden musste –, und deshalb hielt ich es für das Beste, wenn wir bei unserem ursprünglichen Plan blieben.

«Fahren wir zum Katzenparlament», sagte ich.

«Dreckskatzenparlament!», sagte Max, und dann ging er hinein, um das Oratorium verlassen und in den Ford Focus steigen zu können.

«Wir können so lange hierbleiben, wie du möchtest, Bartholomew», sagte Elizabeth. «Falls du mehr Zeit brauchst –»

«Von mir aus kann's losgehen», sagte ich.

Elizabeth tat etwas Unerwartetes – sie holte eine Silberkette aus ihrer Jackentasche und legte sie mir um den Hals.

«Noch ein Tektit, der mich vor den Aliens schützen soll?», fragte ich.

«Nein. Das ist eine Heiliger-Bruder-André-Medaille, die ich im Souvenirladen gekauft habe», sagte sie, und dann ging sie weg.

Ich nahm die Medaille in die Hand und sah sie mir an – das winzige faltige Gesicht von Bruder André in Silber geprägt.

Ich vermisste Father McNamee, aber er würde wollen, dass ich weitermachte, so gut ich konnte – davon war ich überzeugt.

Und vielleicht war dieser schöne Moment mit Elizabeth auf dem Balkon des Oratoriums ja so etwas wie ein Nachlass.

Der Gedanke gefiel mir.

Also lief ich Elizabeth hinterher – fühlte mich lebendiger als je zuvor in meinem ganzen Leben –, und wir machten uns im Ford Focus auf den Weg nach Ottawa.

Ihr bewundernder Fan
Bartholomew Neil

16

AUF EINMAL GLAUBTE ICH, UNSERE GLÜCKSKEKSSPRÜCHE BESSER ZU VERSTEHEN, ALS ICH URSPRÜNGLICH GEDACHT HATTE

Lieber Mr. Richard Gere,

während ich auf dem Rücksitz des Ford Focus sitzend lauschte, wie die roboterhafte Frau uns navigierte, und das flache, weiße, leere Land vorbeiziehen sah, wurde ich sehr müde – zu müde, um über alles, was geschehen war, nachzudenken, geschweige denn, irgendeinen Sinn darin zu suchen.

Irgendwie – obwohl Max zwischendurch immer mal wieder «Dreckskatzenparlament!» brüllte – schlief ich ein.

In meinem Traum wachte ich auf und war in meinem Zimmer, in Moms Haus.

Mom und Father McNamee standen neben meinem Bett und hielten Händchen.

«Ist das ein Traum?», sagte ich zu ihnen.

Aber sie lächelten mich bloß an und blickten extrem stolz drein.

«Seid ihr beide zusammen im Himmel?»

Sie lächelten einfach weiter.

«Wieso redet ihr nicht mit mir?», sagte ich. «Bitte. Sagt

irgendwas. Sagt mir wenigstens, dass es euch gut geht. Gebt mir ein Zeichen.»

Mom zog Father McNamee ein wenig näher an sich heran, sie schauten einander in die Augen, und dann waren sie plötzlich ganz einfach verschwunden.

«*Mom?*», schrie ich und versuchte aufzustehen, merkte aber, dass es mir nicht möglich war. Die Bettdecke war um mich gewickelt und hielt mich fest, fesselte meinen Oberkörper, umschlang mich wie eine riesige Anakonda – ich konnte nicht mal die Arme befreien. «*Father McNamee?*»

Und dann rüttelte jemand an mir, und als ich die Augen aufschlug, sah ich Max, der vom Beifahrersitz des Ford Focus zu mir nach hinten sah.

«Was ist los, Mann?»

«Du hast geträumt», sagte Elizabeth, die am Steuer saß. «Du hast geschrien.»

«Tut mir leid», sagte ich und schob meinen Sicherheitsgurt zurecht.

«Elizabeth hat gesagt, ich soll dich wecken, Mann.»

«Danke.»

Niemand sagte noch was, und ich starrte mein Spiegelbild in der Scheibe an.

Ich fühlte mich auf einmal so leer, so einsam – und ich fühlte mich schuldig, als wäre ich kein guter Sohn für Mom oder Father McNamee gewesen, als hätte ich ihnen, als sie noch da waren, öfter sagen sollen, wie lieb ich sie hatte, oder als hätte ich mehr tun sollen – oder vielleicht bloß *etwas* tun sollen –, um sie stolz zu machen. Und ich fragte mich, ob sie es sich selbst übel nahmen, dass ich ein dicker, arbeitsloser Mann war, als hätte ihre Liebe dieses Monster von einem Sohn hervorgebracht, für den sie sich ohne Ende schämten. Der schlimmste Gedanke war folgender: Selbst wenn ich es schaffte, in Zukunft etwas Erstrebenswertes mit meinem Leben anzufangen, selbst wenn das Wunderbare geschähe und ich endlich in bescheidenem Maße die Kurve kriegte, würden Mom und Father McNamee es nicht mehr miterleben. Sie hatten bis zu ihrem Tod nur den Bartholomew der Vergangenheit gekannt, und ich war nicht zufrieden mit dem Bartholomew der Vergangenheit – kein bisschen.

Und jetzt, da ich wusste, dass Father McNamee mit Vornamen Richard hieß, dass ich Mom missverstanden hatte, als sie mich mit Ihrem Vornamen ansprach, dass der Name Richard eine Art Doppelsinn hatte – zumindest in meinem Leben –, fiel es mir immer schwerer, so zu tun, als ob Sie, Richard Gere, mein Freund und Vertrauter wären. Ich schreibe Ihnen zwar nach wie vor Briefe, aber irgendwie fühle ich mich dabei, als würde ich einem Toten schreiben oder einem Phantasieprodukt – einer erfundenen Person –, und auch deshalb fühle ich mich wie ein Riesenvolltrottel.

Ihnen zu schreiben und mit Ihnen zu sprechen, wenn Sie mir erschienen, fühlte sich immer so richtig an, dass es sich jetzt doppelt schlecht anfühlt – jetzt, wo ich weiß, dass alles unecht war, dass ich mich getäuscht habe.

Trotz allem denke ich, dass ich Ihnen die Geschichte zu

Ende erzählen sollte, vielleicht bloß, weil ich sie *irgendwem* erzählen muss.

Als wir in Ottawa ankamen, baten wir die Frau vom Navigationsgerät, für uns ein Hotel zu finden, was ihr problemlos gelang.

Das Hotel hatte einen Parkservice, und den nutzten wir, und Elizabeth bekam im Austausch gegen den Schlüssel des Ford Focus einen kleinen Zettel.

Elizabeth meinte, ich sollte meine Notfallkreditkarte, die Mom mir vor langer Zeit gegeben hatte, benutzen, weil ich beim Einchecken bestimmt meinen Pass an der Rezeption vorzeigen müsste, und der Name da drauf müsste mit dem auf der Kreditkarte übereinstimmen, was logisch klang, also befolgte ich ihren Rat. Wir nahmen ein Zimmer für uns drei und sagten, wir würden zwei Nächte bleiben. Die ganze Zeit tigerte Max hinter uns auf und ab, weil er unbedingt möglichst bald ins Bett wollte, damit die Nacht schneller um wäre und er am nächsten Morgen endlich zum Katzenparlament konnte.

«Einen schönen Aufenthalt, Mr. Neil», sagte die Rezeptionistin und gab mir zwei Zimmerschlüsselkarten.

Wir betraten unser Zimmer im dritten Stock, und Max machte sich augenblicklich bettfertig; er zog seinen Pyjama an – der über und über mit Katzensilhouetten bedruckt war und quer über der Brust die rote Aufschrift ARISTOCATS trug –, putzte sich die Zähne, wusch sich das Gesicht und sprang dann in das Bett, das den Fenstern am nächsten stand. «Ich bin hundemüde», sagte er.

«Max, es ist erst acht, und wir haben noch nicht zu Abend gegessen», sagte Elizabeth, doch kaum hatte er sich ausgestreckt, schnarchte er auch schon.

«Sollen wir was essen gehen?», fragte ich, und Elizabeth nickte.

Wir packten uns warm ein und gingen in die verschneite Stadt, spürten den scharfen Wind vom Ottawa River heranpeitschen.

«Hier sieht's aus wie in England», sagte Elizabeth, als wir an den Parlamentsgebäuden vorbeispazierten. «Uhren in hohen Türmen und so.»

«Warst du mal in England?»

«Nein. Du?»

«Noch nie.»

«Aber würdest du nicht auch sagen, es sieht hier aus wie in England?»

«Ich glaub schon.»

Wir gingen lange Zeit mehr oder weniger ziellos umher, ließen die Stadt auf uns wirken, spürten die Kälte an den Wangen, und es tat gut, sich nach der langen Autofahrt von Montreal hierher die Beine zu vertreten.

Elizabeth blieb vor einem Schaufenster voller chinesischer Tierkreiszeichen stehen, hinter dem ein dicker Jade-Buddha im Schneidersitz saß, und sagte: «Möchtest du hier was essen?»

«Gern», sagte ich, und wir gingen hinein.

Sie bestellte Bami Goreng und ich auch, und wir warteten schweigend auf das Essen, während irgendeine asiatisch klingende Melodie lief – hohe Flöten und eine, wie es klang, schwermütige Spieldose.

Ich dachte, Bami Goreng würde in Kanada vielleicht anders schmecken, aber das war nicht der Fall.

Als wir mit dem Essen fertig waren, kamen die Glückskekse.

Elizabeth las: HARMONIE HAT NUR EINEN FEHLER: SIE KANN NATURGEMÄSS NICHT VON DAUER SEIN.

Mein Spruch lautete: EIN FREUND IST EIN GESCHENK, DAS DU DIR SELBER MACHST.

«Was soll das überhaupt heißen?», sagte Elizabeth.

Ich hatte keine Ahnung, also zuckte ich die Achseln.

Wir saßen eine Weile da und tranken den Rest von dem grünen Tee, den wir aus einer schwarzen drachenförmigen Kanne in weiße, mit hellblauen chinesischen Symbolen bemalte Tässchen gossen.

«Was glaubst du, warum sind wir hier zusammen in Ottawa?», sagte ich. «Ich meine, das ist doch total unwahrscheinlich?»

Elizabeth blickte aus dem Fenster auf den vorbeifließenden Verkehr, und ihr Gesicht schien zu versteinern.

Als ich die Rechnung bezahlt hatte, stand sie auf, ich folgte ihr nach draußen, und wir bummelten endlos durch das verschneite Ottawa.

Elizabeth schwieg und ich auch.

Wir gingen einfach.

Und gingen.

Und gingen.

Und obwohl mir sehr kalt war, verlor ich darüber kein Wort, weil ich mit Elizabeth ewig so weitergehen wollte und nichts tun oder sagen wollte, das mein Zusammensein mit ihr frühzeitig beenden würde.

Elizabeth schien tief in Gedanken, und ich wusste irgendwie, dass es am besten war, nichts zu sagen – und deshalb hielt ich den Mund.

In der Hotellobby fragte sie mich, ob ich Lust hätte, mit ihr in der Bar noch was zu trinken, und ich sagte ja, ehe mir klarwurde, dass ich damit mein letztes verbliebenes Lebensziel erfüllen würde.

Elizabeth bestellte einen Martini Ketel One on the rocks mit extra Oliven, und obwohl ich keine Ahnung hatte, was das war, bestellte ich das Gleiche.

Die Drinks kamen, und ich bezahlte mit Father McNamees Kreditkarte.

Wir setzten uns in die schicken Ledersessel, und der Barkeeper stellte eine Schale Knabbereien neben unsere Drinks auf den kleinen, nicht einmal kniehohen Tisch.

«Cheers», sagte Elizabeth mit nicht gerade heiterer Stimme und hob ihr Martiniglas.

Ich hob meines, und wir stießen die Glasränder aneinander, genau wie die Leute im Fernsehen.

Als ich einen Schluck nahm, schmeckte ich überwiegend salzige Oliven, aber es brannte angenehm.

Ich war zum ersten Mal mit einer Frau etwas trinken, aber es kam mir gar nicht so besonders vor – nicht so, wie ich gedacht hätte.

Ich trank ein paar Schlückchen.

Sie trank etliche kräftige Schlucke.

Langes, unbehagliches Schweigen trat ein, und ich sah Elizabeth an, dass sie innerlich mit sich kämpfte.

Plötzlich griff sie in ihre Handtasche, holte eine orangene Tablettenpackung heraus und legte sie neben ihren Drink auf den Tisch.

«Was ist da drin?»

«Das war meine Ausstiegsstrategie», sagte sie.

«Ich versteh nicht.»

«Wirklich nicht?»

Ich schüttelte den Kopf.

«Max und ich können nirgendwohin. Wir haben kein Zuhause. Keine Angehörigen. Ich habe meinem Bruder versprochen, zu seinem vierzigsten Geburtstag mit ihm zum Katzenparlament zu fahren. Den Wunsch erfülle ich ihm morgen. Aber das war's dann. Danach sind unsere Möglichkeiten erschöpft. Und ich bin müde, Bartholomew. Ich bin unheimlich müde.»

Ich brauchte eine Sekunde, um zu verstehen, was Elizabeth da sagte, aber als der Groschen fiel, schnappte ich die Tablettenpackung vom Tisch und sagte: «Du könntest bei mir wohnen. Max auch. Wir könnten das hinkriegen. Als Familie.»

«Was für eine Art von Familie sollte das sein?»

«Die beste», sagte ich.

Sie lächelte und blickte zu Boden. «Das meinst du nicht ernst.»

«Was spricht dagegen? Vielleicht ist das Ganze, alles, was passiert ist – dass meine Mom an Krebs gestorben ist, dass Max und ich uns zufällig kennengelernt haben, dass wir alle nach Kanada mussten, dass ich dich in der Stadtbibliothek gesehen habe, gemerkt habe, dass du anders bist, ja sogar Father McNamees Tod –, vielleicht ist das alles passiert, weil wir drei dafür bestimmt sind, zusammen zu sein.»

«Dir ist doch klar, wie verrückt das klingt, oder?»

«Ich weiß nicht, tut es das? Ich habe eigentlich nur aufgezählt, was uns alles passiert ist – Fakten –, und dann überlegt, was es bedeuten könnte.»

Ich war selbst überrascht, wie selbstbewusst ich klang, Richard Gere. Sie müssen wirklich auf mich abgefärbt haben.

«So jemand wie du ist mir noch nie begegnet, Bartholomew», sagte sie, während sie den Olivenspieß in ihrem Glas kreisen ließ. «Ich bewundere deine Bereitschaft, zu allem und jedem freundlich zu sein. Aber leider ist sehr viel mehr erforderlich als Freundlichkeit, um auf dieser Welt zu überleben.»

Ich verstand, was sie meinte, aber ich wusste auch, dass Moms Philosophie eine starke Waffe war, und ich dachte, dass ich sie vielleicht jetzt einsetzen könnte, deshalb sagte ich: «Ich fände es schön, wenn ihr bei mir wohnen würdet, Elizabeth. Wir können das hinkriegen. Ich will das glauben, weil die Alternative» – ich schüttelte die Tablettenpackung – «so furchtbar unschön ist. Versuch doch einfach, in diesem Moment mit mir zusammen daran zu glauben.

Was hast du denn zu verlieren? Wir könnten Max eine Katze schenken! Er könnte im Kino arbeiten, du könntest weiter ehrenamtlich in der Stadtbibliothek arbeiten, und ich könnte …»

Ich wusste nicht, was ich machen könnte, und das machte mich schlagartig nervös. Ich hatte mein Leben lang nichts anderes gemacht, als mich um Mom zu kümmern und ihr Sohn zu sein. Und doch saß ich hier und versprach, so viel mehr zu sein als das, was ich war – tat schon wieder so, als ob.

«Es geht mir nicht gut», sagte Elizabeth. «Max auch nicht. Wir sind beschädigte Ware. Wir sind Probleme – und sonst gar nichts. Das ist dir doch wohl inzwischen klar, oder? Wir sind nicht einfach.»

«Ich bin auch beschädigte Ware! Und ich bin auch Probleme! Ich bin Chaos! Das ist perfekt!»

«Das ist *nicht* perfekt», sagte sie oder schrie es beinahe. Ich merkte, dass sie schon sehr lange kämpfte – zu lange – und nicht mehr viel in ihrem Hoffnungstank hatte. «*Nichts hier ist perfekt!* Ich werde mir nicht erlauben, auf perfekt zu hoffen. Perfekt gibt es nicht für Leute wie uns, Bartholomew. *Erträglich.* Das will ich. *Einfach bloß erträglich.* Wenn ich eine erträgliche Existenz haben könnte, wäre ich, glaube ich, sehr dankbar.» Sie schüttelte den Kopf und starrte auf ihren Schoß. Ich sah, wie sich ihre Lippen hinter dem Vorhang aus braunen Haaren bewegten, und ich wusste, dass sie wieder mit sich selbst kämpfte. Dann blickte sie unvermittelt auf und sagte: «Ich hätte meinen Ausstiegsplan sowieso nicht ausführen können, denke ich. Ich könnte Max das niemals antun. Und jetzt halse ich dir meine Probleme auf.»

Elizabeth schüttelte den Kopf, sah kurz zur Decke und starrte dann wieder auf ihren Schoß.

Wir schwiegen lange, während wir unsere Martinis tranken.

Und dann hatte ich eine Idee, die irgendwie schräg war, aber ich folgte ihr trotzdem, weil ich das Gefühl hatte, dass der Moment von mir verlangte, mehr zu sein, als ich normalerweise bin. «Stell dir vor, ich bin du», sagte ich zu Elizabeth. «Im Film würdest du jetzt Folgendes sagen – als Reaktion auf mein Angebot, dass du und Max zu mir in Moms Haus zieht, als wären wir eine Familie.» Dann sagte ich mit einer mädchenhaft hellen, übertrieben dramatischen Hollywood-Stimme à la Vivian Ward/Julia Roberts: «Wenn wir dein freundliches Angebot tatsächlich annehmen, glaubst du wirklich, wir würden das hinkriegen, Bartholomew? Im Ernst? Wir würden nicht viel verlangen. Das würden wir nicht wagen. Aber glaubst du, wir könnten vielleicht einfach *erträglich* zusammen existieren, weil das für mich das höchste der Gefühle wäre, eine erträgliche Existenz?» An dieser Stelle begann meine Stimme zu beben. Ich wusste nicht, warum. «Ich würde niemals wagen, auf mehr zu hoffen. Wir sind nicht gierig – aber das Leben hat es wirklich nicht gut gemeint mit Max und mir. Deshalb musst du jetzt ehrlich zu mir sein, Bartholomew. Glaubst du wirklich, eine erträgliche Existenz ist möglich?»

Elizabeth leerte ihr Glas.

«Ich bin nicht wirklich von Aliens entführt worden.» Sie strich sich das Haar aus dem Gesicht. Sie zitterte. «Die Ärzte haben Max in Worcester angerufen, als ich im Krankenhaus lag, weil er in meinen Versicherungsunterlagen als mein nächster Angehöriger eingetragen war. Er kam noch am selben Abend mit dem Zug nach Philly und ist total durchgedreht, als er mich gesehen hat. Max ist einfältig, aber er hat ein großes Herz. Wirklich. Er begreift nicht, dass Tag für Tag irgendwelchen Menschen überall auf der Welt schreckliche Dinge passieren. Grauenhafte Dinge. Dinge wie ... wie ...» Elizabeth blickte auf ihren Schoß, und der Haarvorhang fiel wieder vor ihr Gesicht. «Die Männer waren betrunken und unmenschlich und wurden nie vor Gericht gestellt. Max' Verstand kam nicht damit klar, denn wie kannst du deine Schwester vor etwas schützen, das so entsetzlich willkürlich ist, wie auf dem Heimweg nach einem Feierabenddrink an einem kühlen Mittwochabend im Herbst am Delaware River so brutal überfallen zu werden, dass ihre Oberschenkel hinterher voller Blut sind? Deshalb haben Max und ich uns die Aliens-Geschichte im Krankenhaus ausgedacht – ungefähr so, als wären wir wieder Kinder –, und ich habe weiter mitgespielt, bloß damit er ruhig blieb. Er bestand darauf, zu mir zu ziehen, um mich vor Aliens beschützen zu können, und das Ganze ist dann einfach ausgeufert. Aber eigentlich ist es eine schöne Bruder-Schwester-Geschichte, wenn man genau drüber nachdenkt und ...»

Elizabeth sah mich mit einem Blick an, der halb glücklich war und halb den Tränen nahe.

Als sie sich ein Lächeln abrang, nickte ich, weil ich wusste, dass ich das machen musste, obwohl ich innerlich panische Angst hatte, und ich wusste ja nicht mal, wer die Rechnungen bezahlte, die für Moms Haus anfielen, und ich würde es vielleicht nie wissen, jetzt, wo Father McNamee tot war, und ich war mir auch nicht sicher, ob eine erträgliche Existenz überhaupt für *mich* möglich wäre, geschweige denn für uns drei zusammen.

Eigentlich wusste ich gar nichts mit Sicherheit.

Aber ich glaubte fest daran, dass ich für Elizabeth wieder so tun konnte, als ob, so tun, als ob ich stärker wäre, als ich wirklich war, weil der Moment das von mir verlangte, also tat ich es. Ich tat so, als ob ich stark wäre, und ich versuchte, Elizabeth mein Mitgefühl zu zeigen. Währenddessen fragte ich mich, ob Father McNamee und Mom stolz auf mich wären, Richard Gere. Der Dalai Lama wäre bestimmt zufrieden mit meinem Verhalten an dem Abend, weil Elizabeth auf einmal anfing zu weinen, und nicht bloß kleine Tränen, nein, sie schluchzte und schluchzte, bis ich sie an mich zog und in den Armen hielt, und dann fing ich auch an zu weinen, weil ich Mom so schrecklich vermisste und Father McNamee nicht mehr da war und ich erst so ganz allmählich die Endgültigkeit von alldem verstand, dass ich niemals einen Vater haben würde, dass es keine Rätsel mehr gab, dass alles gelöst und klar und vorbei war, und Elizabeth war nicht von Aliens entführt worden, sondern hatte etwas noch viel Schlimmeres erlebt als Mom und ich mit den Jugendlichen, die in unser Haus eingebrochen waren und auf mein Bett gepisst hatten und unseren Herrn und Erlöser Jesus Christus in die Toilette gestopft hatten ... und wie waren wir überhaupt in Kanada gelandet, und warum war unser Leben so viel seltsamer als das Leben normaler Leute?

Gab es für uns noch irgendeine Hoffnung?

Während Elizabeth an meiner Schulter schluchzte, beschloss ich, an das Glück des Augenblicks zu glauben – ob da nun was dran war oder nicht – und aktiv zu werden, mir sogar nötigenfalls einen Job zu suchen, damit ich Elizabeths Märchen wahr machen könnte, wie Sie das so oft in Ihren Filmen getan haben, Richard Gere.

Moms Märchen würde niemals wahr werden, aber vielleicht Elizabeths.

Vielleicht.

«Alles in Ordnung?», fragte der Barkeeper, und als ich aufblickte, hatte sich eine Strähne von Elizabeths Haaren in meinem Mund verfangen, und die paar Leute in der Hotellobbybar starrten uns an.

Als Elizabeth sah, dass alle guckten, lief sie aus der Bar, und ich folgte ihr.

Im Aufzug wusste ich nicht, was ich machen sollte.

Elizabeth weinte noch immer, aber jetzt sehr viel leiser – und dennoch spürte ich, dass sie nicht berührt oder getröstet oder angesprochen werden wollte.

Ihr Gesicht war knallrot, und Rotz lief ihr aus beiden Nasenlöchern, obwohl sie ihn ständig mit dem Ärmel ihrer Jacke wegwischte.

Ich hielt den Mund.

Als wir an die Tür zu unserem Zimmer kamen, riss sie sich zusammen und sagte: «Ich will Max nicht wecken, okay? Und er soll auch nicht wissen, was heute Abend war. Morgen ist sein großer Tag. Sorgen wir dafür, dass es ein schöner Tag für ihn wird. *Abgemacht?* Das bleibt unter uns. Sorgen wir dafür, dass es für uns alle ein schöner Tag wird. *Okay?*»

Ich nickte.

Sie steckte die Schlüsselkarte in den Schlitz, und das grüne Lämpchen leuchtete auf, doch sie öffnete die Tür nicht.

«Wenn wir uns weit auseinander ins Bett legen, versprichst du mir, dass du nicht zu mir rüberrollst? Versprichst du mir, immer ordentlich Abstand zwischen uns zu lassen?»

«Okay», sagte ich.

«Können wir wirklich bei dir wohnen, bis wir unser Leben wieder in den Griff kriegen?»

«Ja. Das fände ich sehr schön. Und es gibt auch keine zeitliche Begrenzung.»

«Versprochen? Du wirst es dir nicht anders überlegen?»

«Niemals.»

Elizabeth nickte wieder und zwinkerte irgendwie mit beiden Augen gleichzeitig, das sah ich, obwohl sie sich wieder hinter ihren Haaren versteckte.

Es war, als würde sie sich etwas wünschen und den

Wunsch mit einem Doppelblinzeln besiegeln – zumindest stellte ich mir das vor.

Wir betraten das Zimmer, aber wir machten kein Licht.

Sie zog sich im Badezimmer um, und ich schlüpfte in meinen Schlafanzug, während die Tür geschlossen war.

Als ich ins Bad konnte, warf ich die Tablettenpackung in die Toilette und zog ab; ich wollte nicht, dass Elizabeth eine Ausstiegsstrategie hatte.

Sie wählte die rechte Seite des Bettes, also blieb ich die ganze Nacht ganz eng an der linken Kante.

Ich tat kein Auge zu, weil ich mein Versprechen halten wollte – ich wollte nicht riskieren, dass ich mich mitten in der Nacht aus Versehen umdrehte und Elizabeth berührte.

Also lauschte ich auf ihren und Max' Atem und starrte auf die elektrischen aliengrünen Ziffern des Weckers.

Um 4.57 Uhr flüsterte Elizabeth: «Bartholomew?»

«Ja?», flüsterte ich zurück.

«Tut mir leid, wenn ich dich heute Abend verschreckt habe.»

«Hast du nicht.»

«*Ehrlich?*»

«Ehrlich.»

Um 5.14 Uhr flüsterte Elizabeth: «Ich danke dir.»

«Ich danke dir auch», sagte ich, und dann lagen wir zwei Stunden lang im Dunkeln einfach da, bis Max wach wurde, zwischen uns aufs Bett sprang und auf und ab hüpfte und immer wieder «DRECKSKATZENPARLAMENT!» schrie.

Ich muss zugeben, trotz allem, was geschehen war, munterte mich Max' unbändige kindliche Begeisterung kolossal auf.

Es war schön, Freunde zu haben.

Und auf einmal glaubte ich, unsere Glückskekssprüche besser zu verstehen, als ich ursprünglich gedacht hatte.

Ihr bewundernder Fan
Bartholomew Neil

17

DIE STREUNENDEN KATZEN VOM PARLIAMENT HILL

Lieber Mr. Richard Gere,

Max erzählte uns alles, was wir über das Katzenparlament wissen mussten, während wir durch Ottawa zur Hauptattraktion gingen.

Der Überlieferung nach hielt eine ungemein begabte Kolonie wilder Katzen die Parlamentsgebäude frei von Mäusen und Ratten, bis in den 1950er Jahren auf den Einsatz von Gift umgestellt wurde. Danach fütterten die Leute, die für die Pflege der Parlamentsgebäude und ihrer Umgebung zuständig waren, die Katzen aus reiner Herzensgüte jahrzehntelang weiter. Schließlich taten sich einige Einheimische zusammen und schufen für die streunenden Katzen vom Parliament Hill einen eigenen Platz, wo sie als Familie – oder Kolonie – leben konnten.

Heute sieht man zwei weiße Miniaturhäuser, gesäumt von einem Eisengitter, dessen Stäbe weit genug auseinanderstehen, sodass die Bewohner nach Lust und Laune hindurchschlüpfen können. Die weißen Miniaturhäuser haben jedes ein Schindeldach und vier Zugänge unter einer Art

Vordach, auf dem die Katzen sich bequem ausstrecken und faulenzen können. Auf dem linken Haus weht eine rot-weiße kanadische Miniaturfahne.

Es gibt einen Plankenweg, auf dem die Katzen herumstolzieren können, und der wird offenbar schneefrei gehalten – ich vermute, die Betreuer schaufeln ihn nach Bedarf frei.

Futternäpfe sind an verschiedenen Stellen auf und um den Vordächern der Miniaturhäuser verteilt, und laut Max schauen Freiwillige täglich in der Kolonie nach dem Rechten.

Die Gegend um den Parliament Hill sieht tatsächlich aus wie in England; ich finde, das stimmt wirklich, obwohl ich noch nie in England war und wahrscheinlich auch nie dort hinkommen werde.

Die Rückseite der Parlamentsgebäude ist rund wie eine Kathedrale mit vielen spitzen Türmchen und sieht auch irgendwie aus wie ein Raumschiff, aber das sagte ich Max nicht.

Als wir früh am Morgen dort ankamen, einen Tag nachdem Father McNamee sich zu Mom in den Himmel gesellt hatte oder ins Fegefeuer gegangen war, erklärte Max uns vieles von dem, was ich oben erwähnt habe, und dann ließ er Elizabeth und mich stehen und rannte gleich, als er seine erste Katze in der Ferne sah, wie ein aufgeregter kleiner Junge voraus.

«Dreckskatzenparlament!», brüllte er und hüpfte ein paarmal beim Laufen. «Dreckskatzenparlament! Verdammt, ich bin endlich hier!»

«Bist du je so glücklich gewesen?», fragte Elizabeth mich, und ganz ehrlich, ich glaube nicht, dass ich jemals in meinem ganzen Leben so aus dem Häuschen war.

Als Max das Katzenheim erreichte, umfasste er das Eisengitter und beäugte die wenigen Katzen, die draußen in der Morgensonne waren.

Etwa zehn Meter von Max entfernt blieb Elizabeth stehen und ich mit ihr, und wir gönnten ihm einen ungestörten Moment.

Als wir schließlich zu ihm traten, waren seine Wangen gestreift, und Tränen gefroren ihm am Kinn wie ein kleiner Bart.

Seine Lippen bebten.

Er hörte nicht auf, zu schniefen und zu schluchzen.

«Alles in Ordnung?», fragte Elizabeth Max.

«Es ist so verdammt schön.»

«Die Katzen?», fragte ich.

«Ja! Aber auch die Tatsache, dass Leute sich um streunende Katzen kümmern! All die Jahre schon. Sie füttern sie. Sie geben ihnen ein Dach über dem Kopf. Sie haben die Katzen auch dann nicht vergessen, als sie keinem Scheißzweck mehr dienten. Diese Katzen sind jetzt für die Gesellschaft völlig nutzlos, aber die Leute füttern sie einfach so. Ist das nicht verdammt schön? Ist das nicht einfach verdammt *human*? Versteht ihr, was ich meine? Das Katzenparlament ist der schönste Ort der Welt, Mann! Ihr seht das doch auch, oder? Wie verdammt schön das alles ist?»

Elizabeth und ich nickten, während wir zusahen, wie

eine dreifarbige Katze und eine Tigerkatze zum Frühstück kleine Häppchen Katzenfutter knabberten.

«Guckt sie euch an! Guckt doch nur! *Das gibt es wirklich!*»

Nach gut zwanzig Minuten setzten Elizabeth und ich uns auf eine Bank in der Nähe und schauten zu, wie Max seinen Besuch beim Katzenparlament in vollen Zügen auskostete.

Ein paar Kinder in Begleitung ihrer Mütter blieben stehen, um sich die Katzen anzusehen, und als sie da neben Max standen, war die Ähnlichkeit frappierend. Für einen Mann, der praktisch in jedem Satz, den er aussprach – selbst in Sätzen, die aus nur zwei oder drei Wörtern bestanden –, mindestens einmal entweder das Wort *verdammt*, *Mist*, *Dreck* oder *Scheiße* benutzte, hatte er ein eindeutig kindliches Herz.

«Es war mein Lebensziel, mit dir etwas trinken zu gehen», sagte ich zu Elizabeth.

«Hat Max mir erzählt», sagte sie. «Deshalb hab ich dich gestern Abend gefragt, ob du Lust hättest, noch in die Hotelbar zu gehen. Damit du dich vielleicht ein bisschen besser fühlst, nachdem du Father McNamee so plötzlich verloren hast. Ich dachte, dann könntest du wenigstens dein Lebensziel als erreicht abhaken. Tut mir leid, dass ich dir ausgerechnet da von meiner Ausstiegsstrategie erzählt habe. Es war kein besonders gutes erstes Date, was?»

Mein Herz machte bei dem Wort *Date* einen Sprung, aber ich gab mich ganz Richard-Gere-cool und sagte: «Du kannst mir alles erzählen. Du brauchst mir nichts zu verheimlichen. Ich schätze, wir müssen ehrlich zueinander sein, wenn wir uns gegenseitig helfen wollen.»

«Das finde ich auch. Danke.»

«Ich habe ein neues Lebensziel. Willst du wissen, was für eins?»

«Klar.»

«Irgendwann – und es muss nicht bald sein, also fühl dich nicht unter Druck gesetzt – würde ich gern für einen Moment deine Hand halten. Vielleicht bloß eine Minute lang – und vielleicht hinter dem Kunstmuseum in Philadelphia, beim alten Wasserwerk, während wir dem Fluss beim Fließen zuhören. Das ist für mich der schönste Ort auf der Welt. Es würde dir da gefallen, wenn du noch nie da warst.»

Ich staunte über meinen eigenen Mut – mir pochte das Herz wie wild.

Aber nach außen hin war ich jetzt ganz besonders Richard-Gere-cool.

Märchenhaft lässig.

Elizabeth lächelte und sagte: «Vielleicht können wir irgendwann mal hinter dem Kunstmuseum von Philadelphia Händchen halten, aber nicht heute – klar, wir sind ja in Ottawa. Und vielleicht auch erst in ferner Zukunft, wenn überhaupt, weil ich sehr viel aufarbeiten muss. Ich bin ziemlich sicher, dass wir alle drei Hilfe brauchen, und wir sollten uns welche suchen, wenn wir wieder in Philadelphia sind. Okay?»

«Ich verstehe», sagte ich, und das stimmte auch. «Wir sollten uns Hilfe suchen. Wir *werden* uns Hilfe suchen.»

Elizabeth und ich saßen stundenlang schweigend da, während Max sich an den Bewohnern des Katzenparlaments nicht sattsehen konnte.

Es war kalt, aber wir wollten Max nicht drängen zu gehen, weil wir nicht wussten, ob er oder einer von uns je wieder in die Hauptstadt Kanadas kommen würde, geschweige denn genau hierher, und falls doch, wussten wir irgendwie, dass es niemals genauso sein würde wie jetzt. Die Variablen wären anders, wenn wir zurückkämen, völlig andere Umstände würden eine total andere Gleichung ergeben; das war einfach nicht zu ändern, weil das Leben sich nun mal ständig weiterentwickelt und verändert, und deshalb würden wir, sosehr wir es uns auch wünschten, diesen Moment nie wieder erleben – selbst wenn wir mit aller Macht versuchten, ihn nachzubilden, sogar genau dieselben Sachen tragen würden, wir würden scheitern, weil du gegen die Zeit nicht ankommst; du kannst sie bloß nach Möglichkeit genießen, während sie unaufhörlich weiterrast.

Irgendwann fing eine große schwarze Katze an, sich um Max' Beine zu winden, wie ein Unendlichkeitszeichen. Als Max sich bückte, um sie zu streicheln, hob die Katze erwartungsvoll den Kopf, und Max kraulte sie hinter den Ohren. Die Katze schloss genüsslich die Augen. Max ebenfalls. Und sie schienen zu kommunizieren. Ich fragte mich, ob Max seine Katzentelepathie anwandte.

«Verdammt, habt ihr das gesehen? Wie die verfluchte Katze *mich* ausgesucht hat, um mir was zu sagen?», rief Max uns zu, als die Katze weiterzog. «Wahnsinn, echt!»

Elizabeth und ich lächelten, weil Max so hin und weg war.

In Anbetracht der Gesamtsituation war Lächeln eigentlich nicht angebracht. Kein Geld, keiner von uns mit einem «richtigen» Job und keine Ahnung, was wir machen würden, wenn wir wieder in Philadelphia waren, oder wer überhaupt die Rechnungen bezahlte, die weiterhin mit dem Vermerk «vollständig bezahlt» in Moms Haus ankamen – und offen gestanden waren wir drei emotional ein tragisches Häufchen Elend.

Aber zu sehen, wie ein erwachsener Mann die Gesellschaft einer verwilderten Katze an einem kalten Wintermorgen in Ottawa genoss, wie ungehemmt Max den Augenblick lebte und auskostete – tja, irgendwie war das genau dort und in diesem Moment genug.

Genug, um uns gut zu fühlen.

Mehr als genug, um uns zum Lächeln zu bringen.

Und das ist alles, was ich Ihnen erzählen möchte, Richard Gere, obwohl noch allerhand mehr passierte – zum Beispiel, dass wir Father McNamees Leichnam zurück in die Vereinigten Staaten überführen ließen; und dass seine Angehörigen auf der Beerdigung nicht mit mir sprechen wollten, obwohl wir keiner Menschenseele verraten hatten, dass er mein leiblicher Vater war; und dass ein großer Mann in einem teuer aussehenden Anzug zu mir kam, mir ernst die Hand schüttelte, meine Schultern fasste und mir direkt in die Augen blickte und sagte: «Ricky war sehr stolz auf dich», und als ich nichts erwiderte, fügte er hinzu: «Wir sind zusammen aufgewachsen, hä? Die besten Freunde die ganze Schulzeit hindurch. Und da, wo ich herkomme, kümmert man sich noch um seine besten Freunde, also mach dir bloß keine Sorgen – *bleibt alles schön unter uns, hä?*», und dann zwinkerte er, und ich versprach mit einem Doppelzwinkern, niemandem was zu sagen, nicht mal Max und Elizabeth; und dass Father Hachette uns dreien eine Therapeutin besorgte, die mit uns einzeln und auch als Gruppe – als «Familieneinheit», wie sie sagte – arbeitete, und das zu einem so niedrigen Honorar, dass wir es uns leisten konnten; und dass Elizabeth jetzt mit mir in die Samstagabendmesse geht, obwohl sie offiziell nach wie vor nicht an Gott glaubt; und dass Wendy in Tränen ausbrach, als sie, wieder versteckt hinter ihrer großen Sonnenbrille, an der Temple University Finanzhilfe beantragte, um Adam so ein für alle Mal entkommen zu können, und ein gut aussehender Finanzhilfeberater namens Franklin sie tröstete und zum Abendessen einlud und schließlich ein prima Paket aus Finanzhilfe und Darlehen für sie schnürte, wodurch er sie dem brutalen Adam ausspannen konnte – ich weiß das alles deshalb, weil Franklin und Wendy jetzt die Samstagabendmesse in St. Gabriel besuchen, und manchmal gehen wir anschließend zu viert in die Pizzeria um die Ecke, wo ich mir frohen Herzens Wendys Gesicht und Arme anschaue, an denen keine Blutergüsse mehr zu sehen sind; und dass ich in meinem neuen Job im Fastfood-Restaurant Wendy's – Synchronizität? – zum Filialleiter befördert worden bin und Elizabeth jetzt in der

Stadtbibliothek offiziell als Teilzeitkraft arbeitet und Max in dem «Dreckskino» sogar eine Gehaltserhöhung bekommen hat, sodass wir jetzt endlich unsere Rechnungen selbst bezahlen können, ohne Unterstützung von meinem neuen gut gekleideten und hochgewachsenen kanadischen Freund, der mich gelegentlich anruft und sagt: «Ricky schaut mit einem Lächeln im Gesicht aus dem Himmel herab, hä?», was mir immer ein gutes Gefühl gibt – als wäre ich endlich ein erwachsener Mann, der seinen Vater stolz machen kann.

Wie Sie wissen, klafft zwischen dem ersten Schwung Briefe und den letzten paar eine große zeitliche Lücke, Richard Gere. Es tut mir leid, dass ich so abrupt aufgehört hatte zu schreiben, aber all die Ereignisse in so kurzer Zeit waren einfach ein bisschen viel für mich. Um ehrlich zu sein, es ist seltsam, Ihnen wieder zu schreiben – ich komme mir ein bisschen verrückt dabei vor, oder vielleicht erinnert es mich auch daran, wie durchgeknallt verrückt ich war und auch wieder werden könnte, wenn ich nicht aufpasse, wenn ich nicht gut auf mich aufpasse.

Unsere neue Therapeutin – sie heißt Dr. Hanson und ist eine kleine Frau mit Ballerinaknoten, der ihr zugleich auch als Nadelkissen für Schreibutensilien dient – meint, es wäre gut für mich, wenn ich Ihnen meine Geschichte zu Ende erzähle, wenn auch nur, um mich zu verabschieden, um das Richard-Gere-Kapitel meines Lebens endgültig abzuschließen.

«Beenden Sie den Richard-Gere-Kreislauf», sagte sie. «Es

ist sehr wichtig, dass Sie Ihrem Unterbewusstsein einen Abschluss bieten.»

Sie sagte auch, es wäre notwendig, Ihnen – und damit auch meinem Unterbewusstsein – zu beichten, dass ich in meinen Briefen nicht hundertprozentig ehrlich war, sondern das eine oder andere geschönt habe, um es interessanter klingen zu lassen. Dr. Hanson meint, ich hätte das gemacht, weil ich Angst hatte, nicht gut genug zu sein für die Korrespondenz mit einem so berühmten und bedeutenden Menschen wie Sie, Richard Gere. Aber bitte glauben Sie mir, obwohl das mit der geschönten Wahrheit im Grunde stimmt, war alles, was ich Ihnen geschrieben habe, im übertragenen Sinne hundertprozentig wahr.

In gewisser Weise war ich zu Ihnen ehrlicher, als ich je zu irgendwem gewesen bin, Mom eingeschlossen, deshalb hoffe ich, dass Sie darauf stolz sein können, Richard Gere.

Ich versuche jetzt, mich in meinem wirklichen Leben weniger hinter Metaphern zu verstecken.

Dr. Hanson sagt, das ist wichtig.

Ich sehe das genauso.

Elizabeth auch.

Dr. Hanson ist wirklich ein begabter und heilender Mensch – vielleicht sogar ein bisschen wie der heilige Bruder André, aber in der heutigen Welt im Hier und Jetzt und nicht offenkundig religiös.

Ich genieße mein neues Leben.

Wirklich.

Ich lebe ohne Mom, und es geht mir gut.

Ein Wunder?

Haben wir eins erlebt?

Vielleicht.

Wie dem auch sei, ich bin dankbar.

Eins noch – Elizabeth und ich halten inzwischen fast jeden Tag Händchen.

Ehrlich.

Sind Sie stolz auf mich, Richard Gere?

Ich gebe mir alle Mühe, für Elizabeth das Märchen wahr werden zu lassen.

Also – ich denke, wir sind jetzt, in diesem Augenblick, an einem Punkt angelangt, wo unsere Korrespondenz ein Ende findet.

Ich melde mich hiermit endgültig ab.

Es wird keinen Brief mehr geben.

Sie können sich Ihrer nächsten Mission zuwenden oder – falls Sie von vornherein nicht real waren – einfach mit einem Blinzeln für immer verschwinden.

Ungeachtet dessen, ob Sie bloß ein Produkt meiner Phantasie waren oder nicht, danke ich Ihnen dafür, dass Sie alle meine Worte gelesen haben, selbst wenn Sie nur so getan haben, als ob – danke, dass Sie da waren, als ich sonst niemanden hatte, und danke, dass Sie einfach zugehört haben, ohne zu urteilen.

Ich wünsche Ihnen viel Glück bei Ihren Bemühungen.

Ich hoffe, Sie werden Tibet doch noch befreien – und wenn es Ihnen gelingt, werde ich Ihren Erfolg feiern.

Und Sie können Seiner Heiligkeit, dem Dalai Lama, ruhig von Moms Philosophie erzählen.

Ich werde Sie vermissen, aber ich glaube wirklich, dass das hier mein letzter Brief sein muss.

Anweisung von Dr. Hanson.

Der vorgebliche Sie-ich-Richard-Gere hat ausgedient.

Und jetzt sind reale Menschen bei mir – Menschen, die vielleicht sogar bleiben werden.

Leben Sie wohl, Richard Gere.

Ihr bewundernder Freund
Bartholomew Neil

DANKSAGUNG

Mein besonderer Dank gilt meiner Frau Alicia Bessette, meiner Lieblingseuropäerin Liz Jensen und meinen Lektorinnen, der Amerikanerin Jennifer Barth und der Kanadierin Jennifer Lambert, die Entwürfe gelesen und dieses Buch in jeder erdenklichen Hinsicht dramatisch verbessert haben; meinem Agenten Doug Stewart, der unermüdlich an meine Arbeit und an mich glaubt; der ganzen Crew von Sterling Lord Literistic und allen Auslandsagenten bzw. -scouts; den vielen ausländischen Lektorinnen und Lektoren, die dieses Buch Lesern rund um den Globus zugänglich gemacht haben; meinem Filmagenten Rich Green; meiner Mom und meinem Dad, der mir glücklicherweise genau zu dem Zeitpunkt detailliert von Präsident Garfields Ermordung erzählte, als ich die Informationen brauchte, obwohl ich da noch nicht ahnen konnte, wie nützlich sie für dieses Projekt sein würden (Synchronizität?); Megan, Micah, Kelly, Aaron, Grandmom Dink, Pete, Barb und Peague, in deren Haus in Vermont ich arbeiten durfte; an Bill und Mo Rhoda; Mr. Canada (alias Scott Caldwell) mit Familie für die Versorgung mit köstlichem und nahrhaftem Essen, Alkohol,

Gebäck und einem Dach über dem Kopf, als wir Recherchen über das Katzenparlament in Ottawa anstellten; Dr. Len Altamura; dem «Peruaner» Scott Humfeld; Roland Merullo, Beth und Tim Rayworth, Evan Roskos, Mark Wiltsey, Kent Green; den vielen Leuten bei HarperCollins (und den Verlagen in aller Welt), die sich mit ungeheurem Einsatz für den Erfolg dieses Buches starkgemacht haben; jedem einzelnen Fan, der je irgendetwas Nettes über meine Arbeit gesagt oder geschrieben hat, und IHNEN dafür, dass Sie diese Geschichte über das *Glück des Augenblicks* bis zu diesem AUGENBLICK (Synchronizität?) gelesen haben. Danke!!!

Matthew Quick bei Kindler und rororo

Die Sache mit dem Glück

Flugstunden

Silver Linings

Matthew Quick
Silver Linings

Pat hat alles verloren: seine Frau, sein Haus und seine Erinnerung. Gerade wurde er aus der Psychiatrie entlassen und versucht, den Anschluss an die Welt wiederzufinden. Erster Schritt: wieder bei den Eltern einziehen. Zweiter Schritt: seine Frau zurückerobern – was schwerer ist als erwartet. Da trifft Pat auf Tiffany, die noch verrückter ist als er: Sie ist verwitwet, depressiv, nymphoman und läuft ihm beim Joggen hinterher. Was Pat erst einmal gehörig nervt, doch dann bietet Tiffany an, zwischen Pat und seiner Frau zu vermitteln. Unter einer Bedingung: Pat muss den diesjährigen «Dance Away Depression»-Wettbewerb mit ihr, Tiffany, bestreiten …

368 Seiten

«Ein Herzensbrecher von einem Roman.»

Kirkus Reviews

Ro 327/1